El imposible olvido

Autores Españoles e Iberoamericanos

Antonio Gala

El imposible olvido

 Planeta

© Antonio Gala, 2001

© Editorial Planeta, S. A., 2001
Còrsega, 273-279, 08008 Barcelona (España)

Realización de la cubierta: Departamento de Diseño de Editorial Planeta

Ilustración de la cubierta: *anterior*, foto © Antoni Bernad, por gentileza de
Massimo Dutti; *posterior*, foto © Ricardo Martín

Primera edición: marzo de 2001
Segunda edición: marzo de 2001
Tercera edición: mayo de 2001

Depósito Legal: B. 22.023-2001

ISBN 84-08-03870-2

Composición: Foto Informàtica, S. A.

Impresión y encuadernación: Cayfosa-Quebecor, S. A.

Printed in Spain - Impreso en España

A quienes han puesto en mi boca sus palabras.
A la esperanza.

Antes se cansará la razón de imaginar
que el Universo de maravillarnos.

BLAISE PASCAL

PALABRAS DE LA HIJA DE GASPAR BARAHONA

¿Esto ya está grabando? Bueno... ¿Por dónde empiezo? No sé por qué me he metido en este lío. La culpa es de Déborah, mi compañera sentimental como se dice ahora. Y de mi padre, por supuesto. Sobre todo, de mi padre.

Yo mandé, porque se le antojó a Déborah, aunque ahora diga lo contrario... Que sí, que tengo la obligación moral, y además que el contenido no es malo: me lo has dicho mil veces, qué pesada... Yo mandé a estos editores los papeles que mi padre había dejado junto con su testamento. Y me contestaron diciéndome que de acuerdo, que los publicarían, y que me encargase yo de hacer una presentación para que no parecieran inventados. Pero yo, de escribir, nada. Por eso estoy hablándole a este aparato como si fuese tonta. Lo que sobra, que se lo quiten ellos: para lo que me pagan...

Es que no sé qué decir. Déborah repite y repite que diga la verdad. Pero ¿cuál es la verdad, coño? Yo veía muy poquito a mi padre, esa es la verdad. En los últimos años, casi nada. Tampoco quería molestarlo: al fin y al cabo soy, o era, su única hija, y a ningún padre, por moderno que sea, le gusta que su única hija sea lesbiana. Porque no sé si he advertido ya que soy lesbiana. No lo veía apenas. Para mí acabó por ser un extraño, y quizá yo fui una extraña para él: la culpa la tuvimos los dos. Me figuraba que iba cuesta abajo; pero no sabía que fuese tan abajo. De su final me enteré de pronto. No cogía el teléfono... El portero del edificio me abrió su estudio. De qué manera tan rara terminó el pobrecito. Un disparate, vamos. ¿Qué iba a saber yo? Las cosas son...

Así que cómo voy a presentar estas páginas. Ni siquiera las he leído de una en una. Yo soy una persona con los pies en el suelo. Le he echado, eso sí, una ojeada. Con muchísimo cariño, ¿eh? Déborah, sí. A Déborah le encanta todo lo que no sea corriente: es muy faramallera como buena argentina. Lo que yo le dije: pues preséntalas tú. «Es tu padre», me contestó, «no el mío. Y además, con leer lo que tu padre ha escrito, te harías cargo. Te habrías hecho cargo...»

Ahora me toca decir que éramos una familia feliz. O sea, como todas: ni feliz ni infeliz, cada cual a lo suyo. Un círculo en el que nadie se entendía. Hasta que estalló todo con la separación y el divorcio y ese aluvión de despropósitos... O acaso fue antes, acaso fue cuando apareció Minaya. Yo nunca supe, en realidad, quién era Minaya. Guapo, flaco, sonriente, joven, un amor de hombre, sí; pero quién era o quién dicen estos papeles que era, desde luego que no. Yo, no. El tiempo que estuvo cerca, yo lo quise: él se hacía querer hasta por los animales. Lo que pasa es que a mí los hombres no me han gustado nunca. Claro, que si no era tampoco un hombre... Hay que ver qué panorama.

El caso es que cuando se fue... Bueno, que cuando vino... O no lo sé. Lo mejor es que lea los papeles quien quiera enterarse. Si mi hermano... En realidad, esa es otra historia. O la misma, quién sabe. Mi padre era tan agradable, tan buena persona, tan poco realista... Yo no sé si él se conocía bien, ni siquiera sé si tenía la cabeza en su sitio... Es lo que dice Déborah, que en eso sí tiene razón: si ni yo misma estoy segura, qué garantía de nada voy a darle a los lectores. Y, por si fuera poco, vamos a ser serios: ¿mi padre quería que esto se publicara, o lo había escrito para desahogarse, para poner en limpio lo que le había sucedido, o lo que él creía que le había sucedido? Déborah y el abogado, o el notario, qué sé yo, aseguran que su intención era dar testimonio. Pero ¿de qué? Es que yo no me aclaro. Porque, si él hubiese sido escritor o aficionado a la literatura... Pero él, no. Él era aficionado al orden, a su casa, al silencio, a su familia, a unos pocos amigos... Y todos le respondimos como el culo, esa es la verdadera verdad. De modo que si la publicación de lo único que escribió en su vida le puede servir de algo en donde esté, le puede consolar de haber vivido o, como él mismo empieza diciendo, le tranquiliza porque da su testimonio, ahí van esos papeles. De todas formas, no me quiero poner moños de generosidad: yo no sabría qué hacer con ellos.

Debo añadir que a mi padre lo quise. No vaya a parecer ahora que soy una hija descastada. Lo que pasa es que tuve que vivir mi vida, como todos. Y no fue siempre un plato de gusto, qué le vamos a hacer... Y también debo añadir que no he encontrado en ella a nadie parecido al Minaya que aquí sale: eso sin discusión. Ahí sí que me lavo las manos. Yo soy normal. Normal, dentro de lo que cabe. Por eso quise a mi padre, y por eso le estoy hablando a este aparato.

Está bien. Ya he dicho todo lo que tenía que decir. Si Déborah quiere añadir algo, que lo añada... ¿No? Pues se terminó.

REGINA BARAHONA

PARTE PRIMERA

—

14 de octubre de 1960 a 16 de junio de 1961

1
—

—Minaya Guzmán —me dijo mi compañero Santiago.
—Qué nombre tan peculiar —comenté.

Todo empezó cuando soñé con él por segunda vez. Fue el 18 de enero de 1980. No sé por qué escribo esta fecha: todo empezó mucho antes. Lo que sucede es que, la primera vez, en el sueño primero, yo no estaba. Vi de repente, muy de cerca, su nuca. El pelo, bastante largo, era de un castaño muy claro y nacía con un pico en el centro. Un poco desordenado, como el de quien se lo atusa al salir con los dedos, como el de un estudiante que no gasta apenas en la peluquería. Su nuca, delicada y enérgica a un tiempo, estaba inmóvil. Yo no dudé que fuese la suya, que fuese él quien estaba de espaldas a mí, contra un cielo de atardecer muy luminoso. Giró la cabeza hasta el perfil casi. La oreja pequeña, rosada, traslúcida, la sien en sombra, el alto pómulo, el leve hoyo en la mejilla, la comisura de los labios carnosos, la barbilla ligeramente partida... Yo no estaba. Sólo mi deseo de que llegase a mirarme, de ver sus ojos verdes, cuyo color cambiaba tanto con las luces distintas: dorados, azules, grises, violetas. En silencio, en el más absoluto silencio. Porque lo que oí lo oí dentro de mí, que me hallaba despierto y que soñaba. «Empujado hacia fuera por los sentidos, / llega hasta el borde mismo de tu deseo: / revísteme. / Crece como una llama por detrás de las cosas / para que sus sombras, extendiéndose, / me cubran siempre por entero. / Deja que te suceda todo: consiente que te aparten de mí. / Cercano está el país / que ellos llaman la Vida. / Lo has de reconocer por su profunda gravedad... / Ahora dame la mano.»

No fue él quien me habló. Era su voz, pero no se movieron sus labios. Giró de nuevo la cabeza y me ofreció su nuca. No inexpresiva, pero silenciosa.

La segunda vez, sí. Yo lo veía, y él me veía a mí. Se me acercó con las manos tendidas. Sonriendo como siempre, es decir, quizá no sonriendo sino con una luz que lo alumbraba desde dentro por entero. «Me alegra reencontrarme contigo.» Yo respondí algo, pero no lo escuché. Sólo lo escuché a él, a la presión de sus manos, a la insoportable o apenas soportable serenidad de su mirada... Era como si nuestra amistad, o la suya por mí, tan intencionadamente lejana, hubiese madurado en la ausencia. Habló algo más; sin embargo, yo no lo oía. Sus palabras fueron como una llamarada dentro de mí. Idéntica llamarada a la que sentí, veinte años atrás, en aquel patio de la Universidad, cuando él abrió en cruz los brazos y separó a los dos que se peleaban... Cuando desperté, lo que más ansiaba era volverme a dormir y volver a soñar.

Sucedió veintisiete días después. Acababa de regresar de unas diligencias que me habían llevado fuera de Málaga. El viaje, de forma inexplicable, me había cansado mucho. No cené apenas. No me dio tiempo ni a hojear el periódico. Algo muy fuerte me empujó hacia el sueño; me dejé caer en él... Esta vez se inclinó sobre mí muy despacio, como si no quisiera despertarme. Noté el peso de su mano en la almohada. Yo seguía con los ojos cerrados. Su respiración me rozaba la cara. «Hasta muy pronto», dijo en voz baja. O eso entendí... ¿Era un sueño, o era más vida que la vida?

Pasados tres días, tomaba un whisky con unos compañeros de bufete. Sonó la puerta. Alguien entró en el bar. Unos dedos oprimieron mi hombro. Miré, frente a mí, al otro lado de la barra. En el espejo, reflejado, estaba él. No había cambiado casi. Era el mismo muchacho. Yo era, a su lado, un cuarentón espeso y provinciano.

—Minaya Guzmán —murmuré.

—Qué extraño nombre —dijo alguno.

2

No sé qué persigo escribiendo estos papeles. No un fin literario, desde luego. Ni comunicar una experiencia, que es posible tachar de imaginaria, de un modo más o menos convincente. No pretendo, ni mucho menos, entretener; tampoco admirar, ni persuadir, ni impresionar a nadie. La creatividad artística donde menos la he encontrado ha sido en la literatura: la vida es más firme y más atractiva. Si el escritor tratase de ensanchar los límites de lo humano, de que sus lectores abriesen los ojos a otra posibilidad... Pero ¿cómo decir con habituales y gastadas palabras lo inefable?

Sé que pierdo el tiempo. Que lo pierdo en todos los sentidos... Mañana tengo un consejo y varios asesoramientos: antes me habrían parecido trascendentales. Debería preparar mi opinión, o revestirla de argumentaciones, porque se opone a la del resto de los consejeros. No sé por qué me explico el pasado y sé cómo explicarlo a los demás. Sin embargo, el presente no consigo entenderlo...

Y a pesar de ello, sé que lo que escribo no sirve para nada, o que quizá no sirva. Ni a mis hijos, que es para quienes, en último término, lo hago. ¿Es que será creído por lo menos? ¿O me será útil a mí para comprobar que sucedió, o para acompañarme ahora que voy quedándome más solo, ahora que venteo como un perro el fracaso? Me fundo como una sombra entre otras sombras. Sé que esto que hago lo hago para que no se acabe mi aventura. Pero también sé que mi aventura se ha acabado.

3

Ignoro por qué me acuerdo ahora de aquel atardecer. Fue uno de los primeros días. Estábamos en el balcón de la casa donde él vivía con otros compañeros. Yo miraba la línea absorta de su cuello y la sombra de sus pestañas. Seguí la dirección de sus ojos. El sol se permitía ser arrastrado, con resistencia, entre unas nubes; otras, más altas, bogaban por un cielo azul pálido. Había algo extraño en aquella luz, en aquel concertado desbarajuste de luces. De donde debía de estar ya el sol caído, irradiaban unos cañones no de resplandor, como los que se ven en los gloriosos anocheceres de fotos y grabados, sino de sombra, de una sombra bastante intensa. Era como un negativo sin revelar. Los conos oscuros, invertidos, manchaban también el rosa y el dorado de las nubes más altas. Se trataba de algo contradictorio y de no fácil explicación, porque las nubes pequeñas, que sin duda provocaban aquel efecto, no se percibían, ocultas tras las del primer plano, más grandes y brillantes.

—Un crepúsculo siempre es hermoso —dije, y me pareció una cursilería. Pero él, sumido en la concentración del espectáculo, no me escuchaba, o eso pensé yo al menos.

Después de un rato, cuando ya refrescaba, volvió el rostro hacia mí, me miró como si no me hubiese visto nunca, y me pareció que sonreía...

Aún no me había dado cuenta de que su sonrisa se limitaba sólo a sus ojos: era una luz que se encendía en ellos como si alguien, por dentro, oprimiera un interruptor. Yo aparté los míos de esos ojos: no era sencillo sostener su mirada, salvo que uno se lo plantease como un reto, en cuyo caso se acentuaba la luz de aquella sonrisa, y resistirse se hacía doblemente incómodo. Porque te asaltaba la certeza de que él te iba leyendo el pensamiento con la naturalidad con que se lee la página de un libro. El resto de su cara y de su cuerpo, bajo la luz poniente, permanecía inmóvil...

Esa noche fue cuando constaté qué poco se movía. Las manos continuaban quietas, igual que si no fuesen suyas, abandonadas sobre la barandilla del balcón. De repente se me apareció como mucho mayor, muchísimo mayor de veinte años... Colocó una mano sobre la otra, y entonces sí sus labios se entreabrieron un poco, a la manera de quien va a romper a hablar. Pero no habló.

Precisamente fueron sus manos. Lo primero que vi de él fueron sus manos. Las recuerdo igual que si las viera, mejor aún. Sucedió el 14 de octubre de 1960, al filo del mediodía. Había extendido los brazos para separar a dos compañeros que se peleaban. Dejados caer al suelo los libros, se lanzaron uno contra otro. La causa debió de ser algo muy fútil: uno había gastado una broma sobre el nombre del otro o cosa así. El curso acababa de empezar. Yo había ido, desde la facultad de Derecho a la de Letras, para recoger a un amigo de Huelva con el que me había citado. No di importancia a los empujones infantiles con que se inauguraba la pelea. Unos cuantos muchachos rodeaban a los dos litigantes jaleándolos...

Él intervino con celeridad y una sorprendente cordura. Abrió los brazos; puso una mano en el pecho de cada estudiante, y los separó. Sobre las ropas oscuras, unas cazadoras creo recordar, destacaban el vigor y la belleza de aquellas manos. Sin esfuerzo ninguno, mantenía apartados a los chicos, que pugnaban por reiniciar la lucha. Volvió la cara a uno y otro lado. Las cejas altas, como si no creyera lo que estaba viendo. Y aquella luz en los ojos. Un instante tan sólo. Luego bajó las manos, pero no del todo. Las abrió hacia arriba como quien pide alguna explicación, y soltó una risa pequeña. Pensé en Orfeo y en su concierto apaciguador de las fieras. Pensé en otra cara semejante, en otro aplomo, en otra bondad semejante. No los hallé entonces... Los muchachos, avergonzados, rieron un poquito también. De un modo natural, sin que se percibieran el cómo ni el por qué, cada uno había dejado su mano derecha en una mano de él, y él las juntó riendo. Y ya reían a carcajadas los dos estudiantes, y aplaudían riendo los espectadores. Y también yo. Y mi amigo de Huelva, Santiago, que estaba al lado mío.

—Vive conmigo. Es mi paisano.

—¿Cómo se llama?

—Minaya. Igual que el amigo del Cid Campeador. Minaya Guzmán.

—Qué nombre tan peculiar —comenté.

—Estudia segundo de sociología. O de empresariales, no estoy seguro... Tiene gancho el tío. Vamos.

—¿No lo esperaríamos?

—¿A quién?

—A él.

—Es muy independiente, ya lo conocerás.

4

Me defraudó no conocerlo de inmediato. Sentí un vacío repentino. Una repentina sordera. He tardado mucho en saber la razón... La historia de cada uno de nosotros, venga de donde venga, y la historia del universo, aunque parezca imposible, han sido escritas por la misma mano. Y coincidirán antes o después. O quizá ya han coincidido y no lo notamos. O han coincidido un instante para separarse enseguida... Hablar del tiempo, en todo caso, es distraerse en vaguedades. No sólo su medida sino el tiempo mismo es arbitrario siempre. Lo sé ahora. Me costó averiguarlo.

Todas las criaturas, todos los seres, sean humanos o no, tienen su propia alma si es que nos atrevemos a llamar así a su esencia, que es también su envoltura. Cuantos más concurren en cada empresa, más se facilita el avance colectivo, su tarea común. Quizá somos torpes o quizá nos negamos a ver que el alma del universo las recoge a todas y a todas las resume: de ella proceden y a ella regresarán. Entretanto conversan entre sí, se adivinan, amortiguan sus contradicciones, se suman y convergen. No en otra cosa consisten la adivinación, la simpatía, la seducción y la felicidad... Y también el amor.

Aquella noche, cuando me encontré solo en casa de mis tíos, hermano él de mi madre (allí vivía en Granada, en un número impar de la calle Alhóndiga), me asaltó una vislumbre de la felicidad. De la felicidad y del amor. Tras la ventana, al cerrarla, vi la luna creciente y unas estrellas pálidas. La luna sobre los tejados, más próxima que nunca, más jovial, casi tangible... Me vino, desde dentro, una bocanada agridulce y un temblor... Sin saberlo, emprendía un camino. Los pasos más importantes de nuestra vida los damos sin saberlo. La purificación consiste en eliminar de cada uno, después de haberlo adquirido, lo que tiene de distinto, de individual. Muy poco a poco. Eliminar cuanto separa. No es que sea malo en sí, porque es a través de lo diverso por donde hemos de acercarnos a lo común; pero es lo común lo que nos salva. Es necesario despojarse. Tal es el camino de perfección que todos hemos de recorrer. Pero enton ces aún no lo sabía.

No tardé en aprenderlo. ¿O sí tardé?

—

5

Dos días después me convidó Santiago a cenar en un restaurancillo próximo a su piso del Albayzín. Era más bien una taberna muy ruidosa. Presentí que estaría él. Desde el primer instante en que se cruzaron mis ojos con los suyos —él se levantó para estrecharme la mano— adiviné que todo estaba creado para llegar ahí. Eso era lo que, inconscientemente, había estado esperando. «Qué demora tan larga», me dije.

El resto empezó a perder el sentido que, a falta de otra cosa, yo le daba: los juegos de la infancia que siempre buscan algo que se ha escondido, la universidad, mi novia, los compañeros, el futuro, las aspiraciones sin cesar comentadas... Todo aquello donde él no se encontrase.

De aquella noche sólo recuerdo que comía muy poco. Era vegetariano sin hacer gala de ello; se esforzaba por comer: se le notaba porque comía con rapidez, como quien cumple un trabajo que desea terminar cuanto antes. Y recuerdo, sobre todas las cosas, que su presencia me traía a las mientes otra presencia, que aquella noche ya no dudé cuál era. La identidad de ambas se basaba en su adorable sonrisa. Sé lo que significa que un hombre afirme de otro que tiene una sonrisa adorable. Está bien, signifique lo que signifique, el hecho es ese: su sonrisa era adorable. No sé decirlo de otra manera. Sobre todo, cuando, como ya he indicado antes, ni siquiera se trataba de una sonrisa auténtica, porque estaba en los ojos solamente.

Yo también sonreía, sin darme cuenta de que sonreía, pero lo mismo que todos los demás. Y me envolvía su voz. Hablaba de una forma pausada, grave, como si tradujera de otro idioma más rico y procurase, por afecto, contentarse con este. No sé de lo que hablaba. Yo me sentía abrigado por su voz, protegido por ella. A pesar de ser un par de años mayor que él...

Santiago me dio con el pie por debajo de la mesa. No le hice caso, ni lo miré. Volvió a darme. Imaginé de lo que me advertía. Y le supliqué con una mirada que me dejase en paz.

La noche era muy clara, casi de luna llena. No me acuerdo cómo llegué a mi habitación. Me daban ganas de gritar por las calles, de aporrear las puertas, de despertar a todos. Era como si hubiese bebido sin tino y estuviera muy borracho... De súbito recordé a un amigo mío de la niñez, de Málaga, al que poco tiempo atrás habían sometido en una clínica a una cura porque era homosexual. Inexplicablemente tal recuerdo no me asustó. Me tendí encima de la cama y me abracé a la almohada... Todo estaba bien. Todo era bueno... Me dormí con serenidad sin apagar la luz. Pero sabía que eran sus ojos los que alumbraban mi reducido cuarto de estudiante.

No se elige. La elección que creemos intransferible se nos da hecha desde el principio. A lo que cada uno de nosotros está obligado es a entrar dentro del propio corazón, interrogarse allí en silencio, aguardar con paciencia la respuesta y ser luego uno mismo. Sólo eres libre de verdad cuando, por fin, quieres ser lo que eres con todas tus potencias y sentidos. Por eso alguien dijo que la verdad nos hará libres. Quizá en contra de la intención de quien lo dijo, que fue san Pablo, es cierto. No hay otra certidumbre. En eso consiste ganar nuestra carrera. En eso consiste llegar el primero a la meta de la carrera más trascendental: la que corre cada cual en su interior a solas, sin otra competencia que uno mismo. El camino de perfección empieza ahí, donde el nuestro, tan personal, termina. Nadie puede perfeccionarse sin ser antes él mismo.

6

El verano anterior habíamos ligado —no estoy seguro de que pueda llamarse así— Elvira y yo. Elvira tenía veinte años y una nariz pequeña. A los veinte años todas las mujeres se parecen un poco. En aquella época por lo menos. Con unos ojos inéditos y una boca templada y una risa dispuesta a saltar. «Tu risa es igual que una rata: vas a tocarla y ¡zas!» Había empezado a trabajar en una agencia de viajes. Ella ganaba ya dinero, no mucho, y yo todavía nada. En sus horas libres, íbamos deprisa y corriendo a bañarnos en La Malagueta, en Pedregalejo o en El Palo. Los días de fiesta nos llevaba en su cochecillo mi padre. Mi madre había muerto mucho antes. Nos llevaba a Torremolinos o a Fuengirola. Los dos éramos hijos únicos... Elvira se había convertido aquel verano, sin que nadie tuviera que ratificarlo, en mi novia oficial. Dejamos de salir en pandilla y empezamos a cogernos las manos. Nuestros hombros, desnudo el de ella, incluso nuestras caras, se rozaban con ingenuidad. Yo no dudaba que aquello era el amor.

—Soy fuerte, buen nadador, estudiante perfecto, no muy alto pero lo bastante...

—A ti lo que te pasa es que eres un sinvergüenza.

Y se reía. Se reía por cualquier cosa. Y hablaba ceceando un poquito y moviendo mucho sus manos pequeñas y sin huesos.

—Tus manos huelen todavía a leche maternizada.

Íbamos a casarnos. Íbamos a tener hijos, no uno solo. Íbamos a ser todo lo felices que se puede en este mundo...

El amor entonces era un sentimiento indiscutible, seguro y claro. Lo mismo que una playa al mediodía. ¿Cómo íbamos a habernos enterado de que, para amar, uno ha de recorrer innumerables riesgos, entrecerrar los ojos, no usar gafas de cerca aunque las necesite, no entrar en demasiados pormenores? ¿Cómo íbamos a estar al corriente de que, para ser amado, uno tiene que consentir, fingiendo no enterarse o procurándolo, en dejarse engañar?

7

A primera hora de una tarde —era todavía octubre, y un sol muy tierno resbalaba sobre las fachadas— subí hasta el piso de Santiago.

—Vienes a ver a Minaya, no a mí. Pues no está.

Aquel que ama ignora que ha sido transfigurado. Ignora que el monte Tabor deja una huella visible para todos. «Permanezcamos aquí, maestro... Levantemos tres tiendas...» Sonreí con los ojos bajos.

—No seas listillo, venía a estudiar contigo los temas nuevos de Procesal.

—Mentira. De todas formas, prepararé los libros. —Avanzaba por el pasillo. Señaló una puerta—. Esta es *su* habitación.

Continuó avanzando hasta la suya, que era la del final; desde la puerta abierta llegaba la luz de la calle. Sin poderlo evitar ni tratar de evitarlo, abrí la habitación señalada. Nunca he visto otra más de estudiante: la cama, estrecha y casta, con las sábanas revueltas; la librería baja y no muy llena; una mesa reducida, con cuartillas desparramadas encima, una pluma estilográfica, un lápiz bicolor para subrayar textos, unos apuntes apilados, un calendario... Y su olor. No soy capaz de describirlo.

Dos noches antes había soñado sólo con ese olor. Yo no recuerdo casi nunca mis sueños. O quizá es que no distingo que lo sean. En ocasiones tengo la sensación, al despertarme, de salir de una fiesta; pero ignoro si hubo más invitados y cuál era la música que oía. Y sé que sueño también en colores; sin embargo, hasta dos noches antes no había soñado sólo con un olor. Era un olor espeso y muy sutil, visible, derramado, armonioso. Yo pensaba en el sueño: «Son jacintos y jazmines y flores de almendro. O diamelas y damas de noche y nardos y narcisos. O quizá todo junto». No había flores, ni luz: el olor solo inundándolo todo, enterneciendo los rincones del cuarto, descendiendo del techo o ascendiendo de las baldosas blancas y grises, empapándolo todo, suavizándolo todo. Me despertaron las voces del olor. Y no encontré a mi alrededor nada maravilloso. Ni un frasco de perfume.

—Me gusta cómo huele tu colonia —le había dicho esa mañana.

—No uso ninguna.

Por la ventana, encima de la mesa, entraba la tarde madura, y sin embargo adolescente, del otoño. El cielo, de un azul sin mancha, se alzaba falto de gravidez sobre la calleja del Albayzín. Se oyó una risa de niño, el ruido de un mueble ligero al caer, otra risa, las voces de una mujer en mitad de la tarde, tersa como la piel de una manzana... Abrí, con el alma en suspenso, el cajón de la mesa. Nada. Ni cartas de la familia, ni una fotografía, ni un documento personal... Nada de lo que puede ser vedado a la curiosidad de los extraños.

—¿Vienes, o te quedas a vivir en ese cuarto? —Santiago se guaseaba desde el suyo.

Yo salí con su olor a cuestas.

Antes de que concluyéramos de estudiar la pesadez de la Ley de Enjuiciamiento, ya anochecido, se oyó abrirse la puerta del piso.

—Por la forma de cerrarla con tiento, es Minaya. Juan Luis cierra de golpe.

Lo llamó a gritos. Tocó en la puerta de la habitación.

—Buenas noches. ¿Molesto? —Me tendía la mano.

En alguna radio próxima, se oyó de repente una música. Su grandeza y su serenidad, que alumbraban la noche, no requerían palabras. Un coro, sin embargo, envuelto en esa música encendida y creciente, arrebató mi alma. Lo noté de una manera física. Tiraba hacia arriba de mí, lo acusaba mi estómago. Me sentía confundido con los otros, con todo.

—Es la Novena Sinfonía de Beethoven... El *Himno a la alegría*, de Schiller...

Abrió la ventana Minaya y se inclinó sobre ella. Se apreciaba la llamada del cielo y el empellón que el suelo nos imprimía.

Habló en voz muy queda y clara:
Todos los seres sorben la alegría
de los pechos de la Naturaleza.
Los buenos todos y los malos
siguen las huellas de las rosas.
Besos nos dio, nos dio viñedos
y un fiel amigo hasta la muerte.
Incluso al gusano el gozo se le otorga
y el querubín está ante Dios.

Quienes cantaban eran hombres y mujeres, pero mucho más que hombres y mujeres. Era como si los santos más grandes y pequeños hubiesen sido consagrados sólo para cantar. Cantar aquella música que venía de todas partes. Continuó Minaya muy despacio:

Alegres, así soles que vuelan
en el fervoroso dosel de los cielos.
Mudad, hermanos, vuestras órbitas
alegres como un héroe que triunfa.
Abrazaos todos los seres entre vosotros,
que sea un beso el mundo entero.
Hermanos, sobre el dosel estrellado
ha de reinar un Padre bueno.
¿Se prosternan las multitudes?
¿No adivinas, mundo, a quien te crea?
Búscalo sobre el dosel de estrellas.
Sobre su cúpula él sin duda habita.

Cesó el arrebato de la música, pero no su estela que me arrastraba. Que me arrastraba a lo más alto de la humanidad, a lo que aspira siempre a mayor altura e invita a quien la escuche a una distinta proeza, alegre y a la vez compasiva.

En el silencio pleno murmuró Minaya:

—Sigue el *Himno a la alegría:*

A los dioses no se les paga
y es hermoso ser iguales que ellos.
Penas y aflicciones han de mostrarse
alegrados por los alegres.
Olvídense rencores y venganzas,
sea perdonado el mortal enemigo.
Que no lo aflija lágrima ninguna;
que ningún arrepentimiento lo corroa.
Destruyamos nuestro libro de deudores.
Reconcíliese todo el universo.
Hermanos, sobre el dosel de estrellas
nos juzgarán lo mismo que juzguemos.

Escuchando a Minaya escuché doblemente aquella música. Siempre la asociaré a su rostro nítido e inundado de júbilo. Le sonreían los ojos. No me olvidaré nunca de aquel instante. Le pedí copia de los versos. Él asintió y me alargó la mano. Lo hizo con el gesto abierto de quien tiene algo que celebrar.

Esa noche, antes de volver a casa de mis tíos, me propuso lo que no me atrevía a proponerle yo.

—Si quieres, nos vemos una tarde. Yo suelo dar largos paseos. El otoño en Granada es un milagro.

8

Después de andar, en un silencio repleto de elocuencia, por el parque de la Alhambra, le propuse ir al cine. Antes me había dicho que le gustaba la poesía. «No, no, escribirla, no.» Pero le entusiasmaba el sentido que la poesía daba al mundo. Le pregunté qué poetas leía. «Ninguno en especial.»

—¿Y dónde la encuentras entonces?

—En cualquier parte, en todas partes. Ella es la vida misma, su explicación más honda... Está en los ojos de los más torpes a veces, de los menos ilustrados, como la raíz oculta que sostiene las ramas. Está en la mudez de los que mejor miran... En la mudez, sobre todo.

Fue entonces, después de andar callados, por temor a meter la pata, cuando sugerí que fuésemos al cine.

Lo observaba y me parecía fuera del tiempo. Ni más joven ni más viejo que los demás, sino como si perteneciese a otra época. Había, por debajo, algo femenino en su rostro, de rasgos enteramente masculinos. Me obsesionaba su manera de mover, de cuando en cuando, la cabeza para retirar de la frente un mechón. A veces el mechón exigía que se alzara una mano con lentitud. Y sus ojos, siempre sus ojos... No eran como todos: se iban y regresaban. En ocasiones se oscurecían como si estuvieran vigilando hacia dentro, y luego traían de vuelta un resplandor más fuerte.

Yo nunca había imaginado que pudiese existir alguien real tan arrogante y tan cándido al mismo tiempo, tan singular, tan poseedor de una evidente superioridad, de la que él aparentaba no darse cuenta. Y quizá gran parte de los demás, tampoco. Me ilusionaba figurarme que, a través de un resquicio voluntario, él me permitía observarlo más cerca que los otros... Por eso yo, cuando me dirigía a él, lo hacía sin ver nada más. Lo miraba en silencio, igual que quien espera una orden inminente que tiene que obedecer y cambiará su vida. Me situaba frente a él cuando podía, acaso sin advertirlo, como ante un destino inevitable. Incluso cuando andábamos por las calles estrechas hombro con hombro, yo me adelantaba medio paso por verlo más de frente...

No traté jamás, ni siquiera al principio, de ponerme a su nivel. Yo estaba pleno de una irracional convicción de que él plantearía, dispondría, resolvería, cumpliría todo lo deseado por mí. O no: lo ni siquiera deseado, lo ni siquiera presentido...

La primera película que vimos juntos fue *Rebelde sin causa*, de Nicholas Ray. La sugerí yo, porque ya la había visto el año anterior, y consideré que eso me situaba en una posición ventajosa. La recordaba sin mucho detalle; pero deseaba que Minaya apreciase el amor de cachorro del chiquillo que no percibe su homosexualidad porque aún no se percibe a sí mismo. ¿No era ese mi caso? El del adolescente *Platón*, al que le gusta ser llamado por tal nombre, que representa precisamente ese cierto tipo de amor: el de un hombre que bebe de otro; de otro, que no sólo se deja beber, sino que se ofrece en un vaso, y lo mima, y se cuida de que siempre esté lleno para satisfacer la sed del otro renovada...

No imaginaba yo entonces que los tres protagonistas habían de morir, en la realidad, de muertes prematuras y terribles: Sal Mineo, acuchillado por unos chulos a la puerta de su casa; James Dean, en un deportivo muy deseado en el que se concretaba su triunfo; Natalie Wood, ahogada entre unos yates de recreo... ¿Es siempre así? Siempre es así si bien se mira. Nunca prevemos nada. Avanzamos cegados, como Edipo, de retorno a la Esfinge...

Al apagarse las luces, nos quedamos, aislados y muy próximos, como en una minúscula habitación íntima. El contacto con los codos, el roce casual de las rodillas, el encuentro de los brazos al cambiar de postura, todo acentuaba aquella intimidad. Y la respiración, adivinado su vaivén en la penumbra, que convertía en suspiro el suspense de alguna escena. Y las cabezas que se inclinan y se unen en algún comentario. Y su olor. Su olor indescriptible a noche de verano y a cenizas de la *corteza funeral de árbol sabeo*, que habría dicho Góngora... (Esto último deberé tacharlo. Él se habría reído.)

Yo atendía a la pantalla y al efecto de la pantalla en mi compañero. Casi al principio susurró:

—Siempre los padres... Y estos muchachos luego serán padres. Qué herencia.

Yo lo ratifiqué con discreción. Se aproximaron nuestras sienes... Me planteé cómo sería la familia de Minaya. No sabía nada de ella. Tampoco sabía nada de él... Aquel poderío, ¿vendría de sus padres? Aquel poderío que tenía la elegancia de no ejercerse, de dejar en absoluta libertad a quienes podría someter. A mí, por ejemplo... Y esa libertad otorgada y ese respeto, en lugar de hacerlo más accesible y más afín, lo levantaba al nivel de las estrellas... «Al nivel de las estrellas», pensé entonces.

En la cinta, los alumnos entraban en el planetario. Olfateé un peligro. Fue instintivo y sin causa, con mucha menos causa que la rebeldía de los muchachos. Su brazo se retiró del mío. Se ensimismó en su butaca. Alzó la barbilla. Se hundió un poco más en el asiento. Entrelazó las manos... ¿Sonreía? Sonreía.

El profesor, en medio de entradas y salidas de jóvenes, desatendido, hablaba de la inmensidad del Universo.

Acabo de poner en el video la cinta de *Rebelde sin causa*. La he visto muchas veces. El profesor, distante, como un agorero que conoce aquello con que amenaza, dice:

—Hasta el fin de nuestra Tierra, mirará la gente al cielo y verá una estrella cada vez más brillante y más cercana. A medida que se acerque irá cambiando el clima. Los continentes polares se deshelarán y se templarán los mares. Los últimos humanos mirarán al cielo y se asombrarán.

Yo creo que sí, que sonreía Minaya: se acentuaba el hoyuelo de su mejilla izquierda.

—Los astros continuarán allí moviéndose en sus órbitas. Las constelaciones familiares que iluminan nuestras noches seguirán como siempre, indiferentes al poco tiempo transcurrido entre la creación de nuestro planeta y su ocaso.

Se levantaron sus cejas en un gesto entre interrogador y divertido. Yo le di con el codo buscando una complicidad, pero él no lo acusó.

—Orión, el Cazador, la constelación más brillante...

—Vaya —exclama para sí James Dean.

—¿Qué? —pregunta *Platón*, pendiente de él, en la fila de atrás, como si el otro se hubiese dirigido a él con exclusión de todos.

—Estar allí arriba es como si se hubiese estado ya en todas partes —contesta Dean de mala gana, desdeñoso.

Se acentuó, aprobatoria, la sonrisa de Minaya. En la película alguien estornuda, alguien dice ¡Jesús!

—Cáncer, el Cangrejo, con su grupo de estrellas llamado la Colmena... —Seguía el profesor. Un chico no dejaba oír el resto de la frase ni el principio de otra—. ... el límite donde el Sol se ve verticalmente, Tauro, el Toro.

Los muchachos de la película emborronan la disquisición del maestro. Minaya se revolvió levemente en su butaca.

—Sagitario y Aries, formadas por ocho estrellas...

De nuevo los alumnos interrumpen la audición. Ahora Minaya —quizá hoy podría decir por qué, entonces no lo supe— sonreía francamente.

—El resplandor de nuestro planeta apenas habrá traspasado unos cuantos años luz. Aún no habrá llegado a lejanas galaxias cuando desaparezcamos tal como empezó todo, con un estallido de gases y de fuego.

El destrozo simulado en el planetario ilumina con un frío azul los rostros serios de los personajes. También el de Minaya, que me observó un segundo.

—¿Tú crees que el fin del mundo sucederá de noche?

—Ah, no, al amanecer —responde Dean.

—El cielo aparecerá de nuevo imperturbable. En la inmensidad del Universo nuestro mundo no será echado de menos. En la infinita hondura del espacio, los problemas de la humanidad son trivialidades e ingenuidad. El hombre, a solas, carece de importancia... La clase ha terminado. Gracias por su atención.

Y continuaba la película. Y continuaba, en un día tan sólo, la eclosión del amor de esos tres personajes. El amor no necesita tiempo para florecer y apagarse; para desangrarse no necesita heridas; ni llamas, para saberse iluminado. El amor a sí mismo se basta. Él todo lo inventa, todo lo redime, todo lo ordena o lo trastorna...

En el planetario ocurría también el diálogo final.

—¿Por qué me abandonasteis? —se queja *Platón.*

—No te abandonamos. Íbamos a volver.

—¿Estás seguro?

—Claro que lo estoy.

Y luego, como al principio en la comisaría su chaqueta, le tiende Dean su chupa roja.

—¿Me quedo con ella? —apunta el adolescente.

—Tuya es.

El menor la abraza y se la pone como si estrechase al dueño entre sus manos. Y sobre aquella prenda donada recaen las últimas palabras.

—Esta pobre criatura no tenía a nadie... Siempre tenía frío —dice Dean mientras le abrocha la cazadora que ciñe el cuerpo del pequeño cadáver, mientras ve con ternura sus calcetines de colores desiguales... El amor.

9
—

—¿A qué llamas tú amor? —Me preguntó sin mirarme unos días después.

Yo pensé de inmediato en él; luego, en Elvira. Tropecé, como un tonto, con una losa saliente de la acera. Metí mis manos en los bolsillos del pantalón. Balbuceé.

—¿A qué llamo yo amor? —Procuré darme tiempo—. A todo, me parece. Como tú a la poesía... A que el mundo se concentre entero en unos ojos, en unas manos... A no entender la vida en ese mundo sin el dueño o la dueña de esos ojos.

—Pero opinar así es empequeñecerlo.

—Sí, por un lado...

—Mira. —Anochecía. El cielo, rutilante, irradiaba aún luces rojas, moradas, verdes, amarillas. Todo era perfección—. Míralo con tus ojos, con los tuyos... El firmamento depende de ti, de tu mirada.

—Pero visto a través de otro, todo gana. —Se estremecía mi voz—. Con otro, todo gana. Ahora mismo...

Su mano seguía en alto.

—El Universo forma parte de ti. Tú formas parte de él... Lo que es común no es que no sea de nadie, es que es de cada uno. Es que es de todos. De ahí lo pequeño de lo grande, y lo grande de lo pequeño... La Tierra está, igual que esas estrellas, suspendida en el cielo. Aunque no la veamos, alguien la verá, alguien nos está viendo, ¿no crees tú?

—¿Y eso es amor?

—Eso es amor también.

Me tomó del brazo. Sentí, como si yo fuese la tela de mi chaqueta, hasta sus huellas dactilares. Sin darme cuenta, o no, dándome cuenta, apreté su mano contra mi costado.

—No sé nada de amor —murmuró—. Tienes razón... Dime una cosa: ¿cómo se insinúa uno, cómo se conquista, cómo se enamora a una muchacha?

Quise lucirme, pero no me salió. Se me habían olvidado los gestos; se me volaron las palabras. A Elvira no la había conquistado de ninguna manera; a él estaba tratando de conquistarlo quizá, no lo sé bien...

—Se hace muy paso a paso. Si estás sentado junto a ella, pasas como al desgaire tu brazo por encima de sus hombros y observas su reacción... O dejas caer la mano sobre la suya. O rozas con tu pierna su pierna. Y observas siempre su reacción. A mi entender, ahí está el secreto... Y en mirarla a los ojos con toda intensidad. Si ella resiste la mirada... Luego ya puedes pedirle salir a solas con ella. Y besarla si es posible y se tercia... Si dispones de sitio o de un coche, las cosas son más fáciles. Las mujeres, en realidad, se hacen las seducidas, pero son ellas las seductoras. Si alguien elige, son ellas desde siempre...

Una mujer con la cabeza vuelta, tirando de un niño que la seguía a regañadientes, tropezó conmigo y pasó entre nosotros dos. Se encendieron las luces de la calle.

—Todo amor es verdadero, supongo, cuando brota del verdadero fondo del corazón. Entonces echa por tierra todas las murallas, todos los prejuicios, todas esas defensas, y transforma una vida oscura —señaló la pobreza de las fachadas ante las que pasábamos— en una ciudad abierta y libre y llena de sol día y noche.

—¿Día y noche con sol? —Me eché a reír.

—Por la noche también hay sol, aunque no lo veamos. Así sucede, creo, con el amor.

—¿Tú tienes novia o algo parecido?

—No; ¿y tú?

—Sí, tengo novia... o algo parecido.

¿Qué había sido de mis cartas a Elvira? ¿Qué había sido de mi emoción al recibir las suyas? ¿Qué había sido de Elvira?

10

Entre plazo y plazo del horrible Derecho Procesal, entre incoaciones y apelaciones, objeto de un examen de trimestre, me preguntaba sin levantar los ojos del libro: ¿seré yo homosexual? Sólo la palabra me producía un gran rechazo. Y trataba de recordar los muslos de mis compañeros, y el bulto de su sexo en medio de los bañadores, o a través de los pantalones, al fondo de las arrugas marcadas por las ingles... Trataba de recordar el frote del vientre o del pecho, tan lisos, de unos contra otros, en los salvajes juegos de la playa o en las piscinas... Trataba de recordar si un amigo, de pequeños, salvo Niño que era otra cosa, me había excitado o había sentido al lado suyo algo muy turbador... Y trataba de calibrar ese algo turbador. Pero no recordaba nada semejante.

Y, sin embargo, no me cabía duda de que el amor no era el de Elvira sino esto de ahora. Este deslumbramiento ante el rostro de Minaya. Esta negativa a imaginar, desnudo, el cuerpo de Minaya. La visión del mundo se me había reducido a él. «Eso es empequeñecerlo», me parecía oírle decir; pero no era empequeñecerlo: el mundo crecía en él. En él todo se transformaba en contradicción... O quizá no en él, sino en mi sentimiento. Hasta en mis sentidos: de repente, o casi de repente, su rostro se nublaba, se oscurecía, dejaba ya de verlo, me quedaba en medio de tinieblas... Porque la luz, si es excesiva, también ciega. Y su rostro obnubilaba...

Aunque también me cegaba, al cerrar los ojos, a todo lo que no fuera él, a cuanto no hubiese visto a través de sus ojos... Este alargar la mano y no tocar. Y soñar con tocar, y no soñar más que con poder tocar un día, nunca con ser tocado... Este soñar despierto con el olor que trasmina Minaya, con el aire que respira Minaya, y regresa desde dentro de él. Este soñar con ser el aire que respira Minaya...

Si leía, por ejemplo, *La tempestad*, de Shakespeare, Minaya era Miranda; pero también representaba lo que Miranda decía de Fernando, y el liviano genio milagroso de Ariel, y lo que de Ariel apuntaba una nota: el nombre secreto de Jerusalén, y el ídolo de los moabitas, y mi ídolo infinitamente lejano y tan al alcance de mi corazón, aún más, tan dentro de él... Minaya era —y sé que es cursi y femenino, y no debía decirlo— todo hermosura, cualquier hermosura. La del sol sobre el agua del mar, sembrándola de espejos; la de la luna que riela y se hunde en el agua del mar, para refrescarse en el verano, tiritando en invierno...

No podía seguir estudiando Derecho Procesal ni un minuto más si me dedicaba a pensar en Minaya. Mi súplica era la del desafortunado y deforme Calibán, en la isla de *La tempestad*, a Esteban el borracho, que nada merecía. El amor es ciego, sí, pero no el mío. Aquella súplica estaba aquí por demás justificada: «Sé mi Dios, te lo ruego».

Como si me hubiese escuchado, el primer día que volví a quedar con él, Minaya me dijo:

—Nadie puede ser Dios de nadie... Ni el amor diviniza. Al contrario, hace, a quienes se aman, más humanos: ahí está su grandeza.

Resplandecían sus ojos.

11

En aquellas vacaciones de Navidad, a orillas del Mediterráneo, volví a oír la música que nos envolvió aquel día, la trasmisora del *Himno a la alegría*. Qué ajeno, el compositor, de saber que sus armonías iban a conmover, en las profundas mañanas del mar azul y en los atardeceres del mar plomizo, mi memoria. Minaya me había dicho que, ese prodigio, fue el canto de adiós a la vida escrito por alguien a quien se le había pedido demasiado...

La música para mí, como el alcohol, nunca ha sido un detergente sino un fijativo. No me ha servido para distraerme y olvidar, sino para quedarme clavado en donde estaba con las emociones de aquel instante multiplicadas y ampliadas.

—Te encuentro extraño. Te encuentro distraído —me decía, en broma, Elvira.

—Es que te quiero más en la distancia —le respondía, en broma, yo.

—Pues, hijo, si es tu gusto, me voy para que puedas pensar en mí más cómodamente.

Yo anhelaba que pasasen los Reyes para estar de nuevo con Minaya. Entretanto, cada vez que lo evocaba, sobre todo de noche, tendido a solas, acariciaba mi oído, como en el sueño luego, una respiración acompasada. Y, si estaba de pie, un calor en la nuca equivalente a una presencia...

Yo me decía: «Es su belleza lo que me atrae de él...» Después he adquirido el convencimiento de que lo confundía todo. Pero ya a estas alturas no se reducía mi pasión —porque una pasión era— a su prestigio físico. Un prestigio que traía por la calle de la amargura a las chicas de la universidad, y supongo que a no pocos chicos, aunque prefiriesen morirse a reconocerlo. Que Minaya era bello lo reconocía hasta Santiago, mi compañero de Huelva, completamente negado a la percepción de la delicadeza y de las formas, del equilibrio de los colores, de las simetrías y las proporciones, cosas a las que calificaba enseguida de mariconadas riendo a borbotones.

No obstante, dentro de aquel cuerpo de extraña perfección, ¿qué había? ¿De dónde manaba la luz emergente de sus ojos, la gracia de su expresión, la majestad de sus gestos pausados, la atención de sus modales, la serenidad y la comprensión admirables que en él preponderaban?

Miraba hacia la *Ilíada*, que nunca había leído del todo y que era un furtivo canon para mí, y tenía la impresión de estar ante un personaje como Patroclo, por ejemplo, si a mí no me hubiese resultado siempre un poco bobo. O como Aquiles, si no hubiera sido tan ambiguo: ni rubio ni moreno, ni dios ni hombre, ni mortal ni invulnerable, ni hombre ni mujer; si no se hubiese desmelenado tanto por encima de su propio talón...

Se tenía la impresión de estar ante alguien superior, que condescendiese a tratar con nosotros, y desease disfrazar hasta su condescendencia... Aunque era evidente que no lo conseguía del todo.

Algo suyo me acompañó en aquellas vacaciones. Un día que fui a recogerlo al Albayzín para pasear por el cementerio y sus alrededores —a él le agradaba aquella paz y su silencio, que toma cuerpo lejos de los ruidos de la ciudad, los ruidos que llegaban, como los hombres hasta allí, ya mitigados—, encontré sobre su mesa una edición de *Los viajes de Gulliver*, de Swift.

—¿Lo estás leyendo?

—Acabo de terminarlo.

—Lo leí hace ya mucho, cuando niño... Me reí tanto... Me gustaría volver a viajar con él.

—Llévatelo si quieres. —Después de un momento, agregó—: Ni *Alicia en el País de las maravillas* ni el *Gulliver* me parecen libros para niños. Creo que con esa atribución se les ha hecho desmerecer... El extraño y confuso Carroll y el irónico y malvado Swift escribieron refiriéndose a otras cosas... Se está diciendo desde 1720: cada mínimo reino se cree un Universo entero porque desconoce el que tiene alrededor.

¿Mi conocimiento de Minaya creció en esas vacaciones? No sabría decirlo. Sé que creció mi vehemencia por conocerlo más. O por llegar algún día a conocerlo. El libro de Gulliver me mostró una faceta nueva suya. Lo que más le interesaba aparecía marcado con el azul de su lápiz bicolor.

Del viaje a Liliput, el país de los enanos, había subrayado las confidencias históricas que le hace a Gulliver el Secretario Principal de Asuntos Privados cuando va a visitarlo en secreto. Gulliver se ofrece a tenderse en el suelo para oírlo mejor, pero el visitante prefiere que lo sostenga en su mano: todos preferimos nuestra elevación. Y le confía que el reino padece dos grandes males: una violenta discordia dentro del país y el peligro de una invasión de fuera. «En cuanto al primero, conviene que sepáis que, por más de setenta lunas en el pasado, ha habido en este Imperio dos partidos en pugna según que usen zapatos de tacón alto o bajo, por los que se diferencian entre sí. Se atribuye, de hecho, a los Tacones Altos gran conformismo con nuestra antigua Constitución. Pero sea como fuere, su Majestad ha decidido emplear a los Tacones Altos en la administración del Estado y en todos los cargos que son prerrogativa de la Corona /.../. La animosidad entre estos dos partidos es tan enconada que los de uno ni siquiera beben, ni comen, ni hablan, con los del otro /.../. Sospechamos que el heredero de la Corona se inclina algo hacia los Tacones Altos; cuando menos, notamos claramente que uno de sus tacones es más alto que el otro, lo cual se manifiesta en cierta cojera al andar».

El segundo mal era la invasión con que amenazaba la isla de Blefuscu, el otro gran Imperio del Universo, casi tan grande y poderoso como el de Liliput. «Porque, por lo que respecta a lo que hemos oído afirmar de que hay otros reinos y estados en el mundo, habitados por seres tan grandes como vos, nuestros filósofos tienen serias dudas y antes admitirían que habéis caído de la luna o de una estrella.» Esto estaba dos veces subrayado por Minaya, en rojo y en azul. Las dos únicas potencias «llevan treinta y seis lunas, como iba a contaros, librando una guerra encarnizada que estalló de la siguiente manera: Es cosa admitida que el procedimiento original de cascar un huevo antes de comerlo es por el extremo ancho. Pero el abuelo de nuestro actual Soberano, cuando era mozo, al ir a comer un huevo abierto según la vieja usanza, se cortó un dedo. Inmediatamente el Emperador, su padre, ordenó a sus súbditos, mediante un edicto, que, so pena de severos castigos, sólo abrieran los huevos por el extremo más estrecho. El pueblo se sintió tan agraviado por esta ley que, según nos cuenta esta historia, se han producido ya seis levantamientos a causa de ella. En éstos un emperador perdió la vida y otro la corona. Tales agitaciones internas las han fomentado constantemente los monarcas de Blefuscu, y cada vez que eran sofocadas, los rebeldes que se exiliaban buscaron refugio en ese Imperio... En el curso de estos conflictos, los emperadores de Blefuscu protestaron a menudo, a través de sus embajadores, acusándonos de cismáticos en religión, porque infringíamos una doctrina fundamental de nuestro gran profeta Lustrog, contenida en el capítulo cincuenta y cuatro del Brundecal (que es como el Corán de ellos). Pero parece ser que se trata de un texto tergiversado, pues las palabras son éstas: "que todos los verdaderos creyentes cascarán los huevos por el lado conveniente". Cuál sea el lado conveniente es cosa que, en mi modesta opinión, parece dejarse al arbitrio de cada conciencia individual o, al menos, al poder decisorio del Supremo Magistrado. Ahora bien, los exiliados han tenido tanta privanza en la Corte del Emperador de Blefuscu y tanto apoyo y aliento entre los de su partido aquí en su patria, que los dos imperios llevan treinta y seis lunas librando una guerra sangrienta con varia fortuna».

¿Por qué atraían tanto la atención de Minaya la soberbia y la vaciedad de estos enanos? ¿Por qué no los tomaba a chacota como lo que eran: unos ínfimos y engreídos imbéciles?

Del viaje al país de los gigantes, después de que Gulliver aprende su idioma, Minaya subrayaba el asombro del rey y de la reina «ante el gran ingenio y discreción que mostraba un animal tan diminuto». Y, cuando su majestad manda llamar a tres grandes sabios para que muestren su parecer respecto al visitante, subraya: «Después de largos debates, llegaron a la conclusión unánime de que yo no era más que un *lusus naturae*, interpretación muy acorde con la de las modernas filosofías de Europa que, desdeñando el viejo y socorrido refugio de las causas ocultas, al que acudían en masa los de Aristóteles para disfrazar su ignorancia, han inventado esta maravillosa solución, la broma o el capricho de la naturaleza, a todas las dificultades que surgen del indescriptible avance del conocimiento humano.»

Gulliver cuenta, y subraya Minaya: «Debo confesar que, después de haberme extendido profusamente hablando al Rey de mi querida patria, de nuestro comercio, guerras navales y terrestres, cismas religiosos y partidos políticos, prevalecieron de tal manera los prejuicios de su educación real, que no pudo menos que cogerme en su mano derecha y tras golpearme suavemente con la otra y reírse a carcajadas, me preguntó si yo era *whig* o *tory*. /.../ Y le hizo notar a su Primer Ministro lo deleznable que resulta la grandeza humana cuando pueden ridiculizarla insectos tan diminutos como yo. Y además —añadió— me atrevo a asegurar que estas criaturas tienen sus títulos y distinciones honoríficas, se construyen sus pequeños nidos y guaridas, a los que llaman casas y ciudades, y tratan de descollar en vestido y tren de vida; en fin, que aman, luchan, discuten, hacen trampas y traicionan».

Cuando Gulliver narra sus peripecias y peligros con el gigantesco mono de treinta pies, un verdadero King Kong, y se tira faroles a posteriori, y se manifiesta celoso de que su valor se ponga en tela de juicio, y sólo escucha carcajadas, añade: «Esto me hizo meditar sobre la vanidad humana al pretender alguien adornarse de gloria entre quienes no pueden equipararse ni compararse remotamente con él. Aun así, desde mi regreso a Inglaterra he podido comprobar a menudo casos de comportamiento como el mío, cuando cualquier despreciable y ruin lacayo, sin el menor título ni linaje, posición, inteligencia o sentido común, se permite darse importancia y ponerse a la misma altura que los personajes más ilustres del reino». De mano de Minaya estaba escrito junto a estas líneas: «Ni siquiera en el último fondo se consideran semejantes».

Y continúa marcando en rojo: «El rey quedó estupefacto cuando le conté nuestras vicisitudes históricas en el último siglo, declarando que no era más que una sarta de intrigas, rebeliones, asesinatos, matanzas, revoluciones y deportaciones, que son las peores secuelas a que pueden dar lugar la avaricia, la discordia, la hipocresía, la perfidia, la crueldad, la rabia, la locura, el odio, la envidia, la concupiscencia, la malevolencia y la codicia /.../ "La gran mayoría de tus compatriotas constituyen la especie más perniciosa de repugnantes alimañas que la naturaleza ha permitido arrastrarse sobre la faz de la tierra."»

Y cuando Gulliver le propone la fabricación de armas, se queda el rey pasmado de ver «cómo un insecto tan débil y rastrero como yo (esa fue su expresión) podía albergar ideas tan despiadadas y exponerlas con tal familiaridad, pareciendo insensible a todas las escenas de sangre y desolación descritas como efectos normales de aquellos destructores ingenios, cuyo primer inventor tenía que ser algún genio del mal, enemigo del género humano».

Es el mismo rey prudente que reduce el arte de gobernar «a los límites muy estrechos del sentido común y la razón, de justicia y clemencia. /.../ Aquel que pudiera hacer crecer dos espigas o dos briznas de hierba en una superficie donde antes sólo crecía una, merecía más gratitud de la humanidad y prestaba un servicio más esencial a su patria que toda la casta de políticos reunida».

Yo buscaba lo subrayado con avidez, pero no lograba interpretar por qué eran aquellas frases las que más interesaban a Minaya. Parecía complacerse en la interpretación caricaturesca de lo que Gulliver contaba a sus anfitriones, que era en Brobdingnag el reverso o el otro lado del espejo de lo que a él le contaban en Liliput. Todo resultaba como mirado por el lado erróneo de un telescopio que apuntara al revés... O quizá era eso lo que Minaya opinaba de nuestro mundo de hoy. (Sin dudarlo —lo entiendo ahora— fue así.)

Luego atrajo su atención, en el capítulo de la Isla Volante o Flotante, aparte de la descripción de ella misma, la sabiduría de sus astrónomos que observan «los cuerpos celestiales con ayuda de lentes que superan con creces, en calidad, las nuestras... Tienen catalogadas 10.000 estrellas fijas, mientras que el más copioso de nuestros inventarios no incluye más que una tercera parte de esa cifra. Han descubierto dos astros menores o satélites que giran en torno a Marte. /.../ También han observado 93 cometas diferentes, estableciendo sus respectivos períodos con gran exactitud. /.../ Sería este rey el monarca más absoluto del Universo —Minaya lo puso entre admiraciones— si lograra persuadir a los miembros de su gabinete de que unieran fuerzas con él».

Mucho más adelante, ya entre los hoyhnhnms, había otros párrafos marcados. Como el referente al uso del dinero, al mal uso, que «exige que gran cantidad de gente se vea forzada a buscar el sustento mendigando, robando, hurtando, engañando, alcahueteando, perjurando, adulando, sobornando, falsificando, peleando, mintiendo, halagando, fanfarroneando, votando, garabateando, fantaseando, envenenando, putañeando, difamando, practicando el libre pensamiento o entregada a otras ocupaciones semejantes».

No es de extrañar que un amo posterior tenga a Gulliver y los suyos «por una especie de animales a los que, a raíz de algún accidente que no podía imaginar, nos había tocado en suerte una partícula de inteligencia que sólo nos servía para agravar nuestra maldad innata y para adquirir nuevos vicios que la naturaleza no nos había otorgado, al tiempo que nos desprendíamos de las pocas virtudes que nos había concedido. Y habíamos logrado multiplicar nuestras necesidades», cuando, por el contrario, «la razón, por sí sola, bastaría para gobernar un ser racional».

Los subrayados concluían con uno especialmente misterioso. Los hoyhnhnms, en el país de los caballos, «tienen la idea de que cuando la gente se reúne, la conversación mejora si se guardan breves silencios». Dudé si consultar con el propio Minaya la conclusión de sus lecturas y la intención de sus marcas. Nunca lo hice. Pero me acostumbré a callar ante él lo más posible. Y pude comprobar, sin conocer el modo, que los silencios no interrumpían nuestras pláticas, sino que las incentivaban.

Después de un almuerzo, mientras tomábamos café, mi padre, que había engordado mucho, moviendo el azúcar en su taza —se servía tanto que se sostenía de pie la cucharilla—, me interrogó, como de pasada.

—¿Te sucede algo con Elvira? —Ante mi silencio, insistió:— Dime, ¿te pasa algo con ella?

—Yo creo que no. ¿Por qué lo preguntas? ¿Es que te ha comentado...?

Mi padre la llamaba el *mirlo blanco*, porque con veinte años ya cobraba un sueldo.

—No me gustaría nada que te portaras mal con ella. No lo merece. —Después de los dos primeros sorbos:— ¿Tienes otra novia en Granada?

—Por supuesto que no.

—Mejor que ésta no va a ser. Trátala bien... Si te hace falta dinero para invitarla, pídemelo. Al fin y al cabo estamos en fiestas. Lo comprenderé.

12

Al día siguiente de llegar a Granada, con el pretexto de devolverle el libro de Jonathan Swift, telefoneé a Minaya.

—Quédatelo —me dijo—, será mi regalo de Reyes.

Me quedé cortado, porque mi intención era verlo, después de un mes de ausencia.

—¿Puedo invitarte a merendar?

—Claro que puedes.

—¿Dónde estuviste estas navidades?

Se lo pregunté cuando estuvimos con nuestra taza de chocolate por delante en El Suizo, lleno de mustios terciopelos rojos.

—En muchos sitios. Viajé en autostop. Fui a visitar árboles viejos.

Tenía la virtud de desconcertarme.

—¿Y tu familia?

—Bien, muchas gracias.

Después de una pausa, no me contuve más:

—¿Árboles viejos?

—Sí. Siempre me han parecido lo mejor de la Tierra. La Tierra es tan joven, tan tierna todavía, apenas una niña... —Yo lo miraba boquiabierto—. Los vegetales son su lujo y su elegancia. No viven a costa de otros seres; no se comen a otros seres... Y supongo que fueron los primeros en surgir. Nobles, serenos, generosos... De todas formas, no he salido de Andalucía. —Después de una pausa prosiguió—. En primer lugar me fui a la Sierra de Cazorla para visitar a un tejo bimilenario. Esta allí, majestuoso, acompañado por una hembra más joven...

—¿Una hembra? —Deduje que él o yo nos habíamos vuelto locos.

—Sí; el tejo no es hermafrodita. El macho no da frutos. Ahora la pareja se encuentra un poco desolada, sin el bosque de alrededor que ha muerto... El tejo es un árbol sagrado, mágico, religioso. Pero su madera la usó el hombre para arcos y flechas, y ese afán guerrero ha hecho que queden pocos... Pocos y heridos, porque en éste los visitantes quieren dejar grabados sus nombres. Qué locura.

—Una vez —me propuse alinearme con él— vi la capilla de Santa Ana, *la Abuela* como la llaman en Jumilla. Es una escultura de Salzillo, muy buena. Y allí hay un cartelito: «Si eres creyente, reza. Si eres incrédulo, admira. Si eres tonto, escribe tu nombre en las paredes». Están todas cubiertas de nombres. —Minaya me sonrió con los ojos—. ¿Dónde más fuiste?

—En Cazorla también hay un viejo pino laricio, que pasa de mil años. Es una buena prueba —hablaba muy despacio y me miraba con intensidad— de que lo malo puede resultar productivo. Como se inclina su tronco hacia un lado, no sirvió para madera y no lo talaron; y como las condiciones son tan adversas (nieve, poca agua, solazos en verano), ha tenido que fortalecerse para resistir, ¿comprendes? —Yo afirmé sin saber a qué se refería; ahora sí lo sé—. Sin salir de Jaén, en Valdepeñas, visité el *Quejigo del Carbón*, también viejísimo. Está en una finca privada, y tan continuamente decía su dueño que el árbol era suyo, que terminó por llamarse el *Quejigo del Amo*. Qué tontería más gorda. A saber dónde estará el amo. Más vale que lo hubiese cuidado un poco más... A pesar de su abandono, me transmitió mucha fuerza.

Yo lo contemplaba con estupor, pendiente de sus labios de un rosa un poco subido, de sus ojos, sin entender mucho lo que decía. Nunca me había hablado tanto y tan seguido. Me consideraba feliz por su confianza. Le rogué que siguiera. Me envolvía en su intimidad como en un abrigo —los cristales estaban empañados por el frío de fuera—, entre el olor a chocolate y el que imaginaba de los árboles viejos.

—Almería se ha desertizado, no sabes hasta qué punto. Antes no era como ahora. En la Sierra de Filabres y en la de Cabrera había alcornoques, que es una especie propia de zonas húmedas. Ya quedan muy poquitos... La marina de guerra los aprovechó para sus astilleros. Antes daban corcho a las artes de pesca, a las redes, a los barcos... Recibían un trato humano. Fíjate, en el yacimiento arqueológico de Gatas, ya aparece el corcho: hace cuatro mil años... ¿Qué es lo que estamos haciendo?

Estuve a punto de contestar que merendando, cuando caí en que Minaya hablaba de otra cosa más grave. Pero hablaba sin excitarse, sin menear las manos, sin hacer muecas, con una sencillez encantadora, que resultaba más terrible.

—Sigue. Me encanta oírte. Cómo te envidio...

Ahora fue él quien me contempló con asombro antes de continuar:

—Luego el viaje fue largo y no muy cómodo. Por la Costa del Sol, desde Almería a la Sierra de las Nieves. En ella vive un castaño de mas de 700 años, en Istán. El *Castaño Santo* lo llaman. Tiene un tronco gigantesco: se necesitan dieciocho personas para abarcarlo, lo probé. En él se ha escondido gente cuando la invasión francesa, cuando las alteraciones republicanas... Lo plantaron quizá los bere-

beres de la época nazarí, que eran pastores y agricultores, cosa muy rara. Y hoy tiene las raíces al aire, el pobre, porque a la gente le ha dado por llevarse la tierra de su pie: dicen que tiene poderes curativos. El caso es no dejar títere con cabeza... Mi cabeza la apoyé contra él y me contagió su resistencia y su buen ánimo —tomó un sorbo de su taza y volvió a dejarla en el plato sin ruido—. Después subí desde Málaga a Córdoba... Me habría gustado pasar por Ronda para visitar sus sabinas, pero no pudo ser... En Córdoba acaricié el tronco del olivo que le da el nombre a la fuente del Patio de Naranjos de la Mezquita. Está allí sólo desde el siglo XVIII, pero es tan popular como buen buscanovios. Y ocupa un sitio tan excepcional... Me habría llevado en un bolsillo la mañana, qué perfección. Aquel sitio enseñó al poder a inclinar la cabeza: a todos los poderes. Es un lugar sagrado, desde siempre, entre la Sierra y el Guadalquivir...

Hizo una pausa. Yo creí que había concluido su relato; pero, después de acariciar con la yema de los dedos los bordes de la taza y del plato, continuó:

—A Sevilla me acerqué en un camión. Lo conducía un hombre muy simpático. Fue él quien me orientó para llegar hasta Coripe, que es donde está el *Chaparro de la Vega*... Qué pueblo más gentil y más respetuoso. Tratan a su árbol, que tiene casi ochocientos años, como a un bebé. Bajo sus ramas se reúnen a celebrar sus cumpleaños, sus santos, sus bautizos, sus bodas, sus romerías... Hay una, a mediados de mayo, de la virgen de Fátima, que como comprenderás es mucho más joven que el chaparro. A mí me convidó a comer uno que celebraba su despedida de soltero. Era un día precioso: tibio y dorado. Tenía tanta delicadeza que cualquier cosa hubiera podido estropearlo.

—Lo has pasado mucho mejor que yo.

—Supongo que opinarás que son locuras. Pero, de cuando en cuando, necesito hacerlas.

—¿Estuviste en más árboles? —No había terminado de decirlo cuando me di cuenta de que la pregunta era una estupidez.

—En otro chaparro, pero menos cuidado. Le llaman *de la Corregidora*. Está cerca de Montellano, en Sevilla también... Parece que el exceso de abono de las tierras más próximas le está afectando a las raíces. A veces se quebranta un eslabón de la cadena de la Naturaleza, y no sabemos qué consecuencias traerá. Qué obsesión con los abonos, los insecticidas, las químicas... Qué afán de mezclar la velocidad con el tocino... Es tan hermoso como un antiguo rey: marca la frontera de dos culturas, de dos formas de vida. Y tan rotundo como el castillo del Alto de Cote, único como él, y como él arañado por la desidia y el abandono humanos. Hoy aún es útil. Entre parcelas de labranza, sirve de majada a los rebaños y de tinado para guardar aperos. Eso es lo que me fascina de los árboles viejos: se entregan hasta el final...

—¿Y en tu tierra no hay alguno, por Fuenteheridos o Aracena?

—Ahí está el prodigio de la vegetación entero y verdadero. —Sonó como un piropo y una queja—. Pero cerca de la casa de mis padres hay una palmera a la que llegan seis calles. Es, como poco, doblemente centenaria... Una raya apenas, vertical y flexible. Los días de vendaval se bambolea como si fuera a quebrarse. Tiene sólo unas cuantas palmas en su extremo. Es afilada, afilada, y de pequeño me parecía interminable: la miraba clavarse y casi desaparecer entre los cielos... Ya no está en el centro de la plaza: al construir, la dejaron a un lado... Cuando la veo, me viene siempre a la cabeza la frase de Abderramán I a la palmera de la Arruzafa en Córdoba: «Tú y yo somos aquí extranjeros...»

No habló más. Se quedó pensativo. Tras un largo rato se levantó.

—Me voy a casa. A esta casa de aquí, quiero decir.

Lo acompañé hasta el Albayzín. Era una noche fría. La temperatura se había desplomado. En el cielo brillaban las estrellas con un brillo muy particular.

—Las Tres Marías —dijo señalándolas—, el cinturón de Orión. Ellas señalan el ecuador de arriba. Y encima, mira, esa estrella que ves la forman dos muy juntas... Tan límpida es la noche que creemos distinguir la nebulosa de Orión a simple vista... Allí, Sirio, la hermana más brillante a nuestros ojos... Y Aldebarán, la roja, rubí encendido en la divina frente: así dice Unamuno... Perdóname. Me he excedido hablando. Hasta pronto.

Desapareció por una calleja muy oscura. Yo me quedé debajo del frío, debajo de las estrellas que me daban más frío. Y me sentí abandonado, más que nunca.

Bajábamos un atardecer desde San Miguel el Alto. Junto a la arruinada iglesia de San Román había unos perrillos que se perseguían y jugueteaban. Todos tenían lesionada alguna pata y cojeaban al correr.

—¿Por qué en el Albayzín la mayor parte de los perros son cojos? —dije—. Qué coincidencia tan extraña. Aquí, precisamente donde hay menos coches...

—Es por eso por lo que suben al Albayzín, porque hay menos coches. Abajo, en la ciudad, alguno los golpeó o los atropelló. Y ellos, con el instinto maravilloso de conservación que tienen todas las criaturas, se refugian aquí: se curan, se reponen y ya se quedan, como en un asilo, hasta su fin.

Dos perrillos se le acercaron. Minaya les acarició la cabeza. Eran animales callejeros, con la sola gracia de sus ojos, dorados e inocentes.

—Estarán llenos de pulgas —le advertí—. Son dos milleches.

Él se encogió de hombros. Uno de ellos le puso las manos en la cintura; el otro, movía con fogosidad el rabo. Les rascó el cuello y las orejas; les golpeó cariñosamente los costados. Inclinado, les dio la mano como si fueran dos personas...

—Hasta pronto. A correr. —Estoy seguro de que me equivocaba, pero me pareció que ambos perrillos apenas cojeaban ya—. Schopenhauer tiene fama de ser el filósofo más pesimista de todos. Sin embargo, él escribió que no conocía una oración más hermosa que aquella con la que terminan los espectáculos más antiguos de la India: «Ojalá todos los seres vivos permanezcan libres de dolor».

13

La madre de Elvira, Lula, era una mujer en la flor de la edad. Hasta a mí me lo parecía, a pesar de que los jóvenes suelen ser, en esa medida, tan crueles como despectivos. Tendría poco más de cuarenta años, pero era esbelta y guapa. Más guapa que su hija. Murió en dos meses. De un cáncer de mama lleno de metástasis. Yo le escribía a Elvira con más frecuencia que antes. Procuraba animarla, pero no sabía cómo. Hablé, por esa época, con Minaya de la muerte, y a menudo, en mis cartas a Elvira, transcribía lo que a él le escuchaba.

«Si aún no conocemos la vida, ¿cómo vamos a conocer la muerte? ¿Qué sabemos de ella? La muerte no es un mal más que para los vivos. Dijo Heráclito que las cosas que vemos despiertos son la muerte; las que vemos dormidos, los sueños; todo lo que no vemos es la vida... Quienes mueren son recibidos en estancias que no imaginamos y que forman parte de una patria común. Yo estoy seguro —esto me lo dijo Minaya mirando hacia dentro— de que los inmortales, si los hubiera, sentirían una fascinación por el acabamiento. A veces pienso —añadió— que lo eterno es el instante, aquello que insta, aquello que nos mueve... El que esta vida acabe es lo que le da su vehemencia, su urgencia, su sentido de fruición. Tanto que, siendo mortales, jamás nos conformamos con las cosas mortales: trabajamos, obramos y amamos como si no fuésemos a morir jamás. Todo se desarrolla en nuestra vida *sub specie aeternitatis*. Y es que, en el fondo de la realidad, nada muere; cambia sólo nuestro punto de vista: dejamos de vernos a nosotros mismos en el espejo, y comenzamos a ver el otro lado...»

Un día, un mediodía en el que el sol daba la impresión que jamás iba a ponerse, tal era su resplandor y su firmeza, comentó en voz muy baja:

—La muerte y el nacimiento son el mismo misterio de la Naturaleza. Y los misterios de la eternidad no son para oídos de carne y sangre... Hay algo más en el cielo y en la tierra de lo que sueña nuestra filosofía: eso dice, al menos, Hamlet... La vida y la muerte son las caras de una misma moneda. Un cuerpo inanimado es sólo una jaula vacía de la que voló el pájaro, de la que voló el abejaruco... —Y me miró con una intensidad, que entonces no entendí.

Cuando volví de Málaga, del entierro de Lula, me alentó:

—La madre de Elvira no ha sufrido el desliz por la rampa del deterioro. Paradójicamente ha muerto en plenitud... No tardará mucho en alargarse más la vida, en abolirse el cáncer... El hombre avanza ahora muy deprisa. Ojalá sea siempre para su bien.

Esta última frase no la oí apenas. Ahora la estoy oyendo.

—Hay que tener, junto a la certeza de la muerte, la certeza de que nada se acaba. En el caso de Lula, el dolor de la muerte ha sido también la muerte del dolor: el primero nos afecta a nosotros, pero la segunda, a ella... La vida está siempre presente porque nosotros somos cosa suya. En el amor hay que amar sin presentir que el amor se termina; del mismo modo hay que vivir también: es más penoso presentir la muerte que caer en sus brazos... Abre bien los ojos: ¿no te das cuenta de que la idea de la nada repugna tanto a nuestra razón como a nuestros corazones? Lula sigue viva en el de su hija y en los de quienes la amaron... Qué afición la nuestra a levantar barreras insalvables, qué tajantes somos: la mujer y el hombre, el pobre y el rico, los blancos y los negros, la derecha y la izquierda, los buenos y los malos, los vivos y los muertos... Qué taxativos y qué torpes. Ningún final llega siempre cuando parece haber llegado. No te olvides. —Y repitió con lentitud—. No te olvides tú nunca.

Luego añadió algo que entonces tampoco entendí:

—Cuánto me gustaría ahora poder salir de mi catacumba... De todas formas te diré que nada se pierde del todo: siempre nos queda la esperanza de lo que jamás podrá perderse. Y es la lucha por recuperarlo lo que cuenta. No lo eches en saco roto. —Había puesto una mano en mi brazo—. La lucha ciega por recuperarnos a nosotros mismos si llega un día en que nos perdamos: lo demás no es asunto nuestro... Es de ahí, de la muerte, de la caducidad de cuanto nos rodea, de donde nace toda poesía.

Trascribo sólo las palabras que tuvieron la virtud de grabárseme. Tal como las recuerdo: con menos simplicidad y nitidez que él las decía. Al igual que un niño que va aprendiendo un vocabulario cuyas acepciones todavía no alcanza.

Pero serían necesarios cien años para reproducir con mis palabras, con las mías, un gesto suyo, una sonrisa floreciente suya, la dirección tan clara y la sabiduría de una de sus miradas, su forma de entornar las pestañas o de cerrar los ojos muy despacio, o de apartarlos bruscamente de algo que no deseaba ver o no deseaba haber visto —el cadáver de un perro atropellado, la mano sucia de un mendigo, el dolor de un niño—, o el brillo que los hacía resplandecer ante un recuerdo que los demás desconocíamos.

14

Yo había ido a Málaga al entierro de Lula. Era un marzo caliente. La primavera, con impaciencia, ya aporreaba la puerta.

—Ahora sólo me quedas tú —me advirtió Elvira con sus labios de niña enrojecidos y los párpados hinchados.

Y supe que era cierto y que, en cuanto terminase, lo más deprisa posible, en la universidad, tendría que casarme con ella.

Cuando dejaron caer el ataúd en la fosa, la cabeza de Elvira se desplomó sollozando sobre mi pecho. Comprendí que se abandonaba a mi protección...

Aquella tarde vi, desde lejos, el mar. Parecía inmóvil y mudo y frío. Era la distancia la que lo transformaba. La muerte era la distancia también. Y el tiempo, el arma de la muerte y la devastación. Sentía un nudo en la garganta y ganas de llorar. No por Lula ni por Elvira, o quizá también por ellas, y por mí y por la fragilidad de todo y el destrozo de la hermosura, y por la forma efímera de mostrarse la tarde, que se iba de puntillas llevándoselo todo a cuestas como un ladrón: a nosotros también... Pensé que, como yo de Elvira, Minaya era mi único refugio. Pensé qué se sentiría en el instante de la muerte, y también la música que yo querría oír mientras me iba muriendo... Sin duda, aquella Sinfonía solemne y jubilosa que escuché, de manos de Minaya, en el Albayzín.

Eran pensamientos muy tristes, más que los que jamás había tenido. Al fin y al cabo era la primera muerte que me afectaba, ya mayor, de cerca. Porque había escuchado reír y bromear, porque había escuchado vivir a quien ya no vivía. La primera muerte después de saber, quizá entre niebla, quizá a través de un velo espeso, qué es la muerte.

Recién regresado a Granada, a bocajarro, me rebelé delante de Minaya contra una creación que no tenía pies ni cabeza. Destinada a perecer, como un hormiguero, hirviente de seres atareados, sobre los que alguien, por juego, vuelca un cubo de agua, u orina un niño.

—¿Por qué se hizo esto? ¿Por qué así? ¿Para qué? ¿Para cantar alabanzas a Dios? ¿Qué Dios es este, erguido y ajeno, gélido y desentendido? Si nos hizo a su imagen y semejanza...

Me interrumpió Minaya:

—No nos hizo a su imagen. Somos los hijos ignorantes del que todo lo sabe.

Sin decirlo, me planteé: ¿Para qué crear seres tan bellos, flores, pájaros, matices, luces, y el lubricán que se las lleva? ¿Es que Minaya podía ser el resultado de una casualidad? Por supuesto que no. Y era eso lo que me sublevaba: que se hubiesen traído aquí criaturas perfectas sólo para abolirlas en lo desconocido... ¿Sólo para eso?

Ahora Minaya, como si lo escuchara, se interpuso en mi pensamiento.

—Dios es Dios de vivos, no de muertos. —En su voz

temblaba algo parecido a la impaciencia, como un padre que habla con su hijo pequeño que no lo entiende en absoluto, e insiste, insiste...—. Dios no es varón ni hembra, padre ni madre. No es nada de lo que podamos figurarnos. Que no es nada que se asemeje a nosotros es lo único que sabemos de él. —Respiró hondo, se calmó, volvieron a sonreír sus ojos—. Y también quizá que el efectivo Dios es el de cada uno: el que cada uno, en el más profundo y recóndito cuarto de su alma, sinceramente adora. Porque cada ser es un experimento distinto de la vida... Para la vida se viene al mundo, no para la muerte. Y la vida no es, de ninguna manera, algo que está sucediendo, en otra parte, a otra gente distinta de con la que estamos... No; la vida somos nosotros. Ella es nuestra mayor obligación. Sin ésta, no existe otra.

—Pero la vida y el amor y la amistad, todo aquello de lo que hablamos, son siempre igual que una tela de araña, frágil y a la vez irrompible.

—Por fortuna, ¿no crees? Por fortuna. —Le sonreía la voz.

—Lo que dices es, en ocasiones, un poco aterrador.

—Pero también anima: no estamos solos. Los solitarios no son buenos; es muy difícil que lo sean: no tienen por quién serlo... Quizá lo aterrador sea la necesidad de sobrevivir. No la experimentan sólo los animales, que viven para eso: comer, dormir, copular, devorarse y volver a dormir y a copular, sino también nosotros. También nosotros... Tenemos que lograr que nuestra vida no se reduzca a esa noria continua, monótona, insaciable, de sobrevivir. —Y agregó:— De sobrevivir hasta a la vida...

15

Una tarde vimos en el cine, más o menos sentada delante de nosotros, a una pareja de novios que no sólo se arrullaba y se besuqueaba, sino mucho, muchísimo más. El local estaba casi vacío, y ellos, desentendidos, se aprovechaban de nuestra discreción. Yo propuse cambiarnos de sitio, pero Minaya, con la mano extendida, me detuvo.

—Es bueno ser testigo de una exaltación. Dar y recibir gozo es un alarde deslumbrante de la vida. —Me lo dijo más tarde—. El amor es envidiable siempre, sea cual sea la forma en que se encarne. El que lo disfruta no lo sabe. Incluso, a veces, es para él una cruz.

Tuve la sensación de que me miraba fijamente al decirlo.

—El amor está por encima de todas las contradicciones. Por encima de todas las maneras convencionales de manifestarse. Cualquier forma de amor ha de ser respetada, porque cualquiera es normal, sea frecuente o infrecuente... Que ningún enamorado se sienta perverso o culpable. Todo amor es amor, compartido o no, siempre que respete la libertad ajena. —De pronto se detuvo. Se volvió hacia mí—. ¿Tú practicas el sexo?

—Alguna vez. Pero no hasta el final... —Me atropellaba, me resultaba violento—. Quiero decir con Elvira...

—Te entiendo.

Echó de nuevo a andar.

—Una noche fui a una casa de putas. Había una muchacha de Linares... Lo que más me gustó fue que lograra perderme, que me desentendiese de todo: del sitio, de la otra persona, también de mí; que me desenganchase y me entregase y me olvidase...

—«Quedéme y olvidéme, dejando mi cuidado / entre las azucenas olvidado.»

No me enteré de nada:

—¿Qué?

—Que sí. Lo mismo le sucedía a San Juan de la Cruz, a su manera.

—No me importaba la casa ni la hora, ¿comprendes? —proseguí—. Una cosa así sólo me había ocurrido antes con algún libro o en algún cine, muy de cuando en cuando. Quedarme embebido... Pero aquello no fue amor, claro.

—¿Qué sabemos?

Cuando ya había pasado la hora de cenar, continuó.

—El amor no depende del sexo, ni al contrario, sino del cuerpo entero y de la inteligencia que enciende y mantiene el cuerpo. Está por encima de la moral social, por encima de los asustadizos y de los pusilánimes... Hay tantas clases de amor como de seres que lo sienten. Es un texto que ha de escribirse con la propia mano y con la propia letra en un papel sin pautas... Es antisocial y antigregario, por mucho que se piense que sólo busca la procreación. Lo que busca es la expansión y la totalidad. El sexo es una vía de las suyas nada más; tiene otras. Pero ninguna de ellas puede ser regulada. No puede reglamentarse ni imponerse el color de los ojos, o el tamaño de los pies como se hizo antiguamente en China...

—¿Estás convencido de lo que dices?

—Sí, y tú también.

—Pero el concepto de pecado...

71

—El pecado no es un concepto, hombre. Es ir contra el río que nos conduce, contra la fuerza de que procedemos y que nos empuja. No se trata de ofender a un creador infinito, si es a eso a lo que se llama Dios. La religión es cosa de los hombres; Dios no requiere teologías, no hay nada que lo abarque... Intentarlo quizá sea el pecado, no otra cosa. Hace falta ser soberbio y memo para creer que una minúscula sabandija de un minúsculo planeta puede desafiar a Dios.

—Precisamente por su pequeñez, por esa soberbia de su pequeñez...

—Dios, que tampoco es un concepto porque no puede ser concebido, no cabe en nuestras dimensiones, por muchas que estas sean: nos excede, rebosa... Y su generosidad siempre será más grande que su ira.

Era noche cerrada. Levantó una mano... Señaló el ancho cielo inabarcable, tachonado de luces.

—Todo es Dios.

Pasó un rato antes de que recuperara la palabra. Entonces dije:

—Hay noches, en mi casa de Málaga, con la luna nueva, cuando está el cielo más cerrado, en las que me tiendo en la terraza del salón, con las manos bajo la nuca, y veo el sinfín del Universo... Alguna estrella fugaz, a la que nunca da tiempo de pedir un deseo. El verano caliente y vivo como un cuerpo... Y parece palpitar todo, hasta la luna que se pone enseguida. Y sabes que aquello, que te parece infinitamente inmóvil, está en un perpetuo movimiento. Y te da miedo y a la vez confianza. Hay algo tan especial allí arriba en los astros... ¿No crees tú?

Minaya se echó a reír sin ruido.

—Sí; relativamente... Los indecibles, dijo Giordano Bruno... Pero sólo a través de tu corazón podrás ver con

72

claridad. Pienso que lo esencial es invisible para el ojo humano... Pasa también con el amor. Se afirma que es ciego, y no es verdad: ve más que nadie. Ve lo amable de una persona, en la que los demás no ven nada que merezca la pena.

—¿Cómo tuviste tiempo? Has aprendido mucho —dije con verdadera admiración.

—Sí; de ti.

—No... —Me ruboricé. Creí que se burlaba—. No; me refiero al amor...

—Sí —repitió sonriendo—. De ti... El amor es la única filosofía de esta tierra y de este cielo. Lo único codiciable... Me gustaría ser como tú.

No sé por qué, temblé. Se detuvo al notarlo. Me tocó el brazo.

—¿Te acuerdas de la lanza de Aquiles? Hería, pero también curaba... Beber sin sed y sonreír y guisar su comida y amar en todo tiempo y crear: eso es lo que diferencia al hombre de los animales, de los demás animales... Te ruego que me disculpes. Tengo un poco de prisa.

No era la primera vez que se iba así. Lo perdí de vista en un momento. Se me cayó la noche encima. Tenía el estómago vacío. Me asaltó un hambre repentina.

16

De vez en cuando iba a Málaga un fin de semana para estar con Elvira. En apariencia se había rehecho de la muerte de su madre, pero yo sabía que aún no.

En una de aquellas visitas fuimos a Gibralfaro, a tomar un café en el parador. Decidimos bajar dando un paseo. Toda la ciudad y todo el mar estaban a nuestros pies tras de los pinos. La tarde era tibia, ancha y diáfana. En primer término, el jardincillo que rodea al quiosco de los pájaros. Después de él, se desplegaba ante nosotros la curva completa de la costa. Veíamos los barcos grandes y pequeños en el puerto, el Paseo de la Farola, las rompientes. Subía un runrún de colmena incensante.

—Es imposible sospechar que exista la tristeza —murmuró Elvira con los ojos llenos de lágrimas.

La acaricié, y nos besamos con mucha suavidad.

Por encima de su hombro, observándonos, vi a Minaya.

Descendíamos por el monte, con mi mano en el talle de Elvira, y yo estaba seguro de que Minaya descendía también algo detrás. Quizá debo presentárselo a Elvira —me dije—, pero enseguida renuncié. No era real. ¿Qué iba a hacer de improviso allí? Una alucinación.

Volví la cara, y allí estaba. Incluso me pareció que me saludaba o que asentía moviendo la cabeza.

Es la respuesta a un deseo mío inconsciente, pensé.

Algo me decía Elvira que no entendí... ¿Cómo saber si es la respuesta a un intento de provocar su aparición? O, por qué no, es Minaya en persona, con un suéter que yo no conozco, con su característica manera de andar levantando rítmicamente los talones antes que el resto de los pies... ¿Puede la realidad desdoblarse, o puede desdoblarse tanto la fantasía o la imaginación o lo que sea?

Yo sé que si hubiese bebido o hubiese fumado un porro, por ejemplo... Pero he tomado café, sólo café.

La diferencia entre realidad y ensueño es absoluta. Para mí por lo menos... ¿Lo es en serio? Nunca creo que esté sucediendo de veras una película. Sé cuándo se trata de un hecho y cuándo de una ficción... Pero de eso a...

¿Me estoy volviendo loco? ¿O tonto, nada más? Oigo las pisadas de Minaya que suenan por la tierra, como las nuestras, que desplazan piedrecillas y mueven alguna rama. Existe, existe... Los sentidos no engañan. No me engañaron nunca, por lo menos a mí... ¿No te engañaron nunca?

El hombro de Elvira, la cintura de Elvira. Los toco y sé que son. Que son ciertos, tangibles, carne y hueso...

Vuelvo la cara, y veo a Minaya que alza la mano derecha y la mueve en el aire y me saluda; que me hace señas que no entiendo, hasta que oigo su voz: «Bésala...» Su voz dentro de mí.

Beso a Elvira, que se pliega dócil bajo mi brazo, bajo mis labios. Siento el sabor salado con regusto a café de su saliva. Me sumerjo en su boca. Cuando levanto la vista, no está Minaya. El caminito que serpea entre los pinos está desierto, inmóviles las ramas, imperturbable la tarde... Bajamos hacia Puerta Oscura y la Coracha.

Allí, ahora estoy seguro, no hubo más que nosotros. Pero ¿quiénes somos *nosotros*? ¿Acaso aquella era la primera experiencia de ese tipo que me acontecía? Tan evidente, sí.

Por la noche, fumando en la terraza, reflexionaba. ¿Son irreales nuestras fantasías acerca de una acción maravillosa que nos permita obtener el amor de quien amamos? No, no del todo. Sin embargo, para dar un ejemplo de irrealidad, escogeríamos sin vacilar un sueño o una ilusión. Pero tal irrealidad no es quizá tan absoluta como suponemos. Si, mediante aquella acción maravillosa, movida por el deseo de obtener un amor, queda afectado nuestro comportamiento y modificado el curso de nuestra vida, ¿diríamos con sensatez que fue una causa irreal la que produjo esos efectos reales?

El mundo físico contiene una gran dosis de ilusión, y la ilusión también contiene aspectos físicos.

No sé si ahora estoy expresando con la precisión que debería lo que discurrí aquella noche, o lo que necesitaba discurrir... Me encontraba alarmado. Si era real la aparición de Minaya, por ella misma; si era irreal, por mí, porque significaba hasta qué punto formaba parte Minaya de mí mismo. Creía y creo que los sucesos nunca son sólidos como un muro, ni evanescentes como un sueño... Estoy de acuerdo con que los fantasmas no existen; pero qué difícil persuadir de tal afirmación a aquellos que los ven. Y más estando seguro, como yo, de que Minaya no era un fantasma: ni aquella tarde, ni antes, ni después.

De ahí que me planteara que una cosa se piensa en abstracto, y otra diferente cuando somos nosotros quienes percibimos lo que unos días o unas horas antes habríamos negado. ¿Podría distinguirse, y cómo, entre una visión que se tiene espontáneamente y otra visión que se tiene a causa de una invención deliberada, sea consciente o no? Los procesos, en cualquier caso, son muy semejantes. Y aquella noche tendía a pensar —luego tuve ocasión de confirmarlo— que, cualquiera que sea el grado de realidad poseído por una de esas visiones, es muy probable que la otra visión lo posea también en la misma medida.

El pitillo se había consumido. Me quemaba los dedos.

Aproximadamente así seguía pensando entre el traqueteo del autobús que me llevaba de Málaga a Granada. Pero mis conclusiones se alteraron no poco cuando, aquella misma mañana, me encontré con Minaya. Llevaba puesto el suéter color espliego de cuello vuelto, que yo no conocía, con el que lo había visto en Gibralfaro. No me atreví a aludir a aquel encuentro. Quizá no lo había sido... Era la duda lo único que de él quedaba. Minaya obró como si no se hubiese movido de Granada. Con su voz cálida y densa me preguntó amistosamente por mi padre y por Elvira.

17

Sucedió en una tarde de lluvia primaveral. Caía el agua con una mansedumbre y una dulzura extremas. Desde la ventana del cuarto de Minaya, donde nos sorprendió antes de salir, la veíamos desplomarse sobre las piedras de la calle, resbalar entre las tejas, golpear las fachadas de cal azuleándolas. Ya comenzaba a formar arroyos que se precipitaban, alborozados, cuesta abajo. Su fuerza purificadora y vital nos hipnotizaba. A través de los sones del agua nos uníamos más. Dejamos de hablar porque quizá no fuese necesario...

Yo estaba sentado ante la mesa. Minaya paseaba por la habitación, hasta que se recostó en un ángulo del tablero, vuelto hacia la ventana.

—El agua limpia porque tiene facilidad para mancharse. Habría que tener más cuidado... Es cierto que ella se limpiará luego a sí misma. No obstante, nuestra obligación es no ensuciar lo que nos limpia tanto, lo que tiene por misión vivificar y lavar el rostro de las cosas... El agua fue el primer elemento —hablaba con mucha parsimonia—, la primera sede de la vida.

—En el principio creó Dios los cielos y la tierra —dije yo, pausado también, como enmendándole la plana.

Minaya continuó, riendo:

—La tierra era algo caótico y vacío, y las tinieblas cubrían el abismo mientras el espíritu de Dios sobrevolaba la superficie de las aguas.

Se hizo un silencio. Los dos evocamos aquel primer sigilo de la creación. Sentí un filo de miedo. Sólo se escuchaba la canción de la lluvia atravesando los cristales y tañéndolos.

—Mi madre murió cuando yo cumplí los seis años —susurré yo de repente, sin expresión ninguna, incluso con sorpresa—. El mismo día de mi cumpleaños. Me había acostumbrado a verla en la cama. Ya no me llamaba la atención. La tenía allí segura, esperándome siempre. Me acariciaba, distribuía mi pelo a uno y otro lado de la raya, me despejaba la frente con sus manos muy delgadas y blancas... Su dormitorio era mi burladero contra todo lo de fuera de casa y también contra todo lo de dentro. Si mi hermana mayor me contradecía, yo iba a ver a mi madre; si mi padre me regañaba por una travesura o una mala respuesta, yo iba a ver a mi madre. Ella no preguntaba nunca: me recibía sonriente y lograba de mí todo lo que los otros trataban inútilmente de lograr. Yo era un niño travieso y bullicioso... El día de mi sexto cumpleaños me regaló un libro precioso de poesías de Navidad. La Navidad estaba ya bastante próxima. Pero más próxima aún estaba su muerte... Abrí el libro y le leí la página por donde se abrió:

Venid, venid al valle,
zagal divino,
que os convidan los aires
de mis suspiros.
Ay, niño mío,
¿cómo siendo sol bello
tembláis de frío?

79

Mientras yo le leía a duras penas el villancico, ella hizo un gesto extraño con el cuello, como si le pesase la cabeza de manera imprevista... Se produjo una ligera conmoción, un ruido, unos pasos apresurados. Alguien me sacó del dormitorio. No volví a verla más... Recuerdo ahora (aquel día también llovía) sus manos y su permanente sonrisa... Con ella desapareció para siempre mi infancia... No; no desapareció: sólo una forma de ella...

Sentí las dos manos de Minaya sobre mis hombros. Se había levantado y estaba detrás de mí. Oí su voz, como si no me hablase desde fuera.

—Yo amé a mi madre. La amé... Creo que es lo más próximo al gran amor que haya sentido nunca... La recuerdo, y la veo, hacendosa y menuda, sin poderse estar quieta ni un momento, rozándome una u otra mejilla de pasada, levantándose, durante los escasos minutos en que se sentaba, para extender un paño o un mantel, alisar un embozo, enderezar una rosa o una vara de nardos, para correr o descorrer la cortina... Ella no supo nunca, me parece...

Sentí los dedos de Minaya presionando mis clavículas. Supe que me animaba a proseguir mi relato, cosa que yo ardía en la necesidad de hacer.

—La noche de Reyes siguiente a aquellas sombrías navidades, yo esperaba, como todos los niños, algún regalo que me consolase (así lo creía yo) de la ausencia de mi madre. Me habían dicho que estaba en un sanatorio curándose del todo... No sé si mientras dormía o antes de dormirme, mi madre entró en mi habitación rodeada por un círculo de luz gris. Me pareció muy alta... O quizá es que yo no la recordaba sino acostada. Como siempre, sonreía. Le brillaba el borde de los dientes de arriba que descubría su sonrisa. «Yo no me voy a ir nunca —me dijo—, ni al sanatorio ni a ningún otro sitio donde tú no estés. Tú me tendrás siempre contigo... Para que juegue y hable y crezca cuando tú lo hagas, te he traído a este compañerito»... No lo había visto yo hasta que ella lo empujó delante de su cuerpo... «Hazle caso. Es un niño muy bueno y sabe de las cosas un poco mas que tú.» El niño avanzó hacia mi cama. Puso las manos encima de ella y se apoyó como para verme más de cerca. Yo noté su peso en el colchón. Mi madre, sin dejar de sonreír, había desaparecido. Pero yo no escuché ningún ruido en la puerta. No creo que se abriera...

La luz empezaba a ceder fuera, empujada por la lluvia. Después de unos instantes, agregué:

—Aquel niño me acompañó hasta los doce o trece años... Nunca más volví a tener miedo de noche. Antes, en vida de mi madre, corría medio desnudo a su habitación, para que ella levantase los cobertores y me admitiese cerquita de ella, de su respiración, de su calidez, de su seguridad. Luego, poco antes de la hora de levantarme, me despertaba: «Vete a tu cama para que te encuentren allí, corre»... Siempre me han dicho que tuve una infancia solitaria. No lo creo yo así: tuve a mi amigo... Yo lo llamaba simplemente Niño. Participaba en todos mis recreos; sin embargo, no solía trepar a las ramas de los árboles, no debía de gustarle, y tenía cierta prevención contra el agua. Yo me burlaba de él, que, tolerante, me esperaba apoyado en el tronco o sentado en la arena de la playa... No recuerdo que habláramos mucho: para nosotros no era imprescindible. Fue mi continuo confidente; yo me apoyaba en él. Me daba los mejores consejos de que era capaz. —Sonreí—. Iba a decir de que yo era capaz, pero no tengo la certeza de que fuese así. Y también me consolaba cada vez que me hacía falta... En dos o tres ocasiones me advirtió de un peligro. Una vez me retuvo en una acera, próxima a casa, contra mi voluntad: unos segundos antes de que pasase a toda velocidad ante nosotros un coche con los frenos perdidos. Me obligaba a coger el impermeable antes de salir en tardes muy soleadas, que una hora después se nublaban y lo empapaban todo... Su presencia me era indispensable, y yo la percibía con más intensidad que la de mis compañeros de colegio y la de mis profesores. En un examen su intervención, a raíz de una dificilísima fórmula de química, me salvó por los pelos... No se alejaba de mí ni en mis sueños. Y los sueños en que él aparecía eran recordados por mí, que no me acordaba de otros nunca, hasta en los más pequeños pormenores... Niño, después, sin que yo tuviera conciencia de ello, se fue alejando muy poquito a poco de mí. Acaso yo ya no lo necesitaba. A veces, como un chispazo, lo echaba de menos... Fue su ausencia lo que me impulsó a la vida, solo ya, ya fortalecido. O quizá fue mi fortalecimiento lo que lo impulsó a él a la sombra, no lo sé...

Se acomodó un breve silencio entre nosotros, un silencio lleno de sugerencias.

—Me han dado toda clase de explicaciones para justificar la existencia de Niño. Yo sé, y lo sé con todas mis fuerzas, que para forjar una relación como aquella se necesitan dos personas, reales las dos o las dos irreales, pero de la misma calidad... Me parece que tú sabes de qué hablo —su presión volvió a oprimir mis hombros—. Te tenía que contar, antes o después, mi pequeña historia... Hay una razón, Minaya. Quizá no es necesario que te la diga. Niño, si hubiese crecido al compás mío, sería hoy exactamente igual que tú.

Una pausa casi audible, casi palpable, en la que pareció detenerse hasta la lluvia, invadió la alcoba. En medio de ella se levantó la voz de Minaya. O la oí yo al menos.

—Gracias por tus palabras... Las esperaba. Eso explica muchas cosas, ¿verdad?

Ni un momento había dejado el agua de caer. Un pequeño riachuelo arrastraba consigo la humilde suciedad de la calleja. Por fin me volví hacia Minaya.

—Ojalá las explicara todas. Hay algunas sobre las que no sé qué pensar.

—Lo sabrás algún día.

Cambió el tono de mi voz. Al levantarme me encontré muy cerca de él.

—Tengo un sobrino de seis años. Lo quiero mucho. Querría serle útil. Se parece a mí, al que yo era a su edad. Me gustaría... —Minaya me puso una mano sobre el pecho. Luego su índice me rozó los labios. Me impedía seguir.

—Él tendrá que vivir su propia vida. Con los auxilios que precise, pero la suya y no otra... Él tendrá que libertar su propio abejaruco.

Lo miré a los ojos con todo el ímpetu que me embargaba. Entré en ellos... Sus ojos, con un destello verde, que reflejaba el atardecer de fuera, entraron en los míos. Ni uno ni otro pronunciamos una sola palabra. Si había algo claro, es que no era preciso.

Yo tenía unos siete u ocho años. La mujer que se ocupaba de la casa, Dorotea, que sentía por mí la predilección que se tiene por los huérfanos, a pesar de que era madre de cinco criaturas, acostumbraba traerme pequeños regalos. Una mañana me trajo un camaleón, que habitó en la terraza entre macetas, hasta que desapareció un buen día, seducido sin duda por el mundo exterior, lleno de árboles y de mosquitos.

Otra mañana feliz me trajo un abejaruco. Nunca había visto yo un animal tan lindo. Unos colores tan esplendorosos, un movimiento tan rápido y armónico a la vez. Ni creo que haya recibido nunca un obsequio mejor. Iba al colegio escoltado por Niño, y volvía corriendo para encontrarme con mi abejaruco...

Era por la tarde. Se emperezaba sobre el pretil de la terraza, lleno de gitanillas, la luz de mayo. Yo tenía la jaula en la mano, prendado de aquel pájaro que resumía para mí la belleza del mundo, aunque no habría sabido entonces expresarlo así. Niño no reaccionaba a mis alabanzas y transportes alrededor del abejaruco. Nunca lo había hecho desde que la avecilla, a la que yo cuidaba y alimentaba como a un príncipe, llegó a mi poder. Ya dije que no hablábamos: era como si cuanto él tuviera que decirme me brotara de dentro. Pero aquella tarde yo entendí lo que se debatía por decirme y yo me había negado a entender hasta entonces.

«Un pájaro no está hecho para ser admirado, ni mimado, ni querido, ni albergado en una jaula por preciosa que sea. Está hecho para volar en la gloria del día, y mecerse en ella, y congratularse con ella y construir su nido y buscar su comida y la de sus hijillos y piar de rama en rama, en la estación propicia, buscando la hembra con la que compartir la alegría de estar vivo y el deber de estar vivo y transmitir la vida... Tú estás cometiendo un grave crimen.»

Traté de no oírlo, de sofocar la voz dentro de mí. Quise que se callara. Pedí a gritos mi merienda. Cerré la puerta de la terraza para dejar a Niño fuera... Pero seguía escuchando sus reproches. Hice las tareas de casa sin mirarlo. Me encontré solo, y resistí la soledad. No quería que se refiriera a mi abejaruco.

Tampoco quería ver el pájaro, porque verlo sólo me recordaba la acusación de Niño. Estuve toda la noche sin mirarlo, aunque la jaula estaba en mi cuarto y dormía conmigo. Me distraje de sus saltos y de sus aleteos. Apreté los ojos con toda mi fuerza para no ver tampoco a Niño... Dormí muy mal. En el sueño, indefenso yo, volvió Niño a la carga... Lloré, me defendí, defendí mi propiedad más querida, la única, la más mía... Fue en vano.

Mientras me lavaba la cara y me mojaba el pelo y me hacía la raya con el peine y sentía correr las gotas por la frente y el cuello y las orejas, tomé la decisión. Cogí la jaula. Abrí la puerta de la terraza. Abrí despacio la de la jaula. Dejé irse al pájaro... Al principio no volaba, no se iba, no podía creer quizá su dicha. Tuve que decírselo yo a gritos: «Vete. Vete, abejaruco. Vete...» Voló rasgando la luz de la mañana...

Y ahora comprendí que mi sobrinillo, llamado Gaspar igual que yo, tendría que tener su propio abejaruco. Lo que no comprendí, ni ya me planteé, es cómo Minaya lo sabía.

18

Cruzábamos la Plaza de San Miguel Bajo para descender al centro desde el Albayzín. Minaya manifestó su sorpresa ante la reiterada devoción de ese santo en Granada. Yo, reticente e incrédulo, le advertí que con mucha mayor insistencia aparecía san Rafael en Córdoba, toda llena de sus Triunfos, porque era «el guarda y custodio» de la ciudad. Granada, la más pertinazmente guerrera, no era extraño que hubiese elegido, quizá sin proponérselo, quizá bajo la insinuación del propio arcángel, al general del *Quis sicut Deus*, vencedor de Luzbel y humillador de su cerviz.

—No habría imaginado que supieses tanto de ángeles.

—Es que no sé tanto... Pero, si son los enviados de Dios y sus mensajeros, habremos de tenerlos en cuenta.

Una vez más, mi torpeza al andar tropezó en unas piedras de la calle no bien nivelada. Para intentar resarcirme, añadí:

—Lo que sí sé son sus nueve jerarquías. Las estudié de pequeño, pero no las he olvidado... Niño nunca las supo —agregué con intención.

—¿Nueve? —preguntó Minaya—. ¿Quién ha podido averiguarlo? —Tenía la boca entreabierta.

—Nueve. Forman la escala celestial. Como peldaños más o menos próximos a Dios. —Las enumeré:— Ángeles, Arcángeles y Príncipes forman el primer coro; Serafines,

Querubines y Tronos, el segundo; Virtudes, Potestades y Dominaciones, el tercero.

Me asombró el consternado asombro con que Minaya me miraba. Me asombró que soltase la única carcajada espléndida que le escuché hasta entonces. En realidad tuvo que apoyarse contra la pared para sostenerse. Cuando consiguió hablar, me dijo:

—Repítelo, por favor, repítelo.

Y yo lo repetí. Y él continuó riendo.

19

Los celos habían empezado mucho antes. Unos celos extraños, porque yo no aspiré nunca —o eso alegaba ante mí mismo— a una relación física con Minaya; pero consideraba que era mío, que yo lo había descubierto y no tenían los otros derecho a meter sus sucias narices en nuestra relación... Acaso trataba a Minaya como a mi abejaruco.

Fue en un mes de abril radiante y transparente. Hasta las noches tenían una luminiscencia propia, como si fueran el otro lado del día y no exactamente sus contrarias.

Una tarde, temprano, tuve un quehacer en la Cuesta de San Gregorio. Caía, por sus anchos escalones, un amable cansancio. Me tentó subir hasta la casa de Minaya, aunque fuese sin previo telefonazo. Durante unos cuantos días lo había buscado en vano, y me asaltaba un desconocido desasosiego. Ni con respecto a Elvira, tan segura, lo había sentido nunca. Llegué a imaginar que Santiago, su compañero de piso, se interponía entre él y yo.

Santiago opinaba que la comunicación producida entre nosotros dos era, para él, demasiado incomprensible y desde luego, para nosotros, peligrosa. Por conocerme bien, se prohibía ver nada sucio en nuestro trato; pero le inquietaba esa especie de amistad amorosa —así la llamaba él— que provocaba yo y que aguijoneaba sin escrúpulos.

—Actúas como un novio —me dijo en una ocasión—. Procura que Minaya no lo note o no lo verás más.

Fue esa amenaza lo que me contuvo. Lo que hizo tensos, desatinados y dolorosos esos días sin verlo. Lo que me movió a no insistir. Pero era demasiado tiempo sin oír a Minaya, sin admirar a Minaya, sin apreciar la vida a su través. Una semana casi... Aquella tarde abrileña me presenté en su casa.

Me abrió Santiago.

—Hola, Minayo. —Él me llamaba así cuando pretendía enfadarme, sin conseguirlo nunca—. Fracasaste: él no está... Así que, si quieres un café, te lo tomas conmigo. No soy él, pero tampoco estoy tan mal...

Me llevó a empujones hasta la cocina. Me sentó a empujones en la mesa donde comían, y continuó:

—Te advierto que no vivís solos en Granada, hijo mío. Hay mucha más gente. Hay incluso estudiantes en tu misma Facultad y en tu mismo curso, y hay concejales del Ayuntamiento y guardias de la porra, y señoras rematadamente comestibles, y gitanos más o menos cabales, y militares sin graduación...

—Bueno, déjalo ya —lo interrumpí entre enfadado y divertido.

Santiago machacó:

—Y Minaya lo sabe. Tú, por lo visto, no... Minaya, por ejemplo, forma parte del equipo de natación de la Universidad. Yo creo que es hasta su capitán. Y va a entrenar un par de veces por semana... Y medio dirige un grupo de investigación folclórica entre gente de los barrios, con otros chicos que se tragan las carreteras de La Alpujarra, los fines de semana, para recoger letras de romances o de canciones o de leyendas o qué sé yo... Y tiene otro rollo, fundado por él, que intenta conseguir la integración social de los gitanos. No le arriendo yo la ganancia... De modo que ya sabes: tu amigo es más de izquierdas, o eso opina la gente, que *la Pasionaria.* Un activista, vamos. Veremos cuánto dura... O cuánto duramos nosotros en esta casa, porque la policía del régimen no es tonta. Y tu amigo se ha convertido en un peligro público. Ay, los carismáticos...

Me quedé como los espectadores de teatro de una obra conocida cuando se levanta el telón y contemplan el escenario inesperado de otra. Tomé la primera taza de café de un sorbo. La segunda la bebí muy despacio.

—¿Te has quedado mudo?

—Sí. Me he quedado completamente mudo.

Lo dije riendo, pero la procesión iba por dentro. De una parte, eso explicaba las ausencias de Minaya, que yo justificaba por el estudio. De otra, ni resolvía ni consolaba mi afán de exclusiva, mi deseo posesivo, fuese consciente o no... Y además me hería en lo más profundo que no me hubiera contado nada; que no hubiese compartido conmigo sus proyectos, sus inquietudes, sus ideales... Eso quería decir que no era merecedor de su confianza. Y tal suposición me dolía más que todas las cosas. Como deben de dolerle a un padre los primeros secretos de su hijo, que ha empezado a vivir su propia vida cortando de un tajo cualquier cordón umbilical. Como debe de dolerle a un hijo enterarse de pronto de que su padre tiene otros hijos con otra mujer en otra casa... Sí; me había quedado completamente mudo.

La culpa era mía, sin duda; pero también de aquella habilidad de Minaya que consistía en hablarle a cada uno como si sólo él existiera, y fuese, de momento, la persona más importante de este mundo. Ya me había ocurrido en alguna reunión pensar que no se dirigía a nadie más que a mí, y, al concluir de hablar él, yo comprobaba que la mesa y sus alrededores estaban llenos de otros estudiantes que le prestaban toda su atención, porque también había hablado para ellos. Y supongo que también cada uno entendía que sólo para él.

La clave puede que fuese lo que un día le escuché a Minaya:

—Un río transcurre por muchos países, y cada uno lo tiene como suyo. Pero sólo hay un río, y es de todos precisamente porque no es de nadie.

Por descontado, no se refería a él: él era lo más contrario a cualquier vanidad.

A la semana siguiente, no sin intención, fui a una especie de polideportivo, que era, en la práctica, de la universidad. Tenía que recoger unos apuntes, y el compañero que me los prestaba me había citado allí, con aquiescencia mía. Era la primera vez que visitaba aquellas instalaciones: no se podía decir de mí, ni muy de lejos, que fuese un deportista.

Nada más entrar, oí voces procedentes de unas puertas abiertas. Su sonido era húmedo y acampanado, como si lo ampliara una megafonía sumergida. No era otra cosa, claro, que la piscina. Me propuse echarle una ojeada.

Lo que vi, nada más atravesar la puerta, me maravilló. Erguido sobre el extremo de un trampolín, con un traje de baño negro, Minaya se disponía a saltar. Alzó los brazos, los miró, miró abajo, miró al frente, tomó impulso y voló. No me impresionó su pericia. Tampoco la perfección de su cuerpo. Sin tener conciencia de ello me lo imaginaba ya perfecto. Era casi quebradizo y musculado a un tiempo, esbelto y fuerte, de un color moreno y uniforme... Cuando sacó la cabeza del agua, se dirigió a una de las bandas. Supe que me había visto.

—En el momento en que me avises, empiezo. Cronometra.

Se dirigía a un muchacho, Fermín Álvarez, estudiante de tercero de Medicina. Esperó su aviso, y nadó veloz y escueto. No desperdiciaba ni un solo movimiento... Me acordé de mi amigo Niño, tan poco dado al agua. Minaya, por lo visto, no era ya mi amigo Niño. Hizo varios largos, no sé cuántos. Luego saltó fuera, entre palmas y gritos de admiración que la bóveda redondeaba y agrandaba. Había batido un récord. Cuantos estaban por allí lo jaleaban, le palmeaban la espalda mojada, aplaudían, lo abrazaban...

Yo, sin que nadie me echara de menos, me fui al gimnasio, donde tenía que recoger mis aburridos apuntes de Derecho Mercantil.

Minaya, por tanto —y eso acrecentó mi martirio—, no sólo ejercía actividades de las que yo estaba excluido, sino que cultivaba la amistad de gentes que yo ni siquiera conocía, o tan sólo de pasada, como se conocen unos a otros todos los estudiantes de un campus. Y lo peor de mi situación es que no se me ocurría, ni veía el modo de que se me ocurriera, la forma de decirle a Minaya que lo sabía todo, y que nunca creí haberle dado motivo para que me ocultara una parte tan importante —para él, desde luego— de su vida.

Atando cabos, recordaba que en el mes de diciembre, el día de la despedida de vacaciones, que coincidió con el de la Lotería nacional, me había llevado a un tugurio, en el Campo del Príncipe, donde unos cuantos compañeros de distintas facultades daban un concierto de Navidad.

—Son villancicos que han recogido ellos por esta zona. Viejos villancicos, armonizados y reinterpretados por los miembros del grupo. Se trata de gente muy valiosa.

Me acuerdo de un villancico que oí cantar allí y he cantado yo luego:

Mañanita de diciembre,
mañanita mañanera,
va una joven con un viejo
caminito de una aldea.

Piden posada. «Es en vano;
llamen, llamen a otra puerta,
que la nuestra está cerrada
y el can gruñe y se impacienta.»

Guarécense en un portal
donde descansan dos bestias,
y allí nació el redentor
que anunciaron los profetas.

Las bestias, con sus alientos,
le calentaban de cerca.
El Niño les sonreía
sus brazos en cruz les muestra.

En las manos y en los pies
cuatro heridas tiene abiertas,
en el costado una llaga,
sobre su frente una estrella.

Pero no me volvió a hablar de nada semejante.

La tarde siguiente a la del polideportivo me telefoneó.

—Ayer, en la piscina, no me saludaste.

—Tú a mí tampoco... Yo es que no daba crédito a mis ojos. Me negué a creer que fueses tú. No es que no supiera que nadabas tan bien, es que ni siquiera sabía que nadabas.

—Soy del mar, hombre. Como tú, más o menos... Pero si te interesa lo que hago, cosa que no creía, te lo puedo contar hoy mismo... Te invito a una sesión de flamenco muy puro que se da en aquel local donde estuvimos antes de navidades.

—¿Donde el Cristo de los Favores?

—Sí.

El verdadero espectáculo, a mis ojos, corrió de cuenta de Minaya. Era el mejor palmero; llevaba el son como nadie; gritaba los oles en el sitio preciso; sus pies eran compás puro. O sea, sabía más flamenco que yo mil millones de veces.

Las letras que cantaban eran desconocidas para mí, y muy hondas.

En nuestra mesa se sentaban aquel Fermín Álvarez y su novia, una chica muy guapa de pelo negro y ojos muy claros, a la que llamaban Marián. Pero también otra, que estaba por todos los huesos de Minaya, que no era ni mucho menos andaluza, y que él llamó con afecto varias veces María Pía.

A la tal María Pía le tomé aversión desde el primer momento. La encontré de un falso refinamiento que era la flor del esnobismo, de una ignorancia flamenca que echaba para atrás y de un coqueteo descarado con Minaya que me echaba para atrás a mí... Minaya recibía su homenaje sin dejar de sonreír, pero sin moverse de su sitio un milímetro. Para mi desgracia, María Pía era rubia natural e imponente.

En mi habitación y con el Mercantil por delante, me dije: «Si Minaya convive con el enemigo, no me queda otro remedio que pasarme al enemigo».

Y así lo hice. Desde ese mismo momento apenas estuvimos ni un minuto a solas. Quizá durante el trayecto del lugar en que quedábamos al lugar al que íbamos en busca de los otros: un cine club donde echaban películas de culto; unos bares donde se tocaba cierta clase de música, que yo siempre había atribuido a los porros, a la grifa, al alcohol o a cualquier otra droga que yo no conociera; unos lugares llenos de gente que daba la impresión de espesa y no muy limpia, con pelo largo, ropa desaseada y casual, trato irrespetuoso o por lo menos no muy correcto, excesivas confianzas; viviendas en el Albayzín mal acondicionadas, con velas la mayor parte de las veces, y llenas hasta el techo... En realidad, eran igual que hippis. O eran hippis. Pero yo entonces no sabía...

—Estás equivocado —me advirtió Minaya—. Son muchachos, en general por supuesto, muy puros y muy inquietos. Muchachos que se plantean cómo renovar este mundo adocenado y mercantilista en que vivimos... No sé si fuman o no canutos: ni lo sé ni me importa. A través de esta gente puede llegar una época nueva, una época libre, creadora, diferente y más rica... Ellos pintan, escriben, componen, tocan la guitarra, hacen cerámicas, construyen pequeños objetos con metal y con cuero... Son muy dulces, están en lo suyo sin meterse con nadie. No sé tampoco si, como dices tú, tienen o no caspa. En cualquier caso, prefiero un cierto descuido a la ambición, que es más sucia, y al egoísmo, que es más feroz. Y la ambición y el egoísmo es lo que estamos acostumbrados a ver alrededor... Te suplico que no los menosprecies.

Nunca lo había visto apasionarse tanto. Me emocionó.

—Perdona, Minaya, perdona. Estaba equivocado. Lo siento, perdóname... Ahora veré a esta gente con tus ojos.

—Es preferible que veas a esta gente, como dices tú, con los tuyos; pero libres y sin prejuicios.

20

La noticia cayó lo mismo que una bomba atómica en Granada. María Angustias Salas, a quien yo al principio no identifiqué con Marián, la novia de Fermín, había sido asesinada.

Durante un par de días desapareció. La suya era una familia conocida, de la alta burguesía: se tomaron precauciones; se activó la búsqueda; pero la noticia no se publicó. Cuando se encontró el cuerpo en el municipio de La Zubia, muy próximo a la capital, fue imprescindible que la prensa lo divulgara.

Había muerto estrangulada. El más negro misterio rodeaba todo el macabro asunto. La muchacha estudiaba, con muy buenas notas, Medicina. Era, y esa fue la impresión que me produjo cuando la conocí, una joven seria, aplicada, nada amiga de estridencias, con un novio formal en todos los sentidos, compañero de curso y ejemplar también.

Las circunstancias invitaban a pensar que podría tratarse de una confusión o del acto de un loco. El lugar en que apareció el cuerpo era un baldío no lejos de una acequia. Ni siquiera se sabía si fue asesinada allí, o trasladado el cadáver desde otro sitio más o menos lejano.

La ciudad se conmocionó. Hubo una especie de luto cívico. Hasta cerraron, en prueba de duelo y solidaridad, muchos comercios, cosa que en Granada no deja de ser significativa. Los ciudadanos andaban como asustados, a la manera de quien se las tiene que ver con un chiflado al que no cabe irle con razonamientos. Si una chica como aquella era víctima de un crimen, cualquiera podía serlo.

No se hablaba de otra cosa en cafés, mercados, confiterías y puestos. En la Universidad el impacto resultó tremendo. Había opiniones para todos los gustos, se había estancado la preparación de los exámenes, y no se escuchaba más que el nombre de Marián.

La autopsia no reveló nada especial, según los medios.

A Fermín lo reclamó la policía. No dejaba de ser, en realidad, el primer sospechoso.

—Se impone hacer algo en favor de Fermín —me dijo un Minaya meditabundo—, ¿no te parece a ti? Detesto tomar partido, pero...

Yo cuento ahora lo que supe luego.

—Señor Álvarez —le conminó el comisario que lo había recibido sin levantarse de su mesa—, no me permitiré ocultarle que recaen sobre usted indicios muy graves de culpabilidad.

Yo le había preparado, y le advertí lo que era su derecho alegar desde el principio.

—Existe la presunción de inocencia, señor comisario.

—Esa presunción se va a hacer puñetas, señor Álvarez, cuando una chica joven es asesinada, tiene un novio, y de la autopsia se deduce que está en el segundo mes de embarazo.

—Los periódicos no dicen nada de eso —balbuceó Fermín desconcertado y pálido.

—No teníamos por qué dar tres cuartos al pregonero: una buena familia es, en todas partes, una buena familia. Pero, puesto que usted ya lo sabía...

—No, señor. No tenía ni la menor idea...

Fermín continuaba palideciendo.

—¿Y quién me asegura a mí que dice la verdad? ¿Quién me asegura que usted, sorprendido por la noticia que le dio Marián, aterrado de la responsabilidad que se le venía encima...?

—Yo no hubiese estrangulado a Marián por una cosa así. Al revés, me habría alegrado. Nos íbamos a casar, ¿no? Pues hubiésemos anticipado la boda, y santas pascuas.

—Es decir, que usted pretende hacerme creer que ignoraba todo sobre su embarazo, ¿no? ¿Quiere usted además que yo me chupe el dedo?

—Yo no quiero que usted se chupe nada... Le doy mi palabra de honor...

—Déjese de honores... —Golpeó la mesa con el puño. Le sobrevino una idea—. Y si fuese así, ¿no sería lógico que, al enterarse por ella misma de su estado, que según su honor usted desconocía, usted, precisamente usted, su novio, no se sintiese afectado, herido, apuñalado en ese honor del que usted habla y ¡zas!? ¿Qué me dice, señor Álvarez?

Se hizo, entre los dos interlocutores, una pausa de plomo.

—El asesinato fue el jueves, según he leído. Si es que los periódicos dicen la verdad en eso... —El comisario afirmó dando vueltas a un bolígrafo—. El jueves yo no vi a Marián... Le juro que nuestras relaciones eran serias, no sé cómo decirlo, eran honestas, decentes... Algunas tardes, a última hora, dejábamos de estudiar juntos. Porque ella tuviera algo que hacer: o la peluquería, o las amigas del bachillerato, cualquier cosa... Quedábamos en la facultad al día siguiente... Ese jueves quedamos para el viernes por la mañana... —Se le quebró la voz—. Ella no llegó.

Se hizo otra larga pausa. El comisario se mordía los labios y el bigote.

—Lo siento, señor Álvarez. Habrá de quedarse aquí el tiempo que juzguemos necesario. Tengo que someterlo, tenemos que someterlo, a un interrogatorio más serio, ya me entiende —había un retintín en sus palabras—, más limpio, más decente, ya me entiende. Un interrogatorio más formal que este.

Después de setenta y dos horas, demacrado, envejecido, hecho polvo, dejaron en una libertad vigilada y triste a Fermín.

Dos días después me telefoneó Minaya. Me agradecería que lo acompañase al Sacromonte. Iba, con otros compañeros de Magisterio y la inevitable María Pía, a visitar a la Pastora, una gitana gorda y vieja. Era una biblioteca viviente, colmada de anécdotas, cantes antiguos, datos ya perdidos.

—Llévate un diario, *El Ideal* a ser posible. Hoy no lo he leído.

La Pastora era un ser inmenso. Menos vieja de lo que yo había imaginado, pero con largos pelos en las patillas y en la barba, una gruesa verruga en un pómulo y unos ojos como dos brasas negras. Con un gesto, repetido a menudo, se colocaba bien los pechos, desmadejados no sólo por su tamaño sino por tanta agitación de brazos, de caderas, de hombros. Se le movían las manos, bronceadas y cortas, como dos pájaros intranquilos e independientes de su voluntad. Y soltaba de pronto una risa infantil, que le salía del ombligo y le ondulaba sucesivamente todo el cuerpo, por arriba y por abajo, lo cual le obligaba también a colocarse los dos enormes pechos. Si es que eran dos.

Minaya y los otros comenzaron la conversación entregándole un paquetito de dulces que le traían de obsequio y unas flores.

—Ay, yo no debería de comer estas cosas. Con mi tensión tan alta y con mis kilos... Estos niños tan bonitos lo que quieren es matarme —protestaba entre risas, mientras se comía los pasteles de dos en dos. El ramillete lo había dejado en una silla baja de anea, con cierto desprecio—. Estas flores también son muy bonitas. Eso es lo que tendría que comer yo, flores, a ver si adelgazaba.

Pero estaba claro que las flores le interesaban menos que los dulces. Por lo menos, mientras éstos duraron. Ofrecía a todos, sin el menor propósito de darle a nadie. Y cuando se los zampó, se puso dos caléndulas en el pelo negro, charolado y tirante. Allí las flores adquirieron su real importancia.

Los estudiantes le planteaban dudas sobre romances y letras flamencas, y grababan y anotaban las respuestas. La grabadora, que era de no sé quién, daba mucha lata, y yo tenía que intervenir para que volviera a funcionar.

—Estas cositas, cuando las toca más de uno, acaban por joderse —decía la gitana, que soltaba los exabruptos como quien escupe huesos de aceituna.

Igual que si se tratase de una cuestión más, Minaya, al que la gitanaza le hacía una visible gracia, le preguntó:

—Pastora, ¿usted no se está tratando la diabetes con el doctor Tavira?

—Sí, señor. Con él, que es un médico buenísimo. Como médico y como persona, hay que ver lo que son las cosas. Qué poquitos hombres he conocido yo como él...

—¿Y no estuvo usted el jueves último en San Juan de Dios?

Era en aquel hospital donde el doctor Tavira, también catedrático de la Facultad, pasaba su consulta gratuita por la tarde, los martes y los jueves.

Luis Tavira era un médico consideradísimo en la ciudad y en la provincia entera. Amigo de la flor y nata de Granada, buen profesor y, como decía la gorda, tenido por un santo. Aparte de su consulta de pago de Endocrinología, instaló la gratuita para la gente pobre, tan abundante en aquella época en Granada y en todos sitios. La gitana, imparable, continuaba:

—Bendito sea, en los altares no cabría. Que Dios le pague todo el bien que hace. Pero que se lo pague lo más tarde posible al ángel mío... Pues no se va usted a creer, señor Canalla o Cazalla o como se llame usted, que nunca me acuerdo, lo que a mí me pasó el último jueves, hijo mío... Mire usted qué piernas —se levantaba la falda floreada para enseñarlas: gruesas, cetrinas, como dos grandes columnas, llenas de manchas y de costras—. Con estas piernas, ¿dónde quiere usted que vaya? Sola no puedo ni ir a ver a mi nieta, que es lo que más me chifla, ni a tomarme un cafelito en casa del Peroles... Me tocaba el jueves, sí, señor. Y bajé, bueno, empecé a bajar, a las tres de la tarde, con el bocado aquí —se tocaba el cuello, abultado como con bocio...—. Pues ya ve usté. Calculé fatal. Porque me dije yo: en tres horas... Qué va. Cuando llegué, el doctor que se me iba... A mí me entraron las fatiguicas de la muerte, y no le dije nada. Conque me escondí así contra la pareíca, me apreté lo que pude para que no me viera, si es que hay alguien que no me vea, con el cuerpo que tengo, y dejé de respirar, porque el corazón es que se me salía por la boca. Ojalá no me oiga, decía yo entre mí... Y él fue y se tropezó con una muchachita, que no se la esperaba él desde luego, la verdad, porque puso una cara... Y luego se montaron en su coche y se quitaron de enmedio. Así que tendré que ir este martes que viene. Pero saliendo por la mañanica, como el que va de viaje...

Minaya me pidió *El Ideal*. Con un solo movimiento lo abrió por la página en que venía, una vez más, la foto de Marián. Lo dobló y se lo enseñó a Pastora.

—¿Le dice a usted algo esta cara, Pastora? Piénselo bien.

—Sí, señor, cómo no me va a decir. Si la vi hace cuatro días como quien dice... Es la muchacha que estaba esperando a don Luis Tavira. Juntos se fueron.

Minaya se giró hacia mí.

—El resto es cosa tuya.

Me devolvió el periódico.

Aquella fue la primera vez que tuve la ocasión de practicar mi Derecho Penal.

El doctor Tavira era un personaje. Extraordinariamente querido y requerido. Se le encendían velas. Generoso, de misa diaria y de la Adoración nocturna. Había hecho la guerra en el bando nacional y ascendió hasta teniente. Su moral y su curriculum eran irreprochables.

Conocía a Marián desde pequeña, porque tenía amistad con sus padres. Quién le iba a decir a él, cuando le llevaba chucherías y pellizcaba su carita redonda, que acabaría teniéndola por alumna. Y menos aún que acabaría teniéndola por amante.

Costó Dios y ayuda convencer a Pastora de que testificara, y al comisario, de que recogiera su testimonio y de que fuese a la clínica de pago del doctor Tavira, a la que atendía en su céntrico domicilio, para hacerle las preguntas de rigor.

No era nada difícil reconstruir los hechos. Luis Tavira, al tropezarse a la salida de San Juan de Dios con Marián, quedó muy contrariado. Mirando a un lado y a otro con el rabillo del ojo, recurrió a los formalismos más convencionales, exagerando como todo culpable.

—Señorita Salas, ¿qué hace usted por aquí?

—Ni señorita Salas ni mierda, tengo algo que decirte. Vámonos.

Cuando le comunicó que estaba embarazada y que acababa de saberlo en un consultorio de la Seguridad Social, donde trabajaba un íntimo amigo, al que por cierto también se utilizó como testigo, el devoto doctor Tavira vio abrírsele la tierra bajo los pies.

Sin embargo, no debió de dudar mucho tiempo. Condujo con frialdad su coche hacia las afueras, camino de La Zubia. Lo detuvo en un carril lateral a la entrada de una finca deshabitada. Fingió un gesto de cariño, pasándole a Marián un brazo por los hombros. Y allí la estranguló. Luego siguió por la carretera adelante hasta encontrar —ya era de noche— un lugar propicio. Apagó las luces. Tomó en brazos el cuerpo muerto. Se adentró por el campo siguiendo la acequia, cuyo borde era más practicable. Y dejó caer lo que quedaba de Marián, boca abajo, cuando se agotó su resistencia de hombre de cincuenta y pocos años bien conservados.

El comisario, preocupado y tenso, cuando se vio en la clínica, fue derecho al grano.

—Doctor Tavira, usted me perdonará, pero tengo que rogarle que me acompañe. Me veo en la obligación de hacerle unas cuantas preguntas, espero que sin importancia, en mi despacho de la comisaría.

—¿Sobre qué, si es que puede saberse?

Después de una vacilación, que se hizo interminable, el comisario acertó a decir:

—Sobre el asesinato de la señorita María Angustias Salas.

El catedrático le quitó importancia a la vacilación y al tono tajante del policía.

—Fue mi alumna, no sé si está usted al tanto. Y yo soy bastante amigo de sus padres... Me pongo a su disposición.

El comisario sacó fuerzas de flaqueza.

—Doctor Tavira, hay algunos testigos esperándonos... Le agradecería muchísimo que usted se diese cuenta... Le aseguro que por mí...

—¿Me permite recoger de mi despacho unas cuantas cosas que van a serme imprescindibles?

—No faltaba más doctor, lo que usted quiera.

Entró en su despacho personal que comunicaba tanto con la clínica como con el resto de la casa. El comisario empezó a arrepentirse de haber dado su consentimiento. No habían transcurrido ni dos minutos cuando se oyó el disparo. Aún conservaba el arma que había usado en la guerra. En ella fue bastante renombrado, y citado en más de una ocasión en la Orden del Día.

—¿Cómo llegaste a la conclusión...? —interrogué a Minaya.

—Basta con conocer a la gente. Basta con observar... El ser humano es mucho más previsible y está más indefenso de lo que él mismo cree.

No me sentí, en aquel momento, muy de acuerdo con él. El ser humano a mí me pareció entonces, y quizá ahora, más hipócrita y más malvado y frío de lo que yo mismo creía. Minaya prosiguió:

—Fermín no se merecía nada de esto...

Ahí sí que estaba yo de acuerdo. Eso sí que era verdad. Pero fue toda la aclaración que obtuve.

21

El campeonato de natación de universitarios andaluces se celebraba en Sevilla. Demasiado tarde, porque los exámenes se echaban encima. Ruines e incomprensibles razones, como siempre, lo habían demorado. Quizá se tratase, como siempre, de ruines e incomprensibles intereses.

A partir de la preselección, el equipo de Granada se preparó a conciencia. Alguna tarde pasaba yo por el pabellón deportivo y observaba cómo Minaya y los demás eran cronometrados por un entrenador cada día más entusiasta y optimista. Fermín Álvarez se había recuperado con rapidez de la tragedia. Las mujeres, con María Pía a la cabeza, entrenaban a otra hora; pero supe que, entre Minaya y ella, se había establecido un trato íntimo que yo, a falta de otro recurso, aceptaba como quien acepta que se nuble un cielo despejado del que depende su esperanza.

Esa comparación me recordaba una mañana reciente, en la que Minaya y yo subimos, solos por fin, a La Alhambra.

—Mientras siga siendo amada, estará viva —comentó Minaya.

—¿Has leído a Gala?

—Sí.

Por los jardines nos tropezamos con las gitanas de costumbre.

—Déjame que te eche la buenaventura, resalao, que eres igual que un duque. —Una de las gitanas, la más joven, se dirigía a Minaya, tomándolo quizá por extranjero—. Un duque, no, un príncipe gitano... Y con patitas de bailaor que tiene, míralo... Te voy a decir cada cosa que te va a pegar saltos la perita del ombligo... Rey, anda, dame una voluntad para mis churumbeles... Tiéndeme esa manita y que yo te la bese denantes de leerla...

Minaya, sin que yo lo esperara —más bien había aligerado yo el paso para huir de las consabidas buenaventuras—, tendió con afabilidad la mano a la gitana, que llevaba un niño en el cuadril y otro cogido de una oreja. Soltó al mayorcito, se aseguró bien al otro en la cadera sujetándolo con el brazo, y cogió la mano de Minaya con las dos suyas.

Vaciló un momento. Le temblaron los labios. Levantó los ojos, endrinos y redondos. Los clavó en Minaya. Se santiguó de cualquier modo. Y diciendo «Señor, Señor», se apartó de nosotros dejándonos vía libre.

Minaya no hizo el menor comentario.

Era una fiesta nacional. El Patio de los Aljibes lo habían llenado gentes de la Vega, que habían subido hasta allí con sus tarteras bien provistas de comida, sus botellitas de vino, su alegría y su buen apetito. La vasta cúpula radiante del cielo nos amparaba y nos aseguraba una hermosa acogida. Lo que más apetecía, nada más llegar, era tenderse sobre un banco o sobre la piedra de los miradores, abandonarse y disfrutar del primer día de mayo... Y de repente, sin dar explicaciones, sin saber cómo, no fue necesario fruncir los ojos para evitar el resol. Se nublaron los cielos y cayó a jarros la mayor cantidad de agua que yo he visto en mi vida. Minaya, alegre, y yo corrimos, yo más que él, a refugiarnos en el quiosco central. Ya estaba rebosando. A la mujer gruesa y enlutada que estaba a nuestro lado, en la misma tartera en donde la había puesto, se le deshizo la tortilla de patatas. Con el deje abierto y largo de Granada, mirando hacia lo alto, en una queja clásica a los dioses, gritaba:

—Qué vergüenza, Señor. Una vergüenza. ¿Qué le doy yo ahora de comer a mi gente?

Así me sucedía a mí con María Pía: un chaparrón. Pero no osaba preguntarle nada a Minaya, que en mi opinión no le hacía demasiados ascos a la niña. Es cierto que la niña no estaba para hacérselos: bastaba verla en bañador.

Por distintas razones, Santiago y yo nos apuntamos al viaje. Lo hicimos en un autobús renqueante por carreteras que no lo eran menos. Llegamos molidos, a pesar de que se había cantado y reído hasta lo imposible y algo más. O quizá también por eso. Yo traté de ir en el asiento junto a Minaya. María Pía entró la primera y le reservó uno al lado suyo. Santiago y yo nos sentamos detrás. Y tuve que hacer un esfuerzo colosal para no darle a la niña, que ponía morritos y le hacía carantoñas a su compañero, un buen par de collejas.

En el vestíbulo del modesto hotel donde nos alojábamos no hubo, por el contrario, dudas. A Minaya y a mí nos dieron la misma habitación. Santiago y Fermín fueron destinados a una no lejana a la nuestra. Los demás acabaron con sus huesos en otros pisos. Las chicas, agrupadas en uno solo, para protegerse, supongo, de los lobos.

Como estábamos rendidos, cenamos cualquier cosa y fuimos a dormir. Al día siguiente estaban anunciadas las pruebas. La noche era caliente y Sevilla era Sevilla; pero no quedaba otro remedio que acostarse. Minaya deshizo su mochila de viaje, colgó la escasa ropa que llevaba, puso su neceser en el cuarto de baño, y se desnudó.

—Voy a darme una ducha.

Yo reconocí que me hallaba demasiado exhausto, y desconfiaba de la temperatura del agua. Me puse mi pijama, sin el que nunca he podido dormir, y me eché sobre la cama.

Imaginaba el agua chorreando sobre el alucinante cuerpo de Minaya. La escuchaba caer y salpicar. ¿La envidiaba quizá? Tuve una insensata erección que el pijama no disimulaba. Me sentía inquieto. Jamás, con nadie, con nadie de mi sexo quiero decir, me había sucedido nada parecido.

Cesó la ducha y, después de dos minutos, volvió a la habitación Minaya en cueros. Se dejó caer sobre su cama. En la mesilla había dejado un libro. Ahora lo abrió. Era la *Historia de las agitaciones campesinas andaluzas*, de Díaz del Moral. Nunca dejaba de desconcertarme. ¿Qué le importarían a él las revueltas previas a la guerra civil?

Lo miré, incapaz de eludirlo, con detenimiento. Su pelo, no del todo seco, descansaba sobre la almohada que había doblado. La postura remarcaba las líneas de su cuello. Bajo él, un triángulo de sombra. De perfil, el trazo de su frente, su nariz, sus labios y su barbilla eran de una pureza emocionantes. Los músculos del pecho, relajados entre los de los brazos, se redondeaban bajo un tenue vello rubio. Toda su piel era de un cobre melado y parejo. El vientre se hundía en medio de los huesos de la pelvis. El sexo, reclinado sobre el muslo izquierdo, mostraba su poder coronado por un vello más oscuro que el del resto del cuerpo. El escroto recogía sus testículos desiguales con un rafe bastante pronunciado. Los muslos y las piernas eran firmes, rectos, bien formados. Los separaban unas rodillas como nunca he visto otras: rotundas y finas a la vez, con una piel no distinta del resto, igual que dos naranjas. Los pies, cruzados, no parecía que hubiesen servido para andar veinte años... Todo él yacía allí, hermoso y ausente, como acabado de crear.

De súbito, giró la cara hacia mí. Se tensaron sus labios dejando ver los dientes; se arquearon sus cejas; se plisó la comisura de sus párpados; chispeó el verde de sus ojos.

—¿Vas a pasarte así toda la noche? Apaga tu luz y duerme.

De un tirón, alabeando el cuerpo, de modo que su sexo se manifestó aún más, se cubrió con la sábana. Yo apagué mi luz. Me puse cara a la pared. Cuando cerraba los ojos, escuché:

—He adquirido una convicción. Para acercarse a cualquier cosa, desde un país a una idea o a una persona, para acercarse de verdad, hay que recorrer cuatro niveles: primero, el de conocerla, aunque sea sólo saber de su existencia; segundo, hay que verla con los propios ojos; tercero, hay que estar en ella, envuelto en ella, apoyado en ella; y cuarto, hay que volverse ella, de la forma que sea... Hasta que no se llegue a esto no se ha llegado a la auténtica proximidad. El saber, el ver, el estar no llegan a donde llega el ser... Tú y yo hemos sido uno... Duérmete ahora.

Soñé con él, pero en la figura de Niño, el de mi infancia. Y tuve la impresión de que, en el sueño, se reía de mí.

Minaya compitió en dos categorías: la de 200 y la de 400 metros libres. Por la mañana y por la tarde. Las instalaciones deportivas de Sevilla no eran insuperables; Minaya, sí.

Quedó campeón en las dos pruebas. No podría jurarlo, pero me pareció que, en la segunda, sufrió una especie de desfallecimiento. Conociéndolo, es como si hubiese preferido no ganarla. Como si, durante un segundo, hubiera renunciado. Así y todo, ganó. Los espectadores, y las espectadoras más aún, aplaudían a rabiar a aquel canon erguido y triunfador.

Yo sentí como un pesar profundo, cuya causa ignoraba al principio; un segundo después la adiviné. Que aquel cuerpo se estropease, que la interminable lepra de los días lo mancillara inevitablemente me producía deseos de llorar... Y no logré impedir que se me saltaran las lágrimas. Por un instante dejé de verlo. Cuando los labios dejaron de temblarme y pude ver de nuevo, Minaya estaba al lado mío, frente a mí, y me abrazaba. Los ojos volvieron a llenárseme de lágrimas. «Blandenguerías. Basta», me dije.

—Habrá que ir pensando en el ámbito nacional, muchacho —exclamó el entrenador interrumpiendo nuestro abrazo—. Tienes por delante una larga calle de agua entre corchos.

Soltó una risotada, encantado de su metáfora.

Al concluir las pruebas, después de pasar por el hotel, nos fuimos en grupo a Triana. Se trataba de cenar de tapeo, de tomar unas copas, de celebrar las victorias. Las de Minaya, la de Fermín Álvarez, que quedó en un segundo puesto de los 100 metros, la de otro amigo que nos dio la sorpresa de clasificarse, y la de una muchachilla pequeña y pálida que ganó en los 200 femeninos. María Pía, a pesar de su buena prensa, no tocó pelo. Me alegré, qué le vamos a hacer.

Acaso para consolarla, ante los mostradores de los bares, la atendía Minaya, le brindaba su copa para que bebiera. Ella retiraba los labios con el fin de que él la obligase... A mí me estaba sentando mal el vino. Santiago lo notó y me largó un puñetazo en pleno pecho.

—Arriba, coño, que hemos ganado todos.

En la última taberna, sosteniendo a María Pía con su brazo derecho, se me acercó Minaya. Tenía ojos de risa. Alargó el brazo izquierdo y apretó mi cuello con él hasta impedirme respirar. Entonces tuve un presentimiento de lo que es la felicidad. Lo instantánea que es, lo súbita que es... Y también comprobé que no es alegre.

Mientras se duchaba a la mañana siguiente, vi unos papeles sobre la mesilla de noche. Contenían cantos populares. Copié algunos deprisa. Todos tenían, aparte de su donaire, un común denominador, cuya razón, años más tarde, averigüé.

Aunque te subas al cielo
y te tapes con las nubes,
te tengo que conocer
por tus ojillos azules.

Ay, amor,
si te vas al cielo
¿qué será de mí?
Yo no sé, moreno,
si podré vivir.

———

En el cielo hay una fiesta.
Tu madre te llevará.
Y como eres tan bonita
te sacarán a bailar.

En el cielo de tu boca
puse una confitería,
y los ángeles volando
por caramelos venían.

———

Las estrellitas del cielo
las cuento y no están cabales,
faltan la tuya y la mía
que son las dos principales.

Las estrellas del cielo
son ciento doce:
con las dos de tu cara,
ciento catorce.

———

Pa que deje tu querer
como la gente me dice,
del cielo se ha de caer
la estrella con más raíces.

———

Picaílla de viruelas,
a ti no te dé cuidao,
que el cielo, con sus estrellas,
está mu bien adornao.

———

Un lucero se ha perdío
y en el cielo no aparece;
en tu casa se ha metío
y en tu cara resplandece

———

Más alto que Las Cabrillas
camina mi pensamiento,
y me está haciendo cosquillas
que otro se siente en mi asiento
habiendo de sobra sillas.

Había recogido también un cante gitano de bodas, que decía así:

Jesucristo me espera
donde su huerto,
coronaíto de espinas
y el pelo suelto.
Ole salero, lo que ha llovío
las calabazas ya han florecío.

En un verde prado
tendí mi pañuelo.
Salieron tres rosas
como tres luceros.

Que venga el padrino ya
porque a la novia la han coronao.
¿Qué luna le dio en la cara
que tan hermosa la han encontrao?
Gitano, mírala bien
que hasta bonitos tiene los pies.

Ay, como sale de aquella sala,
coloraíta como la grana.
Ay, como sale de aquel rincón,
amarillita como el limón.

Es mi prima y no me pesa
que le tengo que poner
la corona en la cabeza.

Y una canción de cuna especialmente bonita:

Este niño pícaro
se ríe de mí:
cierra los ojitos
y los vuelve a abrir.

Si mi niño se duerme,
lo echo en su cuna,
los piececitos al sol,
la cabecita a la luna.

Ea la nana,
ea, la nana.
Duérmete lucerito
de la mañana.

22

Los exámenes los preparé con unos y con otros compañeros, de la Ceca a la Meca. Me faltaba tiempo, como siempre sucede. Alargaba los días con las noches. Tomaba simpatina para esquivar el sueño. Repasábamos sin cesar artículos de códigos. Confeccionábamos chuletas para copiar en los exámenes escritos: el hacerlas nos servía, al menos, de repaso...

Yo me encontraba peor preparado que otros años. No había estudiado lo suficiente. Pero era imprescindible sacar el curso entero, terminar de una vez. Ahora Elvira se me ponía exigente, ya por teléfono ya sobre las páginas medio borrosas de la madrugada.

Se desgranaron las asignaturas. Los aprobados, los notables incluso. Pensaba en Minaya como en alguien lejano que nos espera entre una neblina, y al que tendría derecho a abrazar después de unas cuantas hazañas. Él sería la última recompensa, y a él se las dedicaría.

Planeaba un viaje a Huelva, que conocía mal, entre capítulo y capítulo de libro. Ya tocábamos el verano con los dedos. Minaya me la enseñaría... Quizá consiguiese que me acompañara de vuelta a Málaga. Se lo presentaría a Elvira. Ellos dos eran las personas que más quería en el mundo... Pero ahora, a estudiar. Para hacer realidad todo eso, a estudiar.

23
—

Con la última papeleta en el bolsillo, sin perder el tiempo telefoneando, subí al piso de Santiago, que no había salido tan bien librado como yo. No trataba de estorbar a Minaya si lo hallaba estudiando. Sólo quería desearle lo mejor y verlo tres minutos.

—Minaya no está ya en Granada —me dijo Santiago sin la menor piedad. El alma se me cayó a los suelos—. Intentó despedirse de ti, pero no te encontraba. En dos días no pudo dar contigo... En vista de eso, me dejó una nota.

Fue a buscarla. Yo no me moví de la puerta. No quería entrar nunca más en aquella casa. Me quedé como un pobre al que se ha concedido una limosna. Aquella breve espera se me hizo interminable. Santiago puso un papel en mi mano. Tuvo que abrirme los dedos para dejarlo entre ellos.

—Como yo me temía, en vista de su comportamiento y de sus actividades subversivas —Santiago engolaba la voz para darle un tono burlesco de remedo—, el rectorado le ha pedido a Minaya que no vuelva el año próximo a esta Universidad. La verdad es que él se lo ha buscado.

No sé si le dije adiós antes de irme. En la puerta de la calle me detuve un momento. Traté de respirar hondo tres veces. Traté de leer la nota. La conservo. Dice así:

«Querido Gaspar: tienes que seguir el camino que has emprendido. No lo dejes. Termina la carrera, haz las oposiciones que creas conveniente, y construye tu vida. Constrúyela despacio junto a la de Elvira: una vida las dos. Con valor, sin mirar a los lados. Lo que tenga que ser, será. Te llegará cualquier cosa que te esté destinada; y cualquier cosa destinada a otros, asimismo les llegará. En ocasiones, a través de ti: no las detengas.

No olvides que cuanto nos ocurre es insignificante salvo para nosotros, pero nosotros podemos conseguir que signifique algo. El camino más directo para el fracaso es el miedo al fracaso. No lo olvides tampoco: la desconfianza en uno mismo o en el proyecto o en la persona que uno ama es lo que inicia la caída total.

Una vez te lo dije: yo no estoy aquí para interrumpir nada; estoy como observador no como participante...

No creo que tenga que insistir porque tú ya lo sabes: cuando se ama, todo adquiere su verdadero sentido. Anda, anda, anda: aunque te alejes, te acercarás a mí. Y no llames amor sólo a lo que atrae a los cuerpos, sino más a lo que atrae y funde a los espíritus. No confundas uno con otro.

Todo lo que tenga que suceder sucederá para tu bien, aunque mientras tanto no veas esto claro. Espéralo. No te estoy hablando del futuro. El futuro no existe: todo es presente. Y además, ¿para qué conocer lo que ahora no aparece, lo que no vemos, desde la montaña que estamos subiendo todavía? Si es bueno lo que tu propia evolución te depara, será grato recibirlo; si es malo, o te parece malo, que no te afecte porque no hay nada malo realmente. Y, por otra parte, no conviene lamentarse de antemano.

El camino de encontrarse a sí mismo es áspero, pero el de la perfección puede a veces llegar a ser doloroso. Sin embargo, tiene que ser andado. Sin anticiparlo, pero sin rehuirlo. Aunque creamos conocer ya el final; más, aunque conozcamos de veras el final. Porque el final no llega siempre cuando parece haber llegado. (Esta última frase estaba subrayada.)

A veces sucederán cosas que desearías cambiar. Que desearás cambiar... Pero no hoy, no hoy. No pienses aún en ellas. Hay que actuar como si todo pudiese ser cambiado. Pero no ahora, no, no ahora. Nunca te precipites.

Te abrazo para siempre.

Minaya.»

Era la primera vez que veía su firma y no la iba a ver más. No lo pude impedir. Retrocedí unos pasos y, apoyado en la barandilla de la escalera que tan alegre había subido, rompí a llorar con desconsuelo.

PARTE SEGUNDA

—

Desde el 17 de febrero
al 30 de septiembre de 1980

1
—

—Minaya Guzmán —dije sin saber de cierto si era real la imagen que veía, más imprecisa a cada segundo, en el espejo de la cafetería.

—Qué nombre tan raro —escuché comentar a alguno de mis compañeros de bufete.

No me atreví a volver la cabeza. Sentía, y veía reflejada a la vez, la mano de Minaya sobre mi hombro. Pero el cristal al otro lado de la barra era ahumado, difuminaba los contornos, y la luz caía como una cortina polvorienta sobre la superficie del mostrador, iluminando vasos, posavasos, ceniceros, platillos de almendras y aceitunas... A una presión más fuerte de aquella mano, que destacaba sobre mi traje oscuro, decidí girar mi asiento. Con temor... Sin apartar los ojos del rostro que, también sin apartarlos, me observaba desde el fondo del espejo, pensé que todo sería, una vez más, imaginación. Después de veinte años, Minaya no era, no podía ser, aquel joven incólume cuya mirada, velada por el azogue irregular, entre dorado y gris, comenzaba profundamente a sonreírme.

—Minaya Guzmán —repetí.

Hice girar el asiento del alto taburete. Y me encontré cara a cara con él.

Lo había buscado, con esperanza al principio, luego ya sin ninguna, durante mucho tiempo. Estuve en Huelva, en la misma plaza en que se levantaba aquella palmera de la que él me había hablado, afilada y flexible. Nadie me dio ninguna pista, ningún dato, ningún hilo del que tirar. Y una persona como Minaya no habría pasado inadvertida. Su belleza —la de ahora también— no era estrepitosa, sino mesurada y creciente a medida que se le trataba; pero aun así, demasiado obvia, demasiado inolvidable... Había indagado entre los compañeros que lo frecuentaron. Ninguno conocía su paradero, ni adónde, desde Granada, se había dirigido... Incluso, durante bastante tiempo, puse anuncios semanales en periódicos de buena tirada, andaluces o no. Inútilmente todo.

—¿Dónde has estado tantos años?

Su sonrisa se acentuó. Repetí la pregunta. Su sonrisa se acentuó algo más.

—Fuera de aquí —creí oírle decir, mientras la mano suya, que abandonó mi hombro, trazó por el aire un vago gesto.

Lo que entonces pensé duró sólo un instante, mucho menos de lo que tardo en transcribirlo.

Miré mis manos, sólidas y vigorosas; miré de refilón mi cara en el turbio espejo, mis hombros, mis brazos... Todo indefinido, excesivo y feo... Desfigurado, Dios mío, hasta qué punto... De pronto, sin mirar ya —ya no era necesario—, imaginé el gesto amargo de mi boca, los hondos surcos que descendían desde las aletas de mi nariz hasta las comisuras de mis labios, mis labios agrietados y blanquecinos, mi frente más despejada de la cuenta y estriada como con un cuchillo, los pliegues en el extremo de los ojos, las canas en las sienes, el pelo ralo en la coronilla... Me imaginé como me veía cada mañana sin tomar conciencia de ello. Toqué con la punta de la lengua la irregularidad de mis dientes y la muela postiza. Sentí miedo —¿de qué?— y vergüenza. Rechacé imaginar mi silueta redondeada, mi cuello corto y ancho, mi abandono, mi penosa y vulgar indiferencia...

Y allí estaba Minaya, tan acusador como un dedo que me señalara.

Traté de defenderme —pero ¿quién me atacaba?— con el niño alegre que yo fui, con el muchacho esbelto que yo fui... Pero también ellos estaban en mi contra. Para la flor —recordé sin saber por qué— es eterno el jardinero; pero, para el jardinero, la flor es tan efímera... ¿Qué pensaría el jardinero si la rosa durara más que él? Ante mí estaba Minaya. Ante mí estaba la prueba de lo que sucedía cuando Dios se empeñaba en complacerse —complacerse en todos los sentidos— con un ser humano predilecto. El tiempo apenas había rozado la piel de Minaya, las armoniosas facciones de Minaya, la gracia —doblemente atractiva, por inconsciente— de Minaya... Hasta la virtud se hace más hermosa dentro de un cuerpo hermoso, creí que alguien decía; pero no... Recordé lo que había estudiado no sé cuándo sobre lo verdadero, lo bello y lo bueno... Lo bueno necesita aportar pruebas, y lo verdadero se detiene en la inteligencia; mientras, lo bello, sin necesidad de demostrarse, con mostrarse tan sólo, penetra hasta el último reducto del corazón y de la cabeza.

Allí estaba Minaya. El tiempo, aparte de desgastarme a mí, ¿desgastó su recuerdo también? Quizá. Yo no habría podido representármelo tal como era, tal como estaba ahora: en el esplendor de su verdad. «*A thin of Beauty is a joy for ever*». Me acordaba de mis primeras clases de inglés. Y de que no entendía ese verso de Keats...

Sus ojos no respondieron a los míos. ¿Se fue extinguiendo su sonrisa?

Esto es lo único indiscutible. Fuera de esto, ¿qué existe? Y, sin embargo, ¿quién nos marca los cánones? ¿quién decide qué formas son hermosas, qué proporciones, qué simetrías son capaces de llevar a una persona o a un pueblo a la guerra, de empujarnos a la muerte o a la felicidad, o acaso a la felicidad y a la muerte a la vez? Ante la belleza necesitamos ser bellos, qué desgracia la nuestra... ¿Cuál es la relación de esto con el amor? Quién lo sabe. Quién podría decirlo...

Volví la cara hacia el espejo. Desde él, Minaya me miraba todavía. No, no era justo que unas determinadas formas fuesen causa de la desgracia o de la dicha. Que unos colores, unos perfiles, unas sombras proyectadas sobre la carne, sobrepasasen la importancia de todo el derecho, de toda la geometría, de la ciencia, de la cultura, de la poesía, de la música... No era justo. Allí se adivinaba mucho más.

Sonreí a Minaya. Tuve la certeza de que la mañana entraba por primera vez en aquel bar siniestro y tan angosto.

—Quiero que vengas a almorzar a mi casa.

—¿Con Elvira y los niños? —Afirmé—. ¿Y también con Cairel? —Afirmé echándome a reír.

Hasta unos momentos después no me extrañó que él supiese incluso el nombre del perrillo.

Al salir del bar, se detuvo en la acera. Se había despedido de mis colegas con su habitual llaneza.

—Tengo ahí cerca mi moto. Dame tu dirección.

Vivía en una urbanización de las afueras. Había llegado a Málaga la noche anterior.

Era una moto grande. Subió de un salto. Arrancó sin ruido y alzó la mano para despedirse.

A la luz del día me pareció aún más joven.

Aquella mañana, no sé en qué momento, intuí que lo que sentía por Minaya, lo que me atraía hacia Minaya, no era amor. No lo había sido nunca. Era algo más profundo y más difícil de explicar. Tenía que ver con el deslumbrante y hermético principio de la vida. O tal me pareció entonces. Quizá lo que lo explique sea que el hombre posee un repertorio de sentimientos corto, y un vocabulario más corto todavía. Y a aquello también se llama amor. En cuyo caso, sólo aquello es amor.

2

Me quedaba una hora de trabajo en el bufete. No logré concentrarme. Tenía la impresión de que, dentro de mí, una parte distinta del resto me la había jugado de nuevo. Desconfiaba de mi equilibrio. Después de aquellos vívidos sueños en que Minaya comparecía, ¿cómo estar seguro de que no era una alucinación lo sucedido? No me sentía capaz de preguntar a mis compañeros si ellos, en el bar, también habían visto al personaje: habría sido una puerilidad de mal efecto... Pero, en realidad, ¿había quedado con él para almorzar? ¿Se había verificado su aparición, o era sólo producto de mi mente? Qué extraño todo lo ocurrido: su aspecto apenas alterado, su campechanía como la del que reinicia una conversación y un trato recién abandonados, de un día para otro...

Escuché una voz mientras reflexionaba, no sé si sólo en mi interior: «La esencia de la mente no nace, por lo que no morirá nunca. No se trata de una existencia, que es perecedera; ni de un vacío, que es un simple espacio desprovisto de todo; no tiene forma ni color; no goza ni padece... Abandónate ahora: no estás bien y lo sé. Puede que ignores con exactitud que estás sufriendo. Por eso estoy aquí... Si quieres averiguar más, pregúntate sólo cuál es la esencia de la mente. No necesitas otra cosa. No codicies, no te aferres a nada... Tu fin, que no tiene fin, es lo mismo que un copo de nieve que se disuelve en los centros del aire. O aquí, en tu Málaga, como un rayo de sol que se funde en la luz...»

Me tranquilizó esa voz, aunque no fuera una voz exactamente. Aquel sí era Minaya... Trabajé con alegría, sin saber aún si él había vuelto de verdad o no. Tuve la sensación de una amable presencia junto a mí. Y recordé que, a menudo, había tenido la misma sensación desde mucho tiempo atrás, a pesar de que a nada o a nadie me atreviese a atribuirla... Más, hacía apenas media hora, al ver a Minaya de pie, en la acera, con el fondo de la Plaza de la Constitución, supe, sin necesitar constatarlo, como se sabe que es de día o de noche, que lo había visto alguna vez ya allí. Y supe que, sin alharacas, era un hilo trascendental en la trama de mi vida. Un hilo que me proporcionaba la certidumbre de que, si yo resbalase, sería alzado; de que, si cayera, sería sostenido. Como si junto a mí, o mejor, sobre mí, tuviese un compañero de escalada cuyo cuerpo se uniera al mío con una soga segura e irrompible.

Miré alrededor. Sólo el despacho mil veces visto, frío y lleno de libros fríos mil veces consultados... Sin embargo, algo había distinto. Lo intuía como quien descubre un objeto insólito puesto, en un ámbito cotidiano, por alguien cuya presencia allí desconocíamos hasta entonces o habíamos olvidado. Intuí que no es que Minaya hubiera vuelto: es que no se había ido... No me costó ningún esfuerzo buscarla. Releí la carta con la que se despidió de mí veinte años atrás. «El futuro no existe: todo es presente.» Allí estaba aclarado. A veces exigimos de la amistad o del amor, cuando se nos manifiestan veladamente, que nos brinden una tangibilidad, una verosimilitud sin fisuras. Y quizá la amistad y el amor también lo desearían: comparecer con naturalidad, visibles y concretos. En ciertos casos así ocurre. Sólo luego, quien los percibe, comprende que vio una fantasía, una fugaz presencia... Acaso personas supuestamente reales, con las que nos encontramos en el curso de nuestra vida, no sean tan reales como las creímos. Tal vez estemos relacionándonos con seres incorpóreos con idéntica habitualidad con la que unos a otros, de carne y hueso, nos tratamos...

Volvió a asaltarme la duda de la naturaleza de Minaya. Recordé aquel paseo de Gibralfaro... La duda de su mano en mi hombro, de su sonrisa verde, de su moto tan sorprendente, de que asistiese a la comida a la que le había invitado... Y escuché en son de burla: «Tú y tus aprensiones. Si tú mismo te tomas por loco, ¿qué no harán los demás? Un abogado conocido que pone en tela de juicio su cordura...»

Sin haberlos memorizado nunca desde que leí *La tempestad*, me vinieron a la cabeza unos versos: «Estamos tejidos con el mismo hilo de los sueños, y nuestra breve vida se cierra con un sueño.» Supe con seguridad que pertenecían a la escena única del acto IV. Y que, en la segunda del acto I, Próspero gritaba, me gritaba: «Despierta, querido corazón, despierta... Arriba. Ya has dormido bastante. Levántate».

Me levanté. Cerré los libros que estaban abiertos sobre la mesa. Los llevé a la estantería. Dije adiós a mis compañeros. Y, con una paz recién inaugurada, me dirigí a mi casa, un chalecito refaccionado en *El Limonar*.

3

No era un trayecto largo. Como si Minaya fuese sentado junto a mí en el coche, al rodear la Fuente de las Tres Gracias, le escuchaba: «Me alegré cuando nacieron tus dos hijos. Me alegré antes (no, no me digas nada) cuando te casaste con Elvira. Me alegré cuando el perrillo cocker apareció en tu casa, hace ya cuatro años, en brazos de Regina... He visto toda la agridulce historia de tu corazón...»

Entonces supe, con un convencimiento absoluto, que Minaya no vendría a almorzar.

Tardé más años de los previstos en casarme con Elvira. Pasaron casi siete desde la terminación de la carrera. Quería aportar mi seguridad al matrimonio, dinero y fuerza. Los últimos tiempos del noviazgo fueron tensos. Elvira quería casarse ya: ella gozaba de un sueldo suficiente; había escalado puestos en su agencia de viajes; participaba de sus acciones y de su capital; el turismo se multiplicaba, así como las vacaciones interiores y exteriores, o la conexión con otras agencias extranjeras... Pero yo me resistía. Quizá interpretaba, no lo sé, que lo que le sucedía a Elvira es que no estaba dispuesta a seguir soportando las chanzas de sus compañeros, su soltería arrastrada ya demasiados años. Quizá pensaba yo que su prisa por casarse obedecía, más que al amor, a la urgencia de poner fin a una situación que había durado mucho...

«El noviazgo —me dijo un día— es como un pasillo. Nadie se sienta ni come ni tiene hijos en un pasillo. Ni siquiera se muere en él por lo general. La gente busca un comedor, una sala de estar, un dormitorio...» Lo decía sin aire de queja, sino como quien revela un hecho evidente o una exigencia. Luego se mordió, por no estallar supongo, los labios.

Otro día me dijo: «Tengo muchos motivos para estar satisfecha, y muchos para estar quejosa. Me temo que la mayor parte de los segundos procedan de ti. No soy de esas reivindicadoras, feministas de tres al cuarto, que aspiran a poner los pies encima de los hombres y auparse con ellos como pedestal... Me avergüenzan lo mismo las señoras que no pegan un sello y viven a costa del marido, jugando con su sexo y utilizándolo igual que putas, que aquellas otras transformadas en ejecutivos agresivos, andróginas y duras... Soy directora de recursos humanos, y de otros recursos, en una empresa, y me fallan justamente los recursos humanos. Necesito saber de quién soy, que sirvo a un proyecto común, al que cada uno ha de aportar lo suyo para hacerlo de veras común. Necesito apoyarme en un hombro para siempre, o creo que para siempre, y ofrecer el mío para que alguien, creo que tú, se apoye. Necesito prolongarme en mis hijos, Gaspar, ¿o no lo entiendes?... No me da la gana leer revistas del corazón, pero tampoco soy un marimacho sin él. Sé de sexualidad lo que puede saber una soltera decente, es decir, casi nada, entre otras cosas porque soy la novia de un soltero demasiado decente... No soy tan tonta como para buscar un hombre que me haga la vida imposible, y pegarle los botones de su camisa, y recalentar una y otra vez la cena hasta que llegue más o menos borracho. Pero me estoy transformando en una caricatura de mí misma. Ya no tengo veinticinco años. No es que me refocile en mi amargor ni en mi vulnerabilidad. Sé que, a estas alturas del partido, es difícil que viva una pasión; pero por lo menos, por si llega, quiero estar instalada de un modo confortable. Puedo hacerlo y lo quiero, Gaspar.»

Más claro, agua.

Ahora, una docena de años después, se me descolgaban en cascada los recuerdos. A lo mejor toda esa retahíla de razones no me la soltó de una tacada, pero sí que salieron de su boca. Elvira era, y es, una mujer de cuerpo entero, taxativa, de su época y muy directa. Era, y es, seguramente superior a mí en muchas cosas. Me necesitaba menos que yo a ella. No obstante, por alguna razón tenía prisa en casarse. Acaso porque, a los veintisiete años, hay a quien le sobreviene un pavoroso miedo a quedarse solo el resto de su vida, después de haber malgastado tiempo y tiempo aguardando con impaciencia a alguien que no se decidía.

Mi tardanza en ese sentido transformó nuestra unión, que fue lógica y confirmada y preciosa y que tanto nos había servido, en un matrimonio de estricta conveniencia. No me atrevo a decirlo... En un matrimonio, por postergado, ya cínico y recíprocamente ventajoso como el que más. O sea, en una última solución, casi póstuma... Me duele mucho reconocerlo, pero así fue.

Cuando yo culminé mi especialización en Derecho Marítimo, y fui aceptado en el bufete, no de los más importantes sino el que más de la ciudad, Elvira y yo nos casamos. Pero bajo el velo de tul ilusión y las flores blancas, había un hervor de resentimiento y de frustración irreparable.

Algo de ello pudimos corregir; eliminar aristas y asperezas diarias; acoplarnos casi gozosamente... Sin embargo, en el más escondido resguardo de Elvira siempre quedó, no diré un deseo de venganza, pero sí una resistencia. Había empezado a trabajar muy pronto; había tenido éxito muy pronto, y eso equivale casi siempre a una equivocación. Se había convertido antes de la cuenta, huérfana ya, en una señora respetable. Aunque sólo fuese porque, dados su puesto y su actitud, era por todos respetada.

Por supuesto se negó, antes de que a mí se me ocurriera proponérselo, a dejar su trabajo. Ni un día más de lo imprescindible cuando nacieron los dos niños. Y no es porque fuese necesario el dinero en casa —el dinero pasó enseguida a ser casi lo de menos—, sino porque su trabajo, en principio como el mío para mí, llenaba su vida. La completaba y la transfiguraba, creo que más que ninguna otra cosa, hasta a los ojos ajenos, en una mujer intensa, válida y seductora. Habría sido incapaz de soportarme hablando de pleitos acumulados, de asuntos difíciles, de gestiones no del todo exitosas, de confusos fletes o auditorías, de las presiones de los consejos de administración o de lo que esperaban de mí los socios del bufete. Habría sido incapaz si ella no hubiera podido oponer a todo ello sus propias experiencias, darme consejos útiles y llevar insensiblemente mis quejas a su propio terreno, o sea, a las propias quejas de su propio trabajo sin el que le habría sido, más que fastidioso, imposible vivir.

Yo hubiese preferido sin duda un matrimonio más familiar y más compenetrado. Es decir, quizá por egoísmo, hubiese preferido una mujer más compenetrada conmigo; una pareja más serena, más apacible, más olvidadiza de lo de fuera y más concentrada en la casa y en los hijos, cuando estuviese en la casa y con los hijos. No una pareja acaso imperceptiblemente enfrentada, mirándose a menudo cara a cara como en un desafío. En una palabra, hubiese preferido marchar codo con codo, haciéndonos espaldas uno al otro en lugar de darnos las espaldas.

Algunas noches, apagada la luz, después de hacer los gestos de un sexo un poco en demasía consabido, me preguntaba por qué las personas felices como nosotros no lo parecían siempre ante todo el mundo. Me preguntaba por qué la gente, desde fuera, nos veía distantes uno de otro; yo no me daba cuenta... Es cierto que no nos importaba el dinero con que contábamos ni hablábamos de él; pero ¿consiste en eso la felicidad? Y es que tampoco hablábamos de lo mal que dormía el pequeño o de las contestaciones demasiado bruscas de Regina. Y tampoco hablábamos de que en la casa se respiraba cierto malhumor enconado no muy manifiesto. Ni hablábamos de quiénes éramos en realidad o de quiénes habíamos llegado a ser: ella, Elvira, mi mujer, y yo... O, en definitiva, de quiénes aspirábamos a ser y en qué nos habíamos quedado.

Quizá, me decía una vez apagada la luz, en lugar de leer que es lo que me habría gustado, la fuente de la felicidad, si es que la tiene, está en nuestro interior. Quizá consista, como opinaba un modesto y lúcido relojero de La Haya, llamado Spinoza, en preservar el propio ser, no otro, y no en ser distinto; en aceptarse reflexiva y dócilmente tal como se es... Mientras llegaba el sueño, me preguntaba: pero ¿cómo se es? ¿Cómo adquirir el terminante conocimiento de uno mismo, sobre todo cuando uno ya va acompañado en la intimidad? Aunque sea mal acompañado, añadía... Ahí estaba la valla en la que tropezábamos Elvira y yo: nos sentíamos solos, y éramos, por cariño, incapaces de

133

decírnoslo... Hasta que la ocasión se perdió de una vez por todas, y permanecimos a medias, conformados con la dosis de venturas y desventuras que se nos había dado o que nos habíamos deparado entre los dos. Sin dar un paso más hacia el otro, ni siquiera hacia el fondo de nosotros mismos. Por temor, probablemente por temor...

Y no es que yo aspirase a una loca felicidad. En cierta ocasión, contemplando el mar alborotado, trepidante y lleno de borreguitos, entendí que acaso lo que llamamos felicidad no sea sino la armonía con el resto del mundo: la armonía con su desarmonía en muchas ocasiones, creo que pensé... La armonía con el resto del Universo, creo que pensé... Sería como un breve estado de consentimiento: de sentimiento con; como una diluida y contagiosa confusión: de fusión con... La lucidez y el esfuerzo por comprender nunca he creído que nos haga felices. No obstante, el dolor y la lucidez es lo que me ha hecho vivir siempre con más intensidad. Hasta ahora.

Y me negaba, casi en sueños ya, sin darme cuenta, a abandonarme...

Han pasado los años. He comprobado que la felicidad tiene mas de enajenación (con ella, uno está siempre vendido) y de alteración (con ella, uno se convierte en otro) más, digo, que de consciencia; más de entusiasmo y de rapto que de comprobación. Linda con el sentimiento más que con el raciocinio y con la voluntad. He comprobado que es una ciega participación del ser entero en la ebriedad de la Naturaleza que nos rodea. Sin embargo ¿qué pintaba Elvira en todo esto?

¿O quizá yo me había resignado, reflexionando de esta forma, porque sabía que aquel trastorno mental transitorio de la felicidad nunca iba a serme concedido? Este trastorno que es una extraña venda en los ojos, un olvido de sí, una vibrante confusión que, de un lado, tacha los pronombres singulares, el tú y el yo, por el nosotros, y, de otro lado, los afina hasta quebrarlos... ¿Cuál era nuestra postura? ¿Podríamos siquiera llamar *nuestra* a alguna postura? La felicidad para mí, quizá no para Elvira, debe de estar en los cien pájaros que vuelan y no en los que tenemos en la mano. Un día me atreví casi a hablarle de este modo a Elvira, pero no estaba el horno para bollos, y no me atendió... En un momento dado —dado, no conseguido—, o por lo menos así lo imagino, uno de los cien pájaros libres se nos posa en la cabeza o en el hombro (¿por qué pensé entonces en Minaya?); pero cualquier gesto lo asusta y escapa por el aire, que es lo suyo. Como mi abejaruco... Porque eso y no otra cosa es la felicidad: una racha de aire, un sobrecogimiento que nos corta un momentito la respiración. Cuando volvemos a respirar somos los de antes. Es decir, somos otra vez humanos y vencidos.

Pero ese momentito —me cuestionaba revisando a la Elvira primera y al que yo fui—, ¿no estará relacionado con el amor, con el efímero enloquecimiento del amor? Aunque la felicidad y él son paisajes distintos. Se rozan a veces, como se rozan e intercalan otras emociones... Pocas cosas pueden hacernos, en determinadas circunstancias, más infelices que el amor. Lo que sucede es que, y ese era nuestro caso, cuando él desaparece —yo había tenido tiempo de observarlo—, mientras nos alejamos, vemos en el espejo retrovisor un reflejo difuso. Y tal espejismo es capaz de durar mucho tiempo... Después, el vacío que deja nos mueve a la añoranza; a engañarnos con la creencia de que tuvimos no sólo más de lo que ahora tenemos, sino más incluso de lo que tuvimos entonces... El corazón, ocupado a tiempo completo en el amor, no analiza. Vive a ciegas su pasión más o menos ardiente, su gozo henchido y su desdicha exagerada. Vive su intensidad... Ahora, desocupado, o procurando ocuparse en otras cosas, cuenta y recuenta su agridulce tesoro extraviado —la palabra agridulce, ¿la sugirió Minaya?—, canta lo perdido. Y exagera de nuevo... Exagera: siempre es más verde la hierba del vecino o la hierba de ayer. Hasta que, cansado de mirar hacia atrás, se convierte, como la mujer de Lot, en estatua de sal. Y trata de moverse, de avanzar a solas, de conseguir encontrar otro camino... Y ya no puede.

Alguien me tocó el claxon: me había demorado un segundo ante un semáforo ya verde.

Continué mi plácida e inútil reflexión. Cuando uno todavía está sufriendo y luchando, imagina que existe, del otro lado de la puerta, la felicidad. Cuando uno ya no sufre y no está en carne viva —este era mi caso—, sabe, y eso es peor, que la felicidad no existe. Y que quizá, lo que es peor aún, nunca ha existido... Porque, para acercarse a ella o reacercarse, sería imprescindible romper las ataduras del miedo. Al contrario de lo que por norma hacemos Elvira y yo. Creer que la felicidad reside en esas ataduras, sólo porque nos sostienen, es el mayor de los errores. La atadura de impresionar a los demás en favor nuestro; la de redondear nuestra fortunita; la de mantener el estatus o provocar la envidia; la del éxito en el trabajo y en el círculo de amistades... Eso había sucedido en mi matrimonio. Mientras Elvira y yo procurábamos que no se nos escapasen nuestras ataduras, se nos fue escapando la vida: lo único que en realidad teníamos. Por separado y juntos.

¿Por qué me había dado esa mañana, de retorno a casa, por analizar con tal meticulosidad mi situación, por ver todo tan claro, tan dolorosamente claro? ¿Porque esperaba a Minaya, que no comparecería más puesto que ya lo había hecho? ¿O porque recordaba que un día fui feliz junto a él? ¿Y por qué fui feliz? ¿No había llegado a la conclusión de que es preciso ser tonto para ser feliz, de que es preciso ser tonto para enamorarse, para enamorarse como un tonto sin razón ni preguntas, sin motivo y sin pretensiones? ¿Acaso fui yo tonto en Granada, «ciego en Granada», como en aquellos versos de Icaza ante la Alhambra?

Una voz pareció contestarme: «A cada ser se lo creó para estar en un sitio. En tal acierto consiste la felicidad. Se trata de un trabajo. Hay que abrir bien los ojos, no cerrarlos; estar muy bien despiertos... Y no vacilar entre la nostalgia y la melancolía». ¿Se me iba a otorgar, en consecuencia, una nueva oportunidad? Me eché a pensar de nuevo...

Ya llegaba. Me quedaba dejar el coche en el aparcamiento. No habían dado las dos.

... No, no, la felicidad no indaga. No se plantea nada. Se contenta con ser y hacernos ser, aun a nuestro pesar. Y gratis. No le importa la nobleza de nuestras tareas, ni la altura de nuestra inteligencia, ni la honradez o fidelidad de nuestros sentimientos, ni la satisfacción que proporciona o no el deber cumplido... El auténtico sentido de la vida (aparqué bastante mal el coche, y ya estaba bien de vaivenes en mi raciocinio), en el fondo su único sentido, es precisa y justamente la felicidad que yo había olfateado y perdido. Pero ¿es que hay algo que pueda ser el camino hacia sí mismo, el itinerario y la meta a la vez? La felicidad es la meta más válida, la meta verdadera. Ni siquiera nos conduce, ya lo estaba viendo, a más felicidad: eso sólo sucederá, si lo hay, en el Paraíso; aquí y ahora, la felicidad nos conduce, más que a otra cosa, al pesar de su pérdida. Si es que nos damos cuenta, porque yo no me la di... De ahí que la mayor parte de las religiones, o todas, nos prometan la socaliña de una dicha eterna y póstuma que contradiga su virtual inexistencia en este mundo... En esto que acabo de escribir, como en casi todo y cada año más, también disentía de mí Elvira. Hasta que dio el cambiazo.

Me encogí de hombros resignado, y abrí la puerta de la casa. Escaleras abajo vino, como un torbellino dorado, Cairel. Saltaba y manoteaba contra mis muslos. Movía como un loco su rabito cortado. Agitaba en el aire sus orejas. La bienvenida invariable del perrillo... Los niños debían de estar en casa. Lo comprobaría después. Primero iba a ir al baño. Elvira tardaría aún media hora en llegar. Agradecí el silencio de la casa. Solos el perro que me seguía y yo... ¿Agradecí el silencio? No, no era cierto...

Mientras me lavaba las manos y me pasaba el peine, involuntariamente me miré en el espejo. No debí hacerlo. Ratifiqué mis deterioros. Nunca fui un hombre guapo, pero nunca tampoco tan feo como ahora. O no feo, sino como si llevase un peso a cuestas. Mis ojos castaños, que fueron expresivos y vivaces, aparecían cansados. En torno al iris, un arco gris azul los amortiguaba. Los párpados se habían espesado, y unas ligeras bolsas tiraban de ellos hacia abajo... Los volví hacia la ventana. Inmóviles, los árboles del pequeño jardín y de la calle, indiferentes a mi pensamiento, se revestían de hojas. Renacían. Sus ciclos no eran los nuestros. Para nuestra desgracia.

Dudé si advertir en la cocina que esperaba a un invitado. Pulsé la tecla correspondiente en el telefonillo de la mesa de noche.

—Estoy en casa, Vicente. Avise a Nieves de que quizá venga un señor a almorzar. No estoy seguro.

Me figuré las protestas fingidamente airadas de la cocinera. Los niños ya habían regresado. Los llamé a sus alcobas. Salieron a mi encuentro. Regina, a sus once años, era espigada. No tenía la piel en su mejor momento, y llevaba en los dientes un corrector que le desfiguraba el labio. Edu, dos años menor, alegre y de ojos claros, ostentaba con orgullo una camisa llena de manchas.

—Cámbiate antes de que llegue mamá.

Sonó el timbre de la entrada. Vicente me anunció a Minaya Guzmán.

Bajé al salón. Allí estaba, en pie. El perro, sin ladrar, le dedicaba un excitado recibimiento. Minaya le correspondía murmurándole palabras ininteligibles que Cairel parecía comprender... Luego el perro se recostó a sus pies, tras exhalar un suspirillo, lo mismo que quien ha encontrado por fin aquello que buscaba.

—No estaba convencido de que vinieras. Muy al contrario...

—Cosas tuyas, Gaspar.

—¿Tomas algún aperitivo? —Lo rechazó con la cabeza—. ¿Nos sentamos? Elvira está al llegar.

El perro lo siguió y, después de sentarse Minaya, con otro suspiro recuperó el puesto encima de sus pies. Hubo una pausa que yo me propuse interrumpir.

—Después de tanto tiempo sin vernos, este silencio, como si no tuviéramos nada que decirnos...

Minaya me observó con atención. Acariciaba, inclinado, la cabeza del perro, sus orejas... A mi cabeza y a mis orejas vino, avergonzándome sin saber por qué, una anécdota oriental que había leído en alguna parte, no sé dónde, ni siquiera si la había leído...

Cuatro estudiantes de meditación se comprometieron entre sí a guardar siete días de silencio. Todos cumplieron su promesa el primer día. Cuando anocheció, las lámparas de aceite apenas alumbraban. Uno de los estudiantes se dirigió al servidor: «Arregla esas luces», le dijo. El segundo estudiante reprochó: «No teníamos que decir ni una sola palabra». Intervino el tercero: «Qué tontos sois los dos.

¿Por qué habláis?» Y el cuarto concluyó con un tono de triunfo: «Yo soy el único que no ha hablado».

Sonreí, y Minaya también. De aquella forma suya, que relucía en sus ojos. Callamos hasta que entraron los dos niños.

—Es un viejo amigo de la universidad. Se llama Minaya. Estos dos pordioseros son Regina y Eduardo.

Los chicos lo contemplaron con detenimiento. Y con un desenmascarado interés que yo no les conocía. Acto seguido, se aproximaron a él y lo besaron, cosa a la que eran muy poco aficionados. Para ellos, besar consistía en poner la cara para que los besasen. Siempre opiné que habían heredado esa fría distancia, ahora vista por mí como una seca cualidad, de su madre... Se quedaron a ambos lados de Minaya, llenos de una inusitada confianza, igual que si fuese también un viejo amigo suyo. Pero de su edad, en cierta forma. Tampoco hablaron durante unos minutos. Minaya miró a Regina, a la que tenía cogida por la cintura.

—A mí me gustaría hacer cerámica —murmuró ella, y oí aquel propósito suyo por primera vez.

—Yo querría ser astronauta. —Eduardo hablaba como quien hace una petición a alguien que la entendería y la atendería.

El perro, tras escuchar un momento, se había dormido apoyado en los zapatos de Minaya.

Minaya acarició el pelo de Eduardo, que movió la cabeza hacia atrás como para prolongar o devolver la caricia.

Yo miraba, ajeno y sorprendido, aquel cuadro pacífico lleno de sugerencias. La niña se recostó sobre el brazo del sillón de Minaya... Ninguno reparaba en mí. Y yo lo comprendía.

Pasaron unos pocos minutos. Se escuchó la llave de Elvira en la puerta.

—He llegado —se la oyó decir.

En el salón ninguno nos movimos.

Tardó poco en aparecer. Yo la vi como si fuera por primera vez. Ahora era una mujer sólida, vestida con un traje idóneo para otra bastante más delgada. Le había engordado el cuello como a mí, los pechos, la cintura. Ostentaba una especie de buche... ¿Qué persistía de ella, de la Elvira de los primeros años? No daba la impresión de tener la menor necesidad de nadie, ni de agradecer un ademán, cualquiera, de ternura.

Minaya se levantó. Yo, también. Los niños permanecieron donde estaban.

—Es Minaya Guzmán, Elvira.

Minaya se inclinó para besarle la mano. Elvira lo miraba con las cejas fruncidas, como quien está siendo objeto de una broma pesada.

—¿Minaya, el de Granada...? —interrogó con un hilo de voz. Sin duda la desconcertó la mirada de él, directa y franca—. Nunca me hubiese figurado... Mi marido me habló mucho de usted... al principio. Quiero decir que lo conozco. De alguna forma, a través de Gaspar, lo cual no es una garantía, pero lo conozco... O sea, lo conocía. Porque jamás habría creído... —Contra su costumbre, no terminó la frase—. Se quedará a comer, naturalmente... —Vacilaba, también contra su costumbre—. ¿Vamos al comedor, o prefieren tomar antes una copa? Yo estaré lista en un minuto.

El almuerzo fue tenso. La mesa estaba dispareja. A la derecha de Elvira se sentó Minaya; a su izquierda, Edu; yo, enfrente como cada día, con Regina a mi lado. El niño no dejaba de estar pendiente del invitado. Alargaba el cuello por delante de su madre, e ignoraba sus gestos de disgusto.

—Nos teníamos que haber conocido hace muchísimo. Quizá en ese caso habrían sucedido las cosas de otra forma. —Parecía lamentar algo con sinceridad—. ¿Qué ha sido de usted? Dónde se habrá escondido... Gaspar mostraba tanto interés en que usted fuese el padrino de nuestra boda... Nuestra boda, ya ve... Su padre ya había muerto, y los míos, también... —No comprendía el propósito de aquellas notas necrológicas—. Pero no lo encontramos por ninguna parte.

—He viajado —dijo escuetamente Minaya.

—¿Por todo el mundo? —En la voz de Elvira tembló una duda ofensiva.

Minaya, por toda respuesta, elevó apenas los hombros.

—Sí; seguro —intervino Edu con excesivo énfasis, como si testificara en favor de un amigo.

—Yo haría exposiciones de cerámica también por todo el mundo.

Elvira miró, casi asustada, a su hija.

—¿De cerámica? —Se horrorizó después de un segundo—. ¿Qué quiere decir eso?

—La cerámica es un barro al que se le dan unos productos y que luego se cuece...

Elvira la interrumpió:

—Sé perfectamente qué es la cerámica... —Se volvió hacia Minaya—. Con los niños una nunca sabe a qué atenerse. Son cajas de sorpresas... Casi nunca agradables.

—Así tiene que ser. —Minaya sonreía.

Vicente, atento a la conversación, servía la mesa con especial cuidado.

—Como ve, ningún extraordinario. Yo no sabía que iba a venir usted. Gaspar no me lo dijo. Casi nunca dice nada... Quizá no le apetece esta comida.

—Minaya come muy poco, como un pajarito. Y es vegetariano —intervine.

—Lo dices de una forma como si fuese tonto.

—La cerámica es igual que un milagro. Una compañera mía, muy mona, tiene un padre ceramista...

—Supongo que no tendrá otro bombero —interrumpió la madre, harta de interrupciones.— Padres no hay más que uno, como madres.

—Esa es tu compañera predilecta, ¿verdad? —preguntó Minaya, con interés, a Regina. La niña se ruborizó:

—Ah, sí, la predilecta.

—Para ser astronauta, ¿qué edad hay que tener? ¿Se empieza desde muy chico?

—No tengas prisa. De momento. Después, ya sí —contestó Minaya.

—¿Es que es usted astronauta? —se interesó, hecha ya un lío, Elvira—. No lo parece. Según creo, envejecen a mayor velocidad que nosotros. Por la falta de gravedad y eso... No sé. ¿Y usted...? ¿Se puede preguntar a qué ha venido a Málaga?

—Claro que sí. A mirar.

Minaya se fue sin tomar café. Antes me dio su dirección y su teléfono. Quedamos en vernos enseguida.

En cuanto cerró la puerta, ante la que Cairel se dejó caer lloriqueando, percibí la alteración de Elvira. Le había costado esfuerzo disimularla no del todo bien. Ahora ansiaba despacharse a gusto, después de echar a la fuerza a los niños que volvían al colegio. Se había puesto en pie. La ira le achicaba los ojos y le hinchaba el cuello.

—¿Por qué no me advertiste de que venía? ¿Es que ya no pinto nada ni aquí, en mi casa? —Hacía pausas profundas que le permitían tomar aire y continuar el ataque—. Llego, y me lo encuentro ya instalado, con su cara perfecta, inexpresiva a fuerza de estiramientos... Está más operado que una estrella de cine... Ahí, sentado, con sus ojos de porcelana, con su aire de perdonavidas, con sus maneras de Grande de España... «He estado viajando», me dice a mí, que tengo una agencia de viajes. Me cree imbécil, ¿o qué?... Con sus manos de no haber dado golpe en su puñetera vida. Guapo de caerse muerta, incontaminado... Secuestrando a mis hijos, a mi perro que no se ha movido de su lado, y quizá a mi marido... Sí, y quizá a mi marido, si es que es eso lo que tú eres... El hombre que ha salido por esa puerta no es corriente, te lo digo yo. De él puede esperarse lo peor. Hay algo que tiene que quedar completamente claro: me niego a que vuelva a poner los pies en esta casa.

Salió dando un portazo. Yo bebí una segunda taza de café. Nunca había visto tan apasionada a Elvira. Yo la conocía bien. La conocía aun cuando se ocultara. Sobre todo, cuando se ocultaba aunque fuese a su pesar. Comprendí que había quedado seducida por Minaya. No se podía odiar tanto sin estar golpeada por algo superior, inesperado, inalcanzable.

Cuando dejé la taza sobre el plato, sonreí.

4

Nos encontrábamos casi todos los días. De vez en cuando, yo me escapaba del bufete y conducía a Minaya a cualquier sitio, por los Montes, entre almendros y olivos, donde nos quedábamos mudos viendo disiparse la candorosa luz a través de las ramas trémulas.

¿Qué puedo recordar de aquel tiempo? Una sorprendente plenitud, muy próxima a la felicidad. Escribo esta terrible palabra con reparo. O quizá la felicidad... Saber que al día siguiente volvería a estar en silencio cerca de Minaya. En un silencio elocuente, que no excluía el diálogo sino que lo facilitaba...

Una tarde nublada nos quedamos en Málaga. Entramos en un café bastante concurrido, en la calle Calderería. Nos sentamos en una mesa apartada, ante una luna no muy limpia, que daba a la calle. Pasaban mujeres gruesas de dos en dos, gesteras y reidoras, hombres apresurados con un periódico en la mano, muchachos con mochilas o carteras bromeando y persiguiéndose, alguna joven madre empujando el cochecito de su bebé...

Sin embargo, no soy capaz de acordarme cómo y por qué nos encontramos con un canónigo de la catedral, conocido mío por razones profesionales, sentado entre nosotros. No sé si lo invité, aunque lo dudo, o cómo se tomó por su cuenta el permiso. No sé tampoco de qué hablamos, si es que hablamos. Yo estaba, casi divertido, observando a Minaya. Lo primero que me viene hoy a las mientes es la voz campanuda del canónigo, que aseguraba con serena soberbia, golpeando un diario plegado junto a su vaso de agua:

—Hay ciertos profesionales de la comunicación que se sienten plenamente autorizados a juzgar y a pontificar sobre asuntos que exigen una sólida documentación previa. Su opinión tarambana se basa sólo en el estado de sus jugos gástricos cuando la escriben, o en simples titulares de noticias de agencia... Pero como quiera que las constituciones eclesiásticas me encargan el apostolado como derecho y como deber, me siento obligado a aclararles a esos escritorzuelos, dentro de mi poquedad, algunos aspectos, para que tengan una visión más justa de aquello que, con tan escasa caridad, tratan... Esta misma mañana, en un diario de gran difusión nacional —supongo que se refería al mismo que golpeaba—, me he tropezado con un articulillo aberrante... No deseo releerlo. Pero sí hacer constar que la expresión «fuera de la Iglesia no hay salvación» es del obispo San Cipriano, del siglo III. La lanzó contra algunos cristianos de su sede de Cartago que se habían contagiado de los herejes de turno. Con el paso del tiempo, tan rotundo axioma gozó de relevancia dentro de ciertos grupos de clérigos radicales, que creían con ello defender mejor la fe contra alguno de los muchos desafíos doctrinales con los que la Iglesia ha tenido que enfrentarse a lo largo de su prolongada historia... —Los extensos períodos del canónigo no lograban mantenerme atento—. Ahora bien, por ninguna circunstancia histórica, el solemne magisterio —pronunció esa expresión con letras mayúsculas— ha aceptado del todo tal axioma. Hasta el punto de haber condenado, en el sigo XVIII, el jansenismo, cuando negó que la gracia no podía llegar a los paganos. E incluso algún teólogo, quizá demasiado moderno, proclamó la plena libertad de todos los hombres para creer o no creer.

La atmósfera del café era densa y se hizo para mí tan irrespirable como el discurso del canónigo. Cuando volví a escuchar, reclamando a tirones mi atención, decía:

—Lo que la tradicional postura eclesiástica trata de aclarar es que, partiendo de la declaración conciliar de que la Iglesia no rechaza nada de lo que en otras religiones haya de santo y verdadero, sí advierte al mundo cristiano sobre el creciente aumento de la mentalidad relativista, que pretende justificar, *de facto* y *de jure*, la licitud del pluralismo religioso... —Asestó un golpe más fuerte sobre el diario— Eso ya sí que no. De ninguna manera...

El canónigo, de forma visible y risiblemente convencional, tomaba chocolate. Un niño, escapado por la acera de la mano de su madre, pegó sus naricillas y sus dedos sucios al cristal. Minaya lo miró como si fuese lo más importante del mundo. Después se volvió despacio hacia mí.

—Los administradores del misterio —dijo.

Yo comencé a hablar sin saber bien qué decir ni a quién dirigirme:

—Al principio fueron los brujos y los hechiceros de las tribus, la superstición, que quiere decir supervivencia, y el temor al castigo de algún ser superior, al que se invoca y al que se sacrifica... Luego, los chamanes se transforman en sacerdotes, los mitos se transforman en doctrina, y los tabúes en dogmas. Y se promete, en el más allá, una vida póstuma dichosa siempre que uno renuncie a que la de aquí sea libre y plena... Así cada religión reclama su exclusiva...

El canónigo inició un rabioso gesto de protesta. Lo interrumpió Minaya sin moverse:

—La verdad no cambia. —Hablaba con una inapelable paz—. Cambia sólo la gente que pretende poseerla y mantenerla a salvo del alcance de otros. —Se hizo un repentino y total silencio en el café como cuando alguien deja caer un azucarero de metal—. Quienes luchan en defensa de una u otra religión se meten en un invencible laberinto. Son como perros que pelean por un hueso... El hueso les será arrebatado... Si formamos parte de la creación, es que hay un creador. Pero no más de uno, que nos sostiene a todos... Cualquier religión, como cualquier filosofía, tiene un fin sólo: la iluminación.

Su voz se había hecho cada vez más suave. Volvió el rumor de las conversaciones, el tintineo de los platos y de las cucharillas. No sé por qué, hablé yo. Me dirigía a Minaya:

—El primer tramo del camino del conocimiento y de la búsqueda es la afirmación de lo personal —no hacía más que repetir su advertencia al inicio de nuestra amistad—. El segundo tramo es dejarse desnudar y ser desposeído. De la mujer, de los hijos, de los amigos, del dinero... ¿Es así? ¿Sigue siendo así?

Minaya sonrió con los ojos y los desvió luego hacia la calle. Anochecía.

—La búsqueda continuará. El *Tao* de Lao-Tse, el *Nirvana* de Buda, el *Yaveh* de Moisés, el *Padre* de Jesús, el *Alá* de Mahoma...

El canónigo apartó de un manotazo su taza, que resbaló sobre el mármol gris. Le crispaba la cara un gesto de estupor. Cuando le fue posible contener su irritación, habló:

—Usted, ¿qué es? ¿Comunista? ¿O es que se ha vuelto loco? La Iglesia de Cristo subsiste únicamente en la Iglesia católica. De ahí que sólo ella ofrezca la vía de salvación única, completa y universal. De ahí que prevenga a sus hijos contra el clima que crean las concepciones relativistas, es decir, las que consideran como una especie de fundamentalismo el afirmar que existe una verdad ecuménica.

—Pero la coexistencia pacífica con otras formas de religión o de filosofía...

El canónigo me interrumpió:

—Dialogar no significa poner en el mismo plano la propia posición o la propia fe y las convicciones de los otros. Con la venida de Cristo a la Tierra, Dios quiso que la Iglesia por él fundada fuera el instrumento de salvación para toda la humanidad. Cristo no es un mediador más entre Dios y los hombres. Tiene un valor salvífico tal que sólo él, en su calidad de hijo de Dios hecho hombre y crucificado y resucitado, cumple el objetivo de otorgar la revelación tanto a la vida humana entera como a cada hombre en particular. No hay salvación fuera de él.

Me excitaba la intolerancia del canónigo.

—Sin embargo, la gracia salvadora puede descender a los no cristianos.

—Quizá. Yo soy muy tolerante. Pero no es posible considerar a la Iglesia como una vía de salvación más junto a las otras religiones. En tal caso, ellas serían equivalentes a la Iglesia. Y eso ya, no... Hay oraciones y ritos de ellas capaces de asumir un cierto papel de preparación evangélica. Pero no les corresponde el origen divino y la eficacia salvadora *ex opere*, que deviene sólo a través de los sacramentos cristianos. Estaríamos listos si así fuera...

Minaya se levantó. El sacerdote y yo lo imitamos. Deposité un billete sobre la mesa. Minaya habló con una gran lentitud:

—Dios es una vibración. Una titilación, como el amor. —Esta vez miraba directamente al canónigo—. La pregunta más antigua es sobre su existencia. O sea, sobre la existencia de otros seres vivos... —Alzó una mano errante— o sobre la infinita soledad. Dios posee de sí mismo pruebas muy sencillas, tan sencillas que no las percibimos. Sólo con la intuición.

—Yo no hablo ya de su existencia, hombre: eso se da por demostrado. Yo hablo de su autoridad.

No sé cuándo el canónigo se despidió de nosotros. Yo estaba casi mareado. Minaya me tomó del brazo. Nos tropezábamos con gente que regresaba a su casa con cierta prisa. Oí dentro de mí:

—De Dios sé, como tú, muy pocas cosas, y no pretendo saber más. De una estoy seguro: todo es eterno a sus ojos, como si él le transmitiese su eternidad. Su eternidad, que nada tiene que ver con el tiempo... Y sé otra cosa: se le puede amar desde cualquier instante fugaz nuestro. Nuestra precariedad tiene también su riqueza y sus dones: tanto, que la eternidad misma se siente fascinada por ella... Hay que confiar: sólo eso. El creador no está ni arriba ni abajo: está dentro de ti, más cerca de ti que tú mismo; es también tú. Por eso resulta tan difícil de ver... Para ver el mar, tendría el pez que salir de él, y moriría por tanto. Dios es como ese mar, y no nos es posible salirnos de él. Pero él sí puede caber dentro de nosotros. Adquiere la medida de cada uno, según su capacidad. Que nadie desespere, nadie... Aunque a veces parezca que se esconde. Porque no basta mirar hasta desojarse, hay que ver; no basta oír, hay que entender... Lo has dicho tú: primero es necesario decir yo; después, hay que olvidar el yo... Cuando ya se tiene, el yo sólo sirve para sumergirlo en el mar, pero hay que tenerlo antes... No culpemos al espejo de tener manchada nuestra cara.

De repente, estábamos ante la moto de Minaya. Montó en ella, me estrechó la mano, y arrancó.

5

—He traído esta cámara.

Era una suntuosa mañana de domingo. Minaya y yo habíamos ido, con los niños y el perro, aprovechando un excepcional compromiso de Elvira, a almorzar a una tasca de los Montes, no lejos de Cómpeta. ¿O quizá de Comares? Sí; de Comares. La empinada cuesta que desemboca en el cementerio estaba recién alquitranada. En ella, con tiza, los niños del pueblo habían trazado dibujos obscenos, de carácter poco dudoso, y, por si cabía duda, escrito debajo sus nombres más castizos. Regina y Edu se hacían los desentendidos ante esos perfiles prehistóricos. Desde la reja del camposanto miraba Minaya sonriendo los genitales masculinos y femeninos, y movía la cabeza con cierta satisfecha y aprobatoria incredulidad.

Bajó hacia mi cámara la vista:

—Salgo muy mal en las fotografías.

—No seas coqueto ahora. Haremos fotos con los niños y Cairel.

Ellos estaban más radiantes aún que la mañana. Se disputaban las manos de Minaya, correteaban, regresaban después de habernos adelantado, le hacían preguntas sobre todas las cosas... Cairel iba detrás de Minaya; se detenía al mismo tiempo y echaba a andar al mismo tiempo que él; si por azar, él se retrasaba, el perrillo giraba su grupa y ocupaba su puesto respetuoso y correcto. De vez en cuando, con las patas en alto, lo tocaba en las piernas como para cerciorarse de su privilegio.

—Todos salimos mal... Gente expresiva que se queda alelada, guapos que salen blandos y sin hueso... ¿Quién se parece a sí mismo en una foto? Ni siquiera los que mejoran, ni siquiera los fotogénicos. Estoy seguro de que tú lo eres... —Dudé un instante—. Me gustaría tener un testimonio de que esta mañana de oro estuvimos todos juntos: yo, con lo que más quiero.

Resignado, se encogió de hombros.

—La esencia del instante es inasible. Su esencia está en su fugacidad. Detenerlo...

Tenía razón, como siempre. Después lo he comprobado a costa mía.

Los niños, metidos entre los muslos de Minaya sentado, con Cairel en medio. Un grupo apretado y contento... Un primer plano de Minaya con el inusitado brillo de sus ojos... ¿Qué sabemos en qué ha de terminar lo que poseemos hoy, lo que un día imprimimos en una pequeña cartulina?

Mientras comíamos, Minaya les contó a los niños —y a mí, y al perro, creo— una historieta.

—Un hombre, que iba por medio de un campo, tropezó con un tigre. Huyó, pero el tigre lo perseguía. Acabó por dar con un precipicio: él era su única salida. Se agarró a la raíz de una vid silvestre, y se quedó colgado en el vacío. El tigre lo olisqueaba desde arriba, y él percibía su olor furioso. El hombre, aterrado, miró hacia abajo. Vio que, al pie del precipicio, otro tigre aguardaba sin prisa para devorarlo. Sólo la raíz de la vid lo sostenía... De pronto, las cosas empeoraron. Dos ratones de campo su pusieron a roer, con incesante tenacidad, la raíz. Desesperado, el hombre miró, como despidiéndose, en torno suyo. Muy cerca vio una fresa roja y bien cuajada. Aferrándose a la vid con la mano derecha, arrancó la fresa con la otra. Se la llevó a la boca. Tenía un sabor muy dulce.

—¿Y cómo terminó? ¿Qué pasó luego? —preguntó Edu impaciente.

—Que se comió la fresa, que estaba allí tan tranquila y que no tenía nada que ver con nada. ¿Te parece poco? —intervino Regina.

—Pero si se cayó después, mira ésta...

El presente, el presente feliz —me dije—. El último presente... Sentí una punzada en el pecho y alargué a Cairel un trocito de mi pescado.

6

Visitamos, a ruegos míos, a un compañero de trabajo. Fuimos a una tertulia, que él formaba con otros abogados, en el reservado de un bar muy conocido.

Sabía que Minaya hacía un esfuerzo por complacerme. Estuvo discreto y cordial. A nadie le sorprendía su silencio, porque no lo excluía de la conversación. Al salir, con todo, en la misma puerta, se lo reproché.

—¿Por qué el hombre iluminado —levantó las cejas—, sí, iluminado, no se pone de pie y se explica?

—No es preciso que el habla proceda de la lengua.

Anduvimos y, cuando ya no lo esperaba, añadió:

—Aquí yo soy tu hermano menor. Porque la edad no depende del tiempo. Ni la edad ni ninguna otra cosa que merezca la pena. Ni siquiera la pena depende del tiempo. No lo olvides... Uno nunca podrá comprender mientras escuche sólo con los oídos. Para comprender del todo se ha de ver el sonido. O sentirlo por dentro... El hombre iluminado... —lo repitió con un tono entre el desdén y la guasa—. Qué difícil es la iluminación. Si el iluminado, no yo, titubea un segundo, sería como alguien que observa, desde una ventanita, el paso de un jinete: en sólo un parpadeo deja de verlo.

Fue ese día —ya era de noche— cuando me dijo algo que se me grabó textualmente. Yo le había preguntado, deteniéndome, cuál es el camino. Así, en general, el camino: él iba a entenderme.

—La vida de cada día —me contestó.

—Pero ¿es posible estudiarla?

—Si la estudias, estarás lejos de ella.

—Y si no la estudio, ¿cómo sabré el camino? —Me miró sonriente. Sus ojos...

—El conocimiento es un engaño y el desconocimiento, otro. Aprender no es el camino. En un cielo sin nubes aparece el sol; en una tierra reseca cae la lluvia... Te hablo de todo corazón y con franqueza. Pero es inútil hablar a quien no entiende: no lo digo por ti. Los pájaros y los peces emplean su propio lenguaje... El verdadero camino está más allá de la duda. Si quieres alcanzarlo, sitúate en la misma libertad que el cielo. ¿Lo ves? —Me lo señalaba, oscuro y quieto, en lo alto—. No es ni bueno ni malo, sólo está por encima... El gran camino no tiene puertas. Millares de otros caminos desembocan en él. Cuando uno cruza su portal sin puertas, avanza con ligereza entre el cielo y la tierra.

7

No sé si me había adaptado o es que ni siquiera tuve que adaptarme; pero ya estaba hecho al lenguaje de Minaya, que unas veces se manifestaba de viva voz, y otras, no.

Era una forma de expresión que yo retenía con facilidad. Y en la cama, cerca de la respiración calmosa y sonora de Elvira, la rumiaba y la interpretaba como Dios me diera a entender. En ocasiones, al día siguiente, le planteaba a Minaya una duda y él se reía de mí.

—Lo que te dije no es ningún secreto. Cuando poseas tu yo verdadero, el secreto será tuyo.

—¿Cuál es mi yo verdadero?

—Yo no te lo puedo describir. Ni es representable. Y tú no puedes inventarlo ni verlo. Pero tampoco tiene dónde ocultarse... Te aseguro que el día, si llega, en que sea destruido este mundo, él no será destruido.

—Gracias a tus palabras, creo que voy acercándome a una fuente... Sin embargo, no estoy seguro ni de que me acerque ni de cuál sea la fuente.

Él se rió:

—El que bebe agua sabe, sin que se lo diga nadie, si está caliente o fría.

Después de una pausa, en voz muy baja, le pregunté:

—¿Puedo llamarte mi maestro?

—De ninguna manera.

A veces, en sueños, recibía la respuesta de algo que le había consultado sin que me contestara. Incluso recibía respuesta a lo que no le había preguntado aún. En ocasiones me daba por reír entre mí pensando que quizá me estaba volviendo loco; pero me satisfacía aquel tipo de locura.

Recuerdo que, durante una noche de principios de mayo, en un sueño me habló, sin que yo percibiera su presencia, de otro sueño. Procuraré ser claro. Quizá fue que primero soñé, y luego la voz de Minaya interpretó mi sueño.

Era un espacio lleno de luz. Yo flotaba en él igual que los cosmonautas no sujetos a la ley de la gravedad. Me rodeaban siluetas de otros seres, blancas como la mía, que me era dado ver. Los escuchaba expresarse en un idioma desconocido para mí. Me recibían con agrado, pero yo no los distinguía con absoluta limpidez. Y, no obstante, la protagonista era la luz...

Es como si ella dijera *Yo soy*. La pura existencia; el acto de existir en que todo se apoya; la fuente de la vida, más que el agua, que asume todo origen. Yo oí el *Fiat lux* que puso en marcha la creación entera. Y cualquier otra creación, también la reiterada y personal de cada hora. Nunca tuve tanta conciencia de la luz. Ni en el último mediodía de primavera junto al mar... Se trataba de un proceso de respiración, de una sístole y de una diástole que me penetrasen y al mismo tiempo mantuviesen el portento de este mundo. Y del otro también, porque, si el Paraíso no fuera de luz, ¿de qué sería? Supe que luz, la luz inteligente, es la unidad que no desaparece ni se diluye en ninguna relación: a todas las sostiene como una mano invisible. Y cuando, a una deficiente primera vista, desaparece, es sólo que se cubre con un paño de sombra para no deslumbrar y para que descanse, aquel que la percibe, durante una noche fingida...

¿Igual que hacía Minaya? Igual que el cielo, en el atardecer, usa las nubes fucsias, moradas, rosas, para que así resalte su verde, su amarillo, sus azules, hechos sólo de luz. De la luz que es la plenitud de un momento en sí mismo: el momento en que nos arrebata y se abole la conciencia del yo. El momento en que nada falta o sobra —blanco sobre lo blanco—, que quedará congelado para siempre. Porque la luz interior responde entonces a la exterior, la aprehende y la conjura... ¿Quién rehace ese instante si quien lo hace está en perpetuo movimiento? Yo dormía...

He aquí el continuo e incansable oficio de la luz. Próxima y lejana camina, sin contaminarse, sobre los vertederos de penumbra o tiniebla. En el fondo, ella es quien los produce para ser echada de menos. Porque no ilumina para sí, sino para nosotros: tal es la enigmática razón de su generosidad, de la que todos vivimos... A Minaya, a mi entender, le sucedía otro tanto.

«Quizá el don de vuestro arte sea concretar cualidades que habitan en todos los corazones, en el tuyo también, pero que sólo unos cuantos, jubilosos, nos muestran», escuché. Y escuché el omnipotente *Fiat lux*.

Fiat lux, murmuré con devoción antes de despertarme para entrar en el segundo sueño.

Después soñaba que dormía en mi cama de siempre. Y oía la interpretación. «Las palabras carecen de poder. No sirven ni para dar la bienvenida. No son capaces de abrir la mente ajena. Una vez que entreabren la boca, todos están ya equivocados. El que trata de explicarse con palabras no logrará la iluminación de este mundo. El abuso de ellas nos disminuye».

Veía una sonrisa por el aire, como la del gato de Cheshire, de *Alicia en el país de las maravillas*. Y escuchaba: «Hay cosas que no pueden expresarse con palabras y que no pueden expresarse sin palabras. Lo positivo y lo negativo se entrelazan en el mejor lugar».

Y yo preguntaba anhelante:

—Sin palabras y también con ellas, ¿me dirás siempre la verdad?

La voz no respondía. No respondía. Y por fin escuché: «Tu inteligencia no entiende lo que te digo; tu amor entiende lo que no te digo.»

—Háblame, háblame —suplicaba yo.

Y escuchaba: «Oír cien veces no supera a ver una sola; pero, después de haber visto, esa única mirada no supera lo oído en cien ocasiones... Todo es uno y lo mismo. Si se comparan todas las enseñanzas con esta luz, no son más que un cabello ante la inmensidad de los cielos. Por hondo que sea tu conocimiento del mundo, sólo será una gota en el océano».

—Me despeñaré —gritaba en el sueño—. Me despeñaré como el hombre que huía del tigre.

—No —la voz era exigente y constante—. Para pisar el filo de una espada, para correr por la deslizante superficie del hielo, no se necesita seguir huella ninguna. Hay que caminar junto a despeñaderos con las manos libres... Si encuentras a un soldado, dale tu arma; si encuentras a un poeta, dale tus oídos; pero no les des todo a todos, porque entonces ninguno te comprenderá.

Ni siquiera puedo asegurar que oyera todo esto —o que lo viviera— dormido, sino quizá antes, en ese momento quebradizo en que no se ha conciliado aún el sueño y ya ha cesado la vigilia. O después, cuando la vigilia se hace la distraída... El momento en que parece que el ser se revela y en que se ensueñan los ensueños que se cumplen.

8

Elvira —cosa rara— me telefoneó al bufete.

—No te retrases. Tengo una sorpresa para ti. Esta tarde no iré a la agencia.

—Pues sí que es una sorpresa: ¿qué ha sucedido?

—La sorpresa no es eso. —Imaginé su mirada pícara—. Ven pronto.

Cuando llegué a casa, creí que la sorpresa era Elvira misma. Estrenaba un traje rosa de chaqueta. «De Chanel», me dijo petulante y dándose una vuelta. Había estado en la peluquería y allí la maquillaron con habilidad. ¿Cuánto tiempo hacía que no se presentaba ante mí así? Me admiró cómo puede mejorar un rostro, un cuello, un escote, un cuerpo entero cuando se abandonan a unos poderes sabios. La besé en la mejilla.

—Estás espléndida.

Sin analizar por qué, se me ocurrió mandar fuera a los niños, a casa de algún compañero. Luego desistí: los compañeros también tenían colegio. Y al fin y al cabo, los niños forman parte de nosotros... Luego pensé: Al fin y al cabo, qué barbaridad...

Pero no entendía nada. ¿Con qué fin Elvira se había compuesto tanto? ¿Quizá por mí? ¿Sería cuestión de darnos una nueva oportunidad? Qué extraño. Aguardé. Sin duda ella había pensado igual que yo:

—A él le gustan los niños... Y viceversa, claro.

—¿A quién te refieres?

—A nuestro amigo Minaya. Va a almorzar con nosotros.

—Creí que no lo soportabas...

No me escuchó o, en cualquier caso, no se molestó en contradecirme.

—Me lo encontré en la calle anteayer. Nos dimos de manos a boca al salir de la agencia. Me pareció tan educado, o mejor, tan cortés... Me apeteció rectificar mi juicio. Al fin y al cabo, él y tú sois íntimos amigos...

Al fin y al cabo otra vez... Movía las manos, hecha la manicura y pintadas las uñas de un tono claro, de una forma un poco amanerada. Era evidente que ansiaba resultar encantadora, y que ensayaba conmigo.

—¿No harías un martini? Antes eras especialista. Seco y fuerte, ¿te acuerdas?

En una mesita se hallaba ya dispuesto todo lo necesario: la ginebra, el vermú extraseco, el batidor —nunca la coctelera—, la piel de limón para teñir con su sabor los bordes, las aceitunas, las copas cónicas... No pude evitar sonreír. Elvira para mí era tan calculable como una niña chica.

Mientras servía el cóctel, entraron corriendo los niños. Recién bañados y peinados, con los trajes que a ella le gustaban. Regina llevaba un lazo grande detrás de la cabeza casi rubia, se sentía notablemente incómoda y miraba de reojo, vengativa, a su madre: todo fuese por Minaya. A Edu le quedaban bastante largos —«crecederos», decía Elvira— los pantalones.

Brindamos. La familia perfecta posando para un retrato de pintor provinciano.

Sonó el timbre de la puerta. Vicente introdujo a Minaya: un pantalón ceñido oscuro, un jersey claro, unas cuantas rosas en la mano izquierda... Todo estaba en orden. Menos Elvira, que mariposeaba de un lado a otro con las flores en brazos aparentando no saber dónde ponerlas.

—Sólo he tomado un sorbo —dijo después, alargándole a Minaya su martini—. ¿Te importa? Así te enterarás de mis secretos... El más importante es que no tengo ninguno.

—Gracias. No bebo.

—Pero ¿tienes secretos? Es patente que sí.

Sonrieron los ojos de Minaya, rodeado por Cairel y los niños. Los niños ya habían olvidado sus trajes de excepción y sus pelos aplastados; el perro, su collar de rafia verde brillante que tanto aborrecía.

La comida fue excelente. Se había esmerado Nieves, la cocinera. Elvira desplegó todas sus artes marciales, las que la hicieron medrar en la agencia. Yo, desde fuera sin poderlo evitar, la contemplaba como desde la butaca de un teatro. ¿Era una buena actriz? Acaso no; era sólo una mujer decidida a gustar. Y yo, el último que podía reprochárselo.

—Vicente, don Minaya desea un poco más.

«Don Minaya»... Lo miré. Sonreí sin querer. Nunca se me había ocurrido usar con él el don.

—No; gracias... Está exquisito. Felicite a su mujer, Vicente. Pero no... Gracias.

Los niños se comportaban como siempre: maleducados con naturalidad. Elvira quiso mandar a Cairel, en un momento dado, a la cocina.

—Es un impertinente y un caprichoso. Por culpa de estos...

Minaya intercedió:

—O me voy yo con él. —Sonreía.

—Vámonos los tres —exclamó con entusiasmo Edu.

Elvira se vio obligada a transigir. Sonreía también ante su propia magnanimidad. Sonreíamos todos.

Minaya, como siempre también, se constituyó sin pretenderlo en el eje del almuerzo. No hablaba sobre nada en concreto; comía con una corrección no aparatosa; bebía mucha agua; pero había que estar pendiente de él para darse cuenta de que comía y de que bebía.

Elvira estuvo a punto de volcar una copa de vino, lo que al parecer la divirtió. Los niños se burlaron levemente. Quizá el martini la había predispuesto... Quizá otra causa.

A su hora, los niños se fueron a regañadientes, con los trajes de fiesta, a sus colegios.

—Tenemos que vernos con más frecuencia —le avisó, en un tono cómplice, a Minaya al despedirlo, ya más bien tarde.

Cuando cerró la puerta, apoyó la espalda contra ella con un suspiro de satisfacción. Recordaba a la protagonista de cualquier película americana: a Doris Day, sin ir más lejos. Se tocó el pelo con la mano. Se la llevó luego al pecho. Sonrió para dentro:

—Es, desde luego, completamente encantador.

9

El calor se había desplomado. Toda la ciudad miraba sudorosa al mar. Los veraneantes llenaban las calles de ropas livianas y de alegría un tanto obligatoria. De noche, las calles de reunión eran un tumulto bebedor e insoportable.

Habíamos cenado en un chiringuito de la playa. Algunas gaviotas aún gritaban. No estoy seguro de que me gusten las gaviotas. Yo logré quedarme a solas con Minaya, eludiendo a sus fans: Elvira, los niños y Cairel, a los que últimamente se habían agregado el mozo, la cocinera y algunos malagueños más que lo habían conocido.

Todo el mundo transpiraba. Menos Minaya. Le pasé un dedo por la frente: estaba seca y fresca.

—Eres un animal de sangre fría.

—Sí.

Al concluir la cena, me atreví:

—¿Por qué no vamos a tu casa? Me gustaría ver cómo vive un lagarto.

Se levantó.

—Vamos.

Insistí para que me llevase en su moto. Arrancó, como acostumbraba, sin ruido. Me quité veinte años de encima. Con las dos manos en su cintura, me sentía invencible. A pesar de que conducía deprisa y tomaba las curvas como en un rally.

Era un apartamento de estudiante en la falda del Monte de San Antón. Un par de sillones, una mesa, una estantería, unas fotos de un noche estrellada de la *National Geographic* —«Leo y el cinturón de Orión»—, un dormitorio mínimo y una pequeña terraza que, sobre algunos tejados, daba al gozoso mar de estío.

Yacía adormecido. De vez en cuando, un estremecimiento cabrilleaba, como una risa, bajo su piel sombría. La luna, arrastrando con su luz acuosa, se había puesto ya. Con las manos en la baranda, Minaya observaba casi sin respirar la amplia bahía. Las luces del puerto, las de la costa alineadas hacia Torremolinos...

Estábamos cercados de negrura y del primer soplo fresco del día. Puse una mano sobre la derecha de Minaya.

—Gracias —dije en voz baja.

Me miró un segundo. Negó suavemente con la cabeza. La levantó hacia el cielo y la mantuvo así. Adiviné su pensamiento. No solía sucederme.

—Si estamos nosotros solos —murmuré—, cuánto espacio desaprovechado.

—Cuánta belleza y cuánto orden... Pero no desaprovechados.

—El otro día he leído que, sólo en nuestra galaxia, hay cuatrocientos mil millones de estrellas.

Tardó en contestar.

—En números redondos.

Quizá se burlaba de mí.

—¿Sabes por qué te he dado las gracias? —Negó con la cabeza aún en alto. No lo creí, porque él sí me adivinaba—. Por ser mi amigo... ¿Tú tienes otros amigos aquí? —Señalé con un gesto ambiguo lo que estaba bajo nosotros—. Yo, no...

Me miró con intensidad a los ojos:

—Cuando te reencontré, estabas con dos de ellos.

—Compañeros de bufete, no amigos. Soy muy perezoso para hacerlos... —Después de una pausa, aclaré:— En una ciudad pequeña o no muy grande... Y todas lo son, porque todas se reducen a nuestro entorno, todas se amoldan a nuestro tipo de vida y a nuestra profesión y a nuestros vecinos... Cuando uno no tiene amigos, en realidad todos son enemigos.

—No lo creo —dijo, o interpreté yo que decía.

—Estoy muy solo.

Después de un rato, cuando pensé que había dado por concluido el tema, dijo con absoluta sinceridad:

—Yo, también.

Si lo hubiera creído... Pero no. Volví a hablar de mí.

—Antes de que tú llegaras, no sabía que estaba tan solo. Tú me has descubierto lo que es la compañía y lo que era la soledad... Y la amistad he aprendido que es como la protección que usan los trapecistas: una red que nos da inmunidad y nos sostiene... Mi amistad hacia ti ha ido confirmándose, ahora lo sé, en tu ausencia... —Me detuve porque tenía un nudo en la garganta—. Sin hacerse notar, como un silencio permanente en el que te das cuenta de que ya no podrías vivir sin respirar su aire, un aire apenas percibido... Como apenas percibida e igual de imprescindible es la respiración.

Comencé a sentirme molesto. ¿No estaría resultando algo cursi? Me excusé: no con Minaya.

—«Respirar, invisible poema», escribió Rilke.

La cita me animó.

—La amistad yo creo que brota del descubrimiento que hacemos a otro de nuestra intimidad... —Minaya dejó de mirar al frente y volvió la cara hacia mí. Algo turbado, agregué:— Aunque a veces no sea necesario descubrir nada.

—La amistad más profunda es la que nos ayuda a descubrirnos del todo a nuestros propios ojos.

Pasó un momento, y añadí:

—Yo aquí no tengo amigos.

—El que, antes o después, no los consigue —apenas movía los labios— es porque no tiene amistad que ofrecer, ni largueza de sí mismo... Está lleno de él y no le cabe nadie más.

—Los que puedo llamar amigos míos —noté que empleaba un tono de disculpa— son los amigos de Elvira... Me caían bien; era gente más flexible y más abierta que la mía... No es que a Elvira le cayera mal mi gente, sino que la suya le caía mejor, y ella decidió que a mí me sucediera igual... Así, mi sitio se acomodó al suyo. No sé si es que se me fue secando el corazón... Ahora siento nostalgia y no sé bien de qué. —Dejé pasar unos segundos. Bajé la voz—. Sí lo sé: de mi último año de estudiante, cuando tú apareciste... También tiene su luna de miel una amistad... Ahora no avanzo. Hasta que regresaste... Me he quedado quieto y solo y no sé dónde estoy. Quizá en ninguna parte.

—Estás aquí, al lado mío, frente al mar, bajo el cielo.

Lo dijo sin ternura. Como quien resuelve una ecuación en un encerado. Señaló, hacia arriba y hacia abajo, el encerado en sombras. Y cambió, sin piedad, de conversación.

10

Daban una cena, para despedir a alguien de fuera, los jefes que formaban con Elvira la dirección de su agencia. Eran tres o cuatro matrimonios y algún hombre suelto. Superamos la cifra de trece a la mesa, lo que jamás habría consentido Elvira, muy supersticiosa, o quizá sólo lo bastante.

Estaba convenientemente animada. Había bebido un par de martinis. Destacó en la cena —y después, ya de pie— como una mujer muy andaluza, llena de ocurrencias y de chispa, un tanto malhablada. Se colgaba a menudo del brazo de Minaya, que lucía la misma cara acogedora e imperturbable de siempre.

Tomábamos el café en una terraza que da a Gibralfaro, poblado de luces, cuya silueta se recortaba contra un cielo de matices más suaves y también cuajado de luces. Con dificultad se distinguía dónde acababa y empezaba uno u otro.

Se hicieron pequeños grupos. Alguien bailaba. Alguien bebía. Alguien conversaba.

—El amigo de Elvira y de Gaspar está como un pan —oí que decía una señora a otra.

—Pero es patrimonio de Elvira, ten cuidado.

Me encogí mentalmente de hombros. Hacía calor y nos habían permitido quitarnos la chaqueta. Al homenajeado, si es que lo era, se le resbaló la suya desde la barandilla de nuestra terraza a la del piso de abajo.

—Ahí no hay nadie. Están veraneando no sé dónde —aclaró la anfitriona—. Mañana me la dará el portero, y te la lleva Juanjo.

—Mañana salgo muy temprano. Demasiado temprano —se quejó el hombre que despedíamos.

Se hizo ese silencio que pone de manifiesto en qué necedad consiste cuanto hacemos.

—¿Sería impertinente que yo me descolgara? —preguntó Minaya a los dueños del piso.

—Impertinente, no; pero sí peligroso.

—Están las molduras de los vanos... Y no hay tanto de una a otra barandilla.

—No lo permitiré —dijo el de la chaqueta, que había bebido lo suyo y algo más.

Minaya no lo miró siquiera. Pasó las piernas con agilidad al otro lado de la barandilla. Luego, sosteniéndose con una mano, apoyó el pie sobre la moldura de una ventana lateral. Y se dejó caer, en medio de la expectación de todos y de un grito de Elvira —«Cuidado, Minaya, cuidado»—, hasta tocar con el pie derecho la barandilla del piso inferior. Después, con un movimiento de cintura se desplazó de nuevo a su derecha, se detuvo medio segundo sobre el pasamanos de la barandilla y cayó a la terraza... Yo recordé la red de los trapecistas con que había comparado la amistad... Recogió la chaqueta; la alargó a su propietario, que se agachó para recogerla desde la terraza de arriba, y trepó después con una facilidad pasmosa. Más que trepar, dio un brinco en el aire para asirse a la baranda superior y ascender de un impulso hacia ella. La sobrepasó. Lo recibimos con una ovación.

Elvira estaba un poco pálida —o eso interpreté— bajo el maquillaje.

—Se ha hecho muy tarde... Mañana yo madrugo. Todos madrugamos... Minaya, ¿me llevas a casa en tu moto?

—Te llevo yo, Elvira —me ofrecí casi ofendido.

—De verdad, Gaspar, prefiero la moto. Así me dará el aire.

Se despidieron los dos de los demás. Un cuarto de hora después hicimos todos lo mismo.

Cuando llegué a casa, Elvira estaba en camisón. Apagó enseguida la luz del dormitorio y dejó encendida la del vestidor. Era un viejo truco equivalente a un guiño cómplice. Quedó el cuarto en penumbra. Se acercó a mí. Apretó su cuerpo contra el mío.

—Se nos están olvidando muchas cosas... Cosas muy importantes —me susurró al oído.

Fue una manera caliente, arrebatada y nueva de hacer el amor. Con los ojos apretados, Elvira besaba, mordía, buscaba, acariciaba... Era distinta. Comprendí que aquel ardor y aquella desenfrenada entrega no los había provocado yo, ni a mí me estaban dedicados. Se debían a Minaya, a la moto de Minaya, a la agilidad felina de Minaya y a su estrecha cintura de banderillero. No en vano agarrada a ella había hecho Elvira su viaje de vuelta a casa.

11

A la semana siguiente Elvira decidió llevar al mar a los niños. Era sábado y ninguno de los dos trabajábamos. Me sorprendió mucho, porque mi mujer no es adicta al mar. Solía decir que la arena que se le pegaba una mañana en la playa le duraba en las orejas hasta el año siguiente por lo menos. Es, o era, una partidaria incondicional de las piscinas.

Fuimos a la playa semiprivada de un hotel de Marbella. Los niños jugaron con Minaya, nadaron con él, echaron carreras en el agua y en la tierra, y gozaron como pocas veces en su vida. Yo estaba contento, y Elvira sólo tuvo ojos para ellos. Para ellos tres. Yo callaba, cómodo en la tumbona, con los ojos cerrados.

—Los niños lo están pasando pipa... Yo, no; pero se lo debíamos: han sacado los pobrecillos todo el curso. Y eso, hoy...

Aprobé, condescendiente con lo que me decía y con otras cosas. No osaba seguir con exceso la trayectoria de los ojos de Elvira. Aunque no sólo de ella: Minaya superaba a los cuerpos masculinos que se movían ante nuestros ojos. E incluso a los que, retocados por lo común, se exhiben en las revistas.

Al final de la mañana, encomendándonos a los niños, Minaya nadó mar adentro. Lo perdimos de vista enseguida. Cerré los ojos. Unos minutos después, Elvira me advirtió:

—Oye, no veo a Minaya por ninguna parte. ¿Se habrá desorientado? —No respondí. Pasó un tiempo—. A Minaya le ha ocurrido algo, ¿eh? Te lo advierto... Estoy preocupada. —Transcurrió un cuarto de hora más. La noté inquietísima—. Gaspar, hijo, pareces tonto. ¿Tú eres su amigo o qué? ¿Y si se ha ahogado?

—Estaría de Dios —respondí sin abrir los ojos.

Recibí el golpe de una revista del corazón en la cara.

—Tan frío como siempre. Para todo es igual.

Minaya apareció por nuestra espalda. Se cimbreaba, flaco, musculado y mojado. Los niños lo vieron los primeros. Elvira lo devoró.

12

Fue la noche del 9 al 10 de agosto. Acabábamos de cenar, al aire libre, en un figón campesino entre Alhaurín el Grande y Coín.

Olía a damas de noche, a dondiegos, a hierbaluisa y a jazmín. Olía un poco a Minaya. No se movía ni una hoja. El cielo era una inmensa bóveda, constelada y rotunda. Se presentía su infinita profundidad. Como si palpitara, refulgía todo él. Una enigmática claridad, a pesar de la luna nueva, resaltaba las estrellas en lugar de velarlas. La noche estaba en vilo.

—La Vía Láctea parece una sopa de sémola —dije, y comprendí que mi frase estaba fuera de lugar.

Estuvimos sin hablar mucho tiempo. Minaya echó a andar luego, muy despacio, entre olivos y pinos. No se escuchaba el ruido de sus pasos al remover las piedras y la tierra. Se detuvo en un claro. Yo respiré hondo para aliviar cierta desconocida congoja que me oprimía el pecho...

Durante la cena, Minaya me pidió que le sirviera vino. Me eché a reír. Brindamos. Era la primera vez que lo veía beber.

El silencio era tan grande y tan presente como la noche. Nos sentamos los dos sobre una antigua linde. Vi la línea tensa del cuello de Minaya, que repetía su habitual gesto de mirar hacia arriba.

—Es la noche de San Lorenzo —dije—. La noche más calurosa del año.

—San Lorenzo derramará sus lágrimas: la lluvia de las Perseidas...

Como si hubiese aguardado su mención, cruzó el cielo, hacia el sur, una estrella fugaz.

—No me dio tiempo ni a pedir un deseo.

Minaya, abstraído, se sumergía en aquel alto fulgor oscuro, en la eterna y aparente quietud de las constelaciones, en la misteriosa inmensidad de los espacios interestelares que, cuando apartas un poco la mirada, se inundan de vivas luces más pequeñas...

—Tan sólo más lejanas —advirtió Minaya como si me hubiese escuchado, lo cual acentuó mi congoja. Volví a respirar hondo. «Me gustaría volar», pensé con la cabeza vuelta al cielo.

—Para volar se necesitan alas propias, no prestadas, ni postizas, ni impuestas...

La noche nos asumía, desaparecíamos en ella...

Minaya, de pronto, se puso en pie de un salto. Se alejó unos metros y orinó al pie de un olivo. «Ha bebido un poco y no tiene costumbre», pensé.

—Eso es —dijo él acercándose.

Dos estrellas fugaces, dos chispas, cruzaron, veloces y cautelosas, el anchísimo pecho de la noche, que se había profundizado y abierto como si respirase ella también.

—No podremos nunca entrar en contacto con ninguna estrella. Están demasiado lejos... —Lo dije con un tono pesaroso, pero la verdad es que nunca lo había reflexionado con seriedad. Sin embargo, lo sentí entonces de veras. La prueba es que completé:— Esperemos que, un día, alguna de ellas, los habitantes de alguna de ellas, entren en contacto con nosotros.

—Eso ya ha sucedido. —Minaya, que había dejado correr bastante tiempo, hablaba como a su pesar, deteniéndose a veces incluso en una palabra, lo mismo que quien habla un idioma extranjero al final del día, ya cansado—. Pero siempre queremos que lo maravilloso nos deslumbre; que se produzca de improviso, en un solo instante prodigioso... Cuando nos hacemos a él, el prodigio deja de serlo... «Un milagro», pedimos. Y el milagro no tiene día siguiente, no es algo que se quede sucediendo... —Yo giré la cara para atender mejor a aquel Minaya balbuceante—. Ha llegado la hora del gran desarrollo de la tecnología, ¿no es eso? Una hora decisiva en cualquier civilización.

«El vino», recuerdo que pensé. «La falta de costumbre.»

—¿Tú opinas que un día podremos...?

Minaya bajó la voz. Se le hizo más intensa:

—Ya pudimos... Desde hace doce mil años los hombres han construido sus templos a imagen de las constelaciones... En lugares previamente marcados por los que ellos llamaron sus dioses... Dragón, en Camboya; Orión, en Egipto; la Osa Mayor, en Kurdistán; Acuario, en Thihuanaco, en Bolivia; Virgo, en Francia... Con arriesgadas e increíbles arquitecturas y un llamativo acopio de piedras colosales... Y los grandes dibujos, los geoglifos —hablaba más despacio que nunca—, que sólo cabe ver desde el aire, en Perú, en Chile, en Méjico, en California... Los que se han descubierto y los que se descubrirán... Son símbolos sagrados de los elementos cósmicos que aluden a una verdad: a la verdad que Toth, o Hermes Trimegisto, o cualquiera de aquellos llamados dioses, depositaron en las manos de los hombres. Cuando se produzca la recuperación de esa verdad, volverá la Era de Oro desaparecida, regresarán los dioses a la Tierra... Y habitarán en ella.

El claxon de un coche, desde la próxima carretera, rasgó intempestivamente el silencio en que desembocara la narración de Minaya. Hubo otra pausa.

—Qué ruidoso es el hombre. —Alzó los ojos de nuevo. Tachó la interrupción—. Si apareciese alguien de otro planeta, armaría tal escándalo ese hombre que, durante mucho tiempo, sólo se oiría su escándalo... Y las medidas de seguridad: en caso de creérselo, lo cual es muy dudoso. Y las quejas de los sumos sacerdotes, mezcladas con las opiniones de Miss Universo y de los cantantes de moda... —Yo me eché a reír sin sonido—. Y con las locuras de las televisiones, que contemplarían una buena fuente de ingresos, y con los autores de canciones pop... Me estremece. Todo se transformaría en un circo despreciable y en una aciaga feria...

—Pero a alguien le iba a servir... Saber, o empezar a saber, quiénes somos, qué hacemos aquí, cuál es el sentido de la vida...

—¿Aunque ese alguien que tú dices lo tuviese que mantener en secreto?

—Sí.

Transcurrió otro espacio silencioso.

—Miles de años lleva el hombre planteándose tales cuestiones... ¿Será preciso que venga alguien de fuera para responderlas? ¿Y quién te confirma que no ha venido ya?

—Lo habríamos sabido...

—¿Seguro? ¿No tratarían de sofocarlo los líderes religiosos, los intereses financieros, los tontos y engreídos políticos, los científicos alicortos, los locos feroces, los ambiciosos organizados, los corroídos por la envidia, los filósofos apisonadores, los teólogos necios, los filántropos errados y ciegos, los desconfiados enanitos de siempre...? —Concluyó como si la enumeración lo hubiese agotado—. Demasiados obstáculos.

En el rostro de Minaya descubrí una desolación y una pesadumbre que jamás había visto. La tensión de sus párpados, un tenue temblor en los labios...

Estábamos solos, juntos y bajo aquel desmesurado palio de la noche. No sé de qué quise protegerlo... Me incliné hacia él. Le besé la mejilla. Me miró un instante que se me hizo larguísimo. Después, por fin, me dijo:

—Yo no soy de aquí.

Sentí un estremecimiento. Traté de borrar su frase.

—Ya sé que eres de Huelva.

Me arrepentí de haber dicho aquella simpleza. Brillaba la cara de Minaya.

—No soy de aquí, Gaspar.

Lo había entendido ya a pesar mío. Pero la segunda vez no tuve escape: no me dejaba otra alternativa que entender. Aquello, que aún no comprendía del todo, me iluminó por dentro. Y me quemó.

En el rostro de Minaya no vi ya su belleza, sino el terror que me producía. Entre él y yo vi el abismo que nos separaba y la mortal atracción de ese abismo. Y el vértigo. Sus pupilas estaban fijas en las mías. Irradiaban, más que nunca, una inquieta luz verde.

—¿Me crees?

No contesté. No me sentía capaz. La congoja creciente me lo impedía. Me llevé las dos manos al pecho. Me ahogaba... Esa fue toda mi respuesta.

Él tomó mi mano derecha, que debía estar helada, entre las dos suyas. No parpadeaba. Se introdujo en mí a través de mis ojos, que no podían rehuir los suyos. La temperatura de sus manos no era la misma: la superior me pareció más cálida que la izquierda, que sostenía la mía. Acechaba, muy de cerca, la expresión de mi cara...

—¿Me crees?

—Sí.

Sonrió la luz de sus ojos. Esta vez sonrieron también sus

labios... Su adorable sonrisa. (Aún me cuesta emplear esta expresión, pero no sé de otra)... Luego oprimió mi mano y la abandonó sobre mi rodilla. Hablé cuando me fue posible.

—¿A mí? ¿Por qué a mí?

—Fui Niño, ¿o no lo recuerdas? No debía haberme descubierto... Pero tú me enseñaste a mirar. Desde los seis años. Y era a eso a lo que había venido.

—Pero entre tú y yo... —Callé. No sé qué iba a decir.

—Entre tú y yo hay mucha distancia. Entre yo y tú, ninguna.

Su mirada ratificó lo que decía.

No sé cuánto tiempo se deslizó en torno nuestro. Hay sucesos para los que el tiempo no existe.

Amanecía. Se clareaba el cielo por levante, morado y rosa.

Escuché en mi interior, que se movía a tientas, lo que Minaya me estaba transmitiendo: «Esta historia contiene una honda enseñanza. Hay amores que poseen algo de prohibido, no porque contradigan moral alguna, sino porque son insólitos; porque conducen más allá de las convenciones y de los límites establecidos... Porque llevan sencillamente a la verdad... Basta desgarrar un velo muy sutil, tan sutil que casi no existía, para que reluzca la llama verdadera, la llama que el amante presintió...»

Comprendí que, en efecto, así era.

Mi congoja había desaparecido. Se esparció dentro de mí una descansada serenidad. A pesar de que me estaba ocurriendo algo imposible y contrario a toda lógica... O quizá a causa de ello.

—¿Qué es el amor?

No sé si pronuncié yo la pregunta, o venía de fuera, o la sentí dentro de mí, o era yo mismo... ¿Continué?

—¿Cómo explicárselo a quien no lo ha experimentado, o llama amor a lo que no lo es, o deja de llamar así al amor más alto?

No dejaba de observar a Minaya: estaba colgado de sus pestañas y de sus labios, ahora de otra manera. Supe que me aprobaba y me invitaba a seguir.

—Es como tratar de describirle los azules del mar a un ciego de nacimiento. ¿Cómo pintarle el amarillo o los matices de una flor? ¿Cómo explicarle, a quien carece de olfato, el olor del azahar? O el olor de aquella noche decisiva...

Yo no hablaba. Juro que no pronuncié aquellas palabras. Abrumado por la emoción, me dejé caer sobre la tierra. Cerré los ojos. La voz de Minaya, no sé si dentro de mí o fuera, continuaba o comenzaba: —Amar es ver lo bueno, lo verdadero y lo bello de cada ser. Y consiste en una minúscula semilla que se volverá árbol y fructificará... El amor es, entre vosotros, el don más grande. Pero para que nazca la semilla, hay que persistir y saber esperar. Quien coma de los frutos de ese árbol sabrá con certeza que allí caben todos los misterios y todas las soluciones... Y aun así, tampoco habrá aprendido a definir el amor. Porque a veces él mismo es el enigma; él, que lo explica todo, lo inexplicable... El velo del que hablamos se cierra y ciega a los amantes. Con esa especie de turbiedad que los años ponen dentro de los ojos. Hasta que se rasga de arriba abajo el velo, hasta que se extirpa la catarata. Y aparece el amado, el amado que el amante esperaba, en mitad de su gloria...

Con las manos bajo la nuca y los ojos cerrados, sin escuchar ya su voz, oía lo que Minaya, por algún medio, me comunicaba. O quizá lo soñé. Entonces me sobrevino un gran cansancio súbito. Y me sumí en una postración similar al sueño, o acaso en el sueño.

—Os envidio. Creáis y amáis... El hombre quiere ser más, aspira a más. Trata de redimirse de su pequeñez creando obras armoniosas, de majestad y de belleza. Su arte se sirve de la norma y del sistema de la geometría y de los más exactos equilibrios del ritmo. Y de repente, introduce en esa arquitectura el riesgo de la emoción y la palpitación. Y esa palpitación es la que, a tientas, acierta con el centro de todo, después de hacer vacilar la obra y amenazarla. Hasta que el hombre, de nuevo y para siempre, la arraiga y la asegura...

»Esto es lo que he aprendido y tú me has enseñado: en lo mejor del hombre coinciden el orden y el desorden, la sujeción y la libertad... Quizá el arte es lo que más tiene que ver con la realidad. Como la multiplicidad de las legumbres, de las verduras, de los granos, de los animales o de las estaciones: todo es poético en sus variedades y en sus ciclos...

»El orden y el desorden. Quizá es eso lo más natural que tenéis. Buena parte de la Naturaleza está invadida de un aparente enredo: sistemas dinámicos de tipo caótico, impredecible, indeterminable... Las turbulencias de un río, de una cascada rota, los vórtices del viento, las volutas del humo, los vaivenes del fuego, el zigzag de los rayos, las líneas de tensión geológica, las arborescencias de vuestro aparato vascular, la estructura de vuestros pulmones... Cuanto no puede ser sugerido por formulaciones matemáticas o por leyes estéticas... Y esa especie de caos, ¿no está presente hasta en lo que se considera ordenado y estable y controlable? Vuestro sistema solar, por ejemplo, en el que se descubren anomalías y desequilibrios que sólo la existencia de un desconcierto explica...

»Descubriréis mucho más: ninguna órbita planetaria puede ser considerada inmodificable ni sujeta a un orden estricto... Paralela al arte, nacerá la Física del Caos, especializada en los sistemas dinámicos de la Naturaleza, obedientes a ecuaciones de tipo no lineal. Una Física que estudiará, aparte de una función reglada de factores, otros, no previsibles, de desorden. Y el caos será descrito y formulado con ayuda de una nueva Geometría que llamaréis Fractal. Ella permite establecer orden hasta en el caos, hallar las causas de lo causal y determinar lo indeterminable. De ahí que contendrá las leyes y los principios de una nueva Estética Natural, que vosotros ya habíais, desde vuestro corazón y vuestro arte, comenzado a intuir y a practicar.

En medio del ensueño, balbuceé aún sin abrir los ojos:
—¿De dónde vienes tú?
—El nombre del astro del que procedo no te diría nada. Ni mi nombre, porque nada significa para ti... Y además apenas tengo un nombre propio: eso me individualizaría de un modo peligroso, que sólo a vosotros todavía os corresponde. —Luego, cuando recordé sus palabras, recordé aquí cierta melancolía—. Quizá a causa de eso sentís los amores imposibles y los realizáis; sentís la compasión, a pesar de vuestra crueldad; sentís la magia de crear, obteniendo de la nada formas nuevas, bellezas nuevas, nuevas armonías... Parece imposible que se trate del mismo ser que excava implacables simas, cortantes y excluyentes. (Esta acusación se la había oído antes.) Entre el bien y el mal, lo material y lo espiritual, la realidad y la imaginación, lo masculino y lo femenino... Yo ni siquiera estoy seguro de que sea tan insalvable la distancia entre lo terrestre y lo extraterrestre... —Retumbaba su voz dentro de mí—. Por lo menos, alimento mis esperanzas...

Separando las manos debajo de mi nunca, levanté despacio la cabeza.
¿Era ya la mañana? ¿De dónde procedía el resplandor que emanaban las facciones de Minaya? Ahora sí se movían sus labios:

—A veces es más fácil dar el amor que recibirlo. No obstante, es necesario ser amado... —Sonrió con dulzura—. Con frecuencia los regalos de arriba nos los entregan las manos de otros seres humanos... También por mí lo digo.

No puedo medir el tiempo que allí permanecimos. Cuando nos levantamos, como si nada hubiese ocurrido, se habían ausentado las estrellas.

Al colocar las manos sobre el volante de mi coche, descubrí que, en el anular izquierdo, llevaba un anillo de un metal oscuro grabado con profundas incisiones.

—Ahora puedes quitártelo si quieres —entendí que Minaya me decía—. Consérvalo hasta la próxima vez. No te lo doy para que me recuerdes cuando lo mires, sino para que lo mires cuando me recuerdes.

13

Desconfiaba de mí mismo. No conseguí concentrarme en mi trabajo —y no era escaso el que tenía— durante toda la jornada.

Dormí y había soñado... Yo propendía a imaginar en sueños. Pero ¿quién era capaz de inventar, ni aun en sueños, lo sucedido? ¿Podía ser tan real, tangible y alarmante algo sin un apoyo físico?

Sin embargo, ¿no era Minaya un ser humano, por perfecto que fuese, más cuanto más perfecto? ¿Qué sabía yo de extraterrestres? En alguna parte había leído que los observadores humanos, muy mediatizados, tropiezan con el tipo de criatura alienígena que temen encontrar, o que desean encontrar, supongo. Pero ¿qué temía o qué deseaba yo? Nada. No era mi caso...

Habían transcurrido largos años desde mi encuentro con el primer Minaya. ¿Qué me autorizaba a sospechar ni que yo hubiese provocado un hecho semejante, ni que él hubiera tratado de secuestrar mi vida real ni de influir en ella...? No obstante, ahora ya no tenía la certeza de cuál fuese *mi vida real*.

¿Estaría perdiendo la razón? No me atrevía a compartir con nadie, ni con Elvira —menos quizá con ella—, mi secreto. Cualquier confidente no habría dudado en tacharme de loco.

¿Se trataba de una compleja fantasía, edificada sobre algún acontecimiento o relato previo? Pero yo no guardaba memoria de nada parecido. ¿Y qué hacía la extraña sortija de incisiones verticales en un bolsillo de mi pantalón? La miré, la giré, la olí, traté de morderla... Imperturbable, se mostraba como un signo de amistad a la que no hubiese sido decente responder sino con mi amistad y devoción... ¿O tales sentimientos eran también producto de una ilusión fingida?

Me estallaba la cabeza. No sé si de tanto darle vueltas al tema, o de no haber dormido en toda la noche... Luego no había soñado. Sentía la necesidad de ver a Minaya, al Minaya de antes de la confidencia. Pero él no descolgaba su teléfono. Me hallaba a expensas suyas... Se me había formado un nudo en la garganta que no me dejaba respirar. Suspiraba a cada minuto. Y volvía a marcar su número...

¿Sería una quimera también el Minaya humano que tanto me enseñaba? No te engañes —me decía a mí mismo—: tú vaticinabas los rastros de algo extraño. Te movías entre suspicacias que despreciabas voluntariamente. La revelación, por mucho que ahora quieras ignorarlo, no te ha cogido del todo por sorpresa... Podría tratarse de eso o de otra cosa: tú a Minaya no lo has considerado, reconócelo, como un ser normal nunca... Pero entonces, ¿qué significado tiene este dolor, este dolor de ahora mismo? ¿También es quimérico? Este tajo que te separa de Minaya, que lo traslada a otro mundo, que lo aleja de ti hasta el infinito.... Si este dolor es falso, todo es falso.

Veía, sobre el armatoste del aire acondicionado, por la ventana, la mañana deslumbrante y azul, la casa de enfrente igual que cada día; debajo, la gente desidiosa caminando a sus quehaceres, los semidesnudos turistas de agosto... Si abriera los cristales, vería, asomándome, la imperturbable catedral dorada. Todo idéntico a ayer. Todo idéntico, menos yo: el experto en Derecho Marítimo en quien la clientela confía, en cuyas manos depositan sus negocios, sus proyectos, sus tramas, es decir, aquello que más preocupa a los seres humanos: su dinero.

Y yo, con mi seria personalidad, ¿albergo una actitud inteligente y comprensiva capaz de fabricar escenas y argumentos, reales a su modo, de los que sólo puedo conjeturar yo mismo alguno de sus fines? ¿Tanto me desconozco? ¿Tan compleja es la mente de los hombres?

Sin embargo, ¿no demuestra esta misma frialdad hábil para analizarme la imposibilidad de dejarme seducir?

Sí, sí, sí... Pero ¿por qué no telefonea Minaya? Con su voz de siempre, con su voz profunda y amistosa de siempre, con su personalidad de anteanoche, que a mí se me antojaba tan amable y sencilla.

Cerré los ojos. Recliné la cabeza en el respaldo, no demasiado cómodo, de mi sillón de trabajo. Lo hice moverse a un lado y a otro. Lo inmovilicé luego...

¿Pude ser yo el creador de todo, o al menos del contenido de la última noche? ¿Una parte mental mía que yo desconozco, o creo que desconozco, tendrá acceso a mi consciente y a mi inconsciente, incluso a mis posiciones y preocupaciones intelectuales y emocionales, pero también a informaciones de las que mi consciente no dispone, relacionadas con hechos fuera de mi alcance en el espacio y en el tiempo? ¿Qué sabía yo anteayer de Estéticas del Caos ni de Geometrías Fractales?

No entendía nada... La creación de personas, la creación de escenas, la creación de entidades imaginarias, sin duda es un proceso continuo, o tendría que serlo. Pero quizá algunas son creadas con fines específicos y en épocas específicas... ¿No será que yo he traído a Minaya, por segunda vez, ante la frialdad y el íntimo fracaso de mi vida? ¿Y entonces a quién odió y ama Elvira, a quién adoran los niños, a quién festeja el perro? No, no es así; no puede ser así. Minaya no es una fantasía.

Pero ¿y su confesión? ¿Es cierto que los acontecimientos irreales pueden sustituir a los reales, de los que los sentidos nos informan? ¿Que la sustitución tiene lugar entre los órganos sensoriales y el sector cerebral que se ocupa de las imágenes visuales? Qué dolor de cabeza...

Con ella entre las manos, y sobre la mesa luego, pensaba en que acaso no hay interrupción ni contraste entre la ficción y la realidad (algo así le había escuchado a Minaya); que los canales de la comunicación son los mismos en uno y otro caso... ¿De dónde me venían tales conocimientos? Yo nunca me había detenido tanto en considerar posibilidades de engaño surgidas de mí mismo... ¿Era Minaya quien me conducía desde lejos? ¿Y por qué entonces habría de sembrar en mí la duda de sus afirmaciones?

Sé que hay vehículos que proporcionan un equivalente a la más alta carga emotiva: las drogas, la embriaguez, los delirios, los éxtasis místicos... A todos los rechazaba. Sin embargo, la conmoción de la noche sí que era innegable. Ahora bien, un medio externo, un factor externo es capaz de provocar a la vez el impulso afectivo necesario y el estado oportuno para la recepción... ¿Era Minaya ese agente? ¿Y por qué iba a querer Minaya gastarme la broma de que era extraterrestre? ¿No era más verosímil opinar que yo mismo me la estaba gastando? ¿Que era mi personalidad subconsciente, y desvariante, quien influía sobre la consciente, suministrándole un halo de fantasía, una bocanada de aire limpio aunque fuese inventado, de aire con que sobrevivir, una compensación frente a la vulgaridad de mi vida, un premio fabuloso, en estricto sentido, con que alejarme de mi monotonía?

Pero si todo fue en beneficio mío, si todo fue creado por mí en mi ayuda, ¿qué explicación hay para este dolor, para esta desesperanza, para esta angustia de ahora mismo?

Sonó mi teléfono. Me pusieron con Minaya. El Minaya de siempre. Con su voz amparadora y cálida de siempre. Quedamos para última hora de la tarde.

Me sentí liberado. Solté una carcajada. Minaya no era otra cosa más que un amigo mío. Mi único amigo. El resto no importaba.

14

Nada más verlo, aun de lejos, tuve la terrible certeza. Cuanto sucedió la noche anterior era todo real. Ni siquiera me atreví a preguntarlo.

Sentía, más que ver, a Minaya más esbelto que nunca, más pálido y diferente, más majestuoso. Mis ojos no consentían separarse de él.

Cruzamos hacia la playa de El Palo. Se ponía desganado el sol, como si se resistiese a desaparecer. Nuestras sombras se alargaban sobre la arena. Una febril curiosidad me alteró los latidos del corazón. La descubrió Minaya.

—¿De qué serviría que te relatara mi historia, el porqué estoy aquí, el momento en que llegamos a la Tierra o las condiciones del astro del que procedo? Ni siquiera te sonaría su nombre... El mío es el que está grabado en el anillo.

Se habían fundido nuestras sombras, paralelas hasta entonces, con la arena húmeda. Comenzaban a aparecer, risueñas, las estrellas. Naufragó el sol. Me encontré perdido: acompañado y perdido. Solo. Una insalvable barrera me separaba de Minaya. Con acento monótono, continuó hablándome.

—Por fortuna, quizá pronto podamos salir, los que quedemos de los míos, de las catacumbas que habitamos, subterráneas, submarinas, siempre ocultas... No te engañé jamás; simplemente he callado... Todo lo que empieza y pueda alarmar o sorprender a los pusilánimes, o despertar la ira de los más osados e ignorantes, ha de mantenerse en secreto. Hasta que vaya formando parte, muy poco a poco, de la normalidad; formando parte del aire que se respira, de los conocimientos y de las tradiciones comunes y heredadas... Aún somos extranjeros entre vosotros...

Vi que sus labios se cerraban, pero lo continué oyendo, aunque no ya con los oídos sino dentro de mí.

«¿Crees que no se han producido contactos con políticos eminentes, como estabas a punto de decirme? Pero siempre, nosotros, o los de otros planetas con los que formamos una comunidad cósmica, fuimos tratados como enemigos... Los terrícolas no os dais cuenta de que, si quisiéramos destruiros, ya lo habríamos hecho, y por sorpresa, sin que lo barruntarais siquiera... Nos han propuesto citas cuya finalidad era derribar nuestras naves o capturarnos. Los años cincuenta, en plena Guerra Fría, fueron especialmente dolorosos...

»Hemos desistido de tal procedimiento. Nos desenvolvemos entre nombres inventados, avalados por documentos falsos. En la actualidad actuamos a través de algunos sistemas de reeducación, que tú has empezado a experimentar; a través de experimentos genéticos con niños, híbridos unos, otros penetrados por nuestras ideas de naturalidad y de paz... Tú y yo somos un buen ejemplo.»

Yo callaba. Bebía sus palabras y callaba. Estaba lleno de aflicción. Del poniente sólo quedaba un resto de luz dorada y alguna nube que comenzaba a ensuciarse. El levante se había puesto del color de la plata.

«El movimiento hippy fue un intento fracasado. Quizá las drogas, quizá la persecución y el odio que suscitó entre los bienpensantes... Recuerda nuestros días granadinos... Ahora parece abrirse más que nunca una nueva era entre los jóvenes, hartos de políticas menudas, de fronteras, ma-

189

terialismo y guerras. Una nueva era en que los avistamientos de ovnis resultan habituales y aumenta el número de creyentes... Nos relacionamos con científicos; les sugerimos adelantos médicos; procuramos, con meticuloso cuidado, el avance de vuestra tecnología...

»Puede que otra vez nos equivoquemos. En realidad, llevamos miles de años haciéndolo. La raza humana es dura de roer: ensimismada, siempre temerosa sólo porque es temible; siempre a la defensiva porque siempre está dispuesta a saltar sobre el enemigo, que es todo a su entender... Hay que crear unas costumbres nuevas, seres afables nuevos...

»Hasta los datos que hemos suministrado fueron usados con fines contrarios a los propuestos... Se han creado enfermedades de laboratorio, desmandadas e incontrolables ya. Se han empleado avances para pretender destruir razas enteras... El hombre no sabe allanar sus diferencias, acortar sus distancias, solidarizarse en búsquedas comunes más altas...

»Hay que emplear procedimientos de llegada como para seres inmaduros: con naves, luces, formas, cuerpos con que os entretengáis. Igual que se construye una piscina con las condiciones idóneas para albergar delfines, por ejemplo... Es todavía imprescindible, todavía, como hoy mismo te sugerí, que cada uno de vosotros vea en nosotros lo que desee: alguien semejante o una rana o un ser extraño, da igual. Siempre fue así: visteis lo que queríais ver. Lo que acostumbrabais a ver: vírgenes, santos, difuntos, fantasmas... De ahí que persigamos el mestizaje progresivo: yo mismo soy un producto de él... —Se detuvo un momento—. Ciudadanos cósmicos, abiertos, esencialmente buenos, más evolucionados, miembros de civilizaciones mucho más antiguas que han ido decayendo después de miles de años... Las guerras de las galaxias son vuestra obsesión... No somos dioses. No somos ángeles: no los hay. Somos más longevos que vosotros, pero tampoco inmortales. Y aspiramos a tenderos una mano, pero sin interrumpir vuestro propio camino... Nada más lejos de ninguno de nosotros, procedamos de donde procedamos, que quebraros o que colonizaros...

»Piénsalo. Piénsalo bien: si tú no me hubieras querido y respetado de antemano, ¿cómo habrías reaccionado anoche?»

¿Sentía yo curiosidad por lo que Minaya me manifestaba, o sentía sólo un pesar que me horadaba el pecho, la cabeza, el alma? ¿Tenía Minaya alma? ¿Era su apariencia la que yo veía, o esta sólo encubría otra, quizá aterradora o repugnante?

Sollocé. Ya me había respondido. Yo veía en él lo que necesitaba ver: un amigo, un igual admirable y exquisitamente modelado. No, no un igual: un superior a mí.

Me detuve. Él tomó dos sillones de plástico blanco de un bar en primera línea de playa. Me señaló uno. Yo no había pronunciado aún ni una sola palabra. Me dije que a lo mejor Minaya tampoco... Le trasladé una muda pregunta, y él, después de recibirla volvió la cara hacia mí.

«En vuestros libros sagrados hay testimonios abundantes de anteriores tentativas... María, la madre de Jesús, nació de un matrimonio anciano y no ya fértil, Ana y Joaquín. Del mismo modo que Isaac nació de una Sara desechada por la edad. Del mismo modo que Juan el Precursor nació de una Isabel y un Zacarías exhaustos. Fue la simiente nuestra la que actuó en todos estos casos.»

Recordé, como si lo leyera, el catecismo Ripalda. «Decid el Misterio de la Encarnación.» «Vino el Arcángel san Gabriel a anunciar a nuestra Señora la Virgen María que el Verbo Divino tomaría carne en sus entrañas sin detrimento de su virginal pureza.» «¿De qué manera fue eso?» «Saliendo del vientre de la Virgen como el rayo del sol por el cristal, sin romperlo ni mancharlo.»

Las púrpuras del sol habían acabado por sucumbir. Las sombras se enseñoreaban de la playa.

«Ese ser artificialmente producido, cuyo nacimiento cumple lo que después fue el dogma de la virginidad (antes del parto, durante el parto y después del parto), fue Jesús... Y ya por ese dogma se derramaron mares de sangre. Y por quien venía a salvar, nada más nacer, se degollaron a niños inocentes... En manos de los hombres todo es dañino, y todo tétrico... Jesús fue al desierto a ser probado y a recibir directrices de arriba; fue al Monte Tabor a ser glorificado y visitado por Elías y por Moisés, dos abducidos, en carros de fuego o no. Y fue al huerto de Getsemaní a ser fortalecido y consolado desde lo alto. Y, ante la imposibilidad de redimir y convencer, después de muerto aquí, fue también él abducido como asumida, al morir, fue su madre. Como el apóstol san Pablo fue arrebatado, escribe, hasta el séptimo cielo. O Mahoma, en su mula Al-Borak... Lo que se os propuso como formas de vida lo transformasteis siempre en religiones decapitadoras y feroces...

»De continuo hemos estado en contacto con las personas que mejor representaban vuestra raza, las bondades de vuestra raza: una raza única, por muy grandes que os parezcan vuestras diferencias, guiados en general por el odio al distinto, que no es sino vosotros mismos ante un espejo que interpretáis que os desfigura...

»Toda vuestra breve historia —breve, aunque os parezca tan inmensa— está puntuada por los que llamáis ángeles, que no son sino emisarios que os envía el cosmos: para prevenir catástrofes, para orientaros, para ayudaros, para confortaros... Toda vuestra historia está cuajada de visiones que no habéis entendido, de ofrecimientos que no habéis escuchado, de adelantos que rechazasteis o usasteis mal, de fenómenos que os sobrecogieron en lugar de aleccionaros... Y lo que es verdad para vosotros, los de aquí y ahora, los más próximos, también lo es para los aztecas y su Quetzalcóalt, para todas las mitologías, para todos los Génesis de la Tierra, para todos los Diluvios y todos los mares que se abrieron y os permitieron atravesarlos, para todos los Éxodos y las Arcas de la Alianza, que no son otra cosa que receptores de nuestros mensajes... Hasta en China recibieron de nosotros testimonios y sugerencias, y nuestras contribuciones para descubrir o inventar lo que, de ser útil, pasó casi siempre a ser nocivo en vuestras manos.»

Un joven camarero se aproximó para ver qué íbamos a tomar. Minaya puso un billete entre sus dedos y lo despidió con un gesto afectuoso.

«Decepcionados por tanto esfuerzo y tanto afán perdidos, o peor, vueltos en contra vuestra por vuestro afán suicida; desanimados ante vuestras cargas de zozobra, de ansiedad y de ensañamiento, que no cesan y que producen desajustes sociales de consecuencias impredecibles; escarmentados del peligro que entraña intervenir en vuestro proceso mental con fallidas esperanzas; conscientes del riesgo de que nuestra intervención, o la mera sospecha de ella, produzcan fatales derivaciones en vuestro lento proceso de evolución... —Hizo una pausa—: Ya en Granada te dije que yo venía a observar y no a participar... Así las cosas, los míos, es decir, la gente de mi planeta, hemos recibido la orden de replegarnos sin brusquedad pero con firmeza... No se sabe qué es mejor con vosotros, si vuestra atención o vuestra ignorancia. Hemos experimentado la aguda amenaza de las dos...»

Hablé por vez primera. Me temblaba la voz.

—¿Vas a desaparecer?

No contestó. Se abstrajo en el sombrío y reluciente mar, estremecido como las ancas de un potro negro, mezclado ya con el cielo. Las estrellas, más misteriosas que nunca, tachonaban la noche. Tuve un escalofrío.

15

Sufría un permanente escozor en la garganta. Me estaba viniendo abajo. No tenía más defensas que un niño. Mi intención era halagar y atender a Minaya, pero no sabía cómo. Cada vez que recapacitaba sobre su condición —sólo la palabra alienígena me aterraba—, una parte de mí se manifestaba rebelde e incrédula. Lo único que me habría aliviado era que, en un momento, soltase una carcajada y reconociese que todo había sido una intriga para estudiar mi reacción. Lo miraba en silencio la mayor parte del tiempo en que paseábamos o nos sentábamos. Y, sin saber por qué, contra lo que antes me ocurrió, prefería que estuviese con nosotros alguien, un niño, el perro, algún amigo, incluso Elvira... Testigos que le impidiesen hablar de lo que yo me negaba a oír.

Pedí un permiso al administrador de la Hacienda de la Concepción, una especie de jardín botánico tropical de Málaga, enriquecido con árboles maravillosos. Desde pequeño había representado para mí los campos del Edén.

Nos fuimos, con mis hijos, pasada la hora de calor y desplome de la siesta.

La Hacienda estaba muy desatendida. Su ruina era como la ruina de mi infancia. Pero bajo los altísimos ficus, mangos, laureles de Indias con su verde insolente, hacía una temperatura más amable. Paseábamos con lentitud... Minaya explicaba a los pequeños las peculiaridades de alguna especie extraña. Reconozco que yo no prestaba atención a sus aclaraciones. Me retrasé. Ellos se sentaron en el borde de un puentecillo rústico... Ahora Minaya hablaba con Regina, que le había echado los brazos al cuello y le musitaba frases al oído.

Me invadió de lleno un repentino abatimiento. Todo aquello iba a extinguirse. Desaparecería dejándome todavía más solo que antes, más infeliz que antes... Cerré los ojos. Me sacó de mi distracción la voz de Minaya que llamaba a Edu una y otra vez.

—Edu se ha extraviado. No creo que sea por juego.

—Es por celos, es por celos —canturreó Regina—. Edu es muy celoso, papá. Como Minaya me hacía más caso a mí...

Noté que Minaya se concentraba.

—Vamos andando hacia allá —indiqué—. Yo estaba aquí, y por aquí no ha pasado... Lo encontraremos. ¿Cuánto hace que se fue?

—Muy poquito, papá. Yo no me di cuenta. Minaya me estaba contando la historia de dos amigas...

«Minaya exagera», reflexioné. Pero de pronto supe, como si alguien me los enumerara, los peligros que se amontonan en un lugar así. Charcas imprevisibles, turbas de mosquitos, espesas y descuidadas masas de arbustos, puentes de maderas podridas, caminos que desaparecieron hace tiempo, sendas que se cortan de pronto, laderas resbaladizas, vegetaciones amontonadas que impiden el reconocimiento de la dirección seguida y la percepción de las llamadas... Y había un embalse en el extremo oeste de la Hacienda... Temblé, temblé. Y si un niño pretendía llamar la atención sobre él mismo perdiéndose...

Poseído por la alarma, miré a Minaya con una inquietud imaginable. Lo miré con la súplica del impotente ante el poderoso. Era como una prueba.

Minaya me impuso serenidad con los ojos. Gritó una vez más el nombre de Eduardo. Eligió un camino a su izquierda. Una vez emprendido, se volvió, y nos pidió a Regina y a mí que lo esperáramos. No era prudente que nos extraviásemos todos buscando por separado. Él se encargaría.

No tardamos en perderlo de vista. Lo dejamos de oír. Miré el reloj. Miré la luz gloriosa del sol, entre la fronda, envolviéndolo todo de un color rosa oscuro... Después de un tiempo incalculable caía el sol ya cuando volví a mirar la hora. La noche, con alas de paloma, anidaba en las ramas más bajas de los árboles. Sobre los senderos reinaba ya la sombra... Regina se había echado a llorar al principio. Yo traté de consolarla con palabras en las que apenas creía. Le acariciaba las mejillas y el pelo, pero no le transmitía la seguridad. Al fin, cesó su llanto por cansancio...

A veces parecían escucharse a lo lejos, cernidas por los ramajes, las voces de Minaya. Nadie las contestaba. Mi corazón iba tan alterado que podía ver cómo sus latidos movían mi camisa... Acariciaba el pelo de Regina semidormida, le secaba las lágrimas, la estrechaba contra mí, le susurraba palabras tranquilizadoras, las palabras que yo necesitaba...

Fue casi una hora lo que tardó en volver Minaya. Una de las más aceradas de mi vida... Traía en brazos al pequeño Eduardo. Me pareció que dormía sobre su hombro. La frente se la desfiguraba una inflamación y una mancha de sangre. La ropa aún chorreaba.

—Nada —dijo Minaya, y le espejeaba una luz en los ojos—. Mañana estará bien.

No quise saber más.

16

«Los seres humanos sois enfermos. Vuestras manifestaciones físicas y espirituales son tan anómalas como las elaboradas por una máquina que un percance volvió defectuosa... Es de temer que caminéis —ojalá haya una rectificación— hacia vuestro aniquilamiento y el de la Naturaleza, tan hermosa, que os rodea.

»Constantemente me pregunto cómo un ser capaz de inventar el amor, las artes más bellas, la poesía, la música, es también capaz de tantas infracciones contra el orden universal, capaz de tanta frustración y tanto odio...

»Procuro mitigar mi miedo atribuyéndolo a vuestro estadio casi infantil de evolución, a la escasa edad de la Tierra. Pero, cuando se me interroga, me siento impotente de sugerir remedio alguno. A punto de inventar cada día más útiles robots, el hombre mismo es un robot condicionado por las crudas presiones del exterior o de su interior, y susceptible sólo de reacciones reflejas. No es ni siquiera apto, aun en los pueblos más desarrollados y afortunados para ello, de alimentarse de un modo conveniente...

»Es irascible y fraticida. Usa hasta el nombre de Dios para enmascarar los más aleves crímenes contra los derechos más indiscutibles. Y convierte las religiones en rastreras fuentes de riqueza...

»Basar la felicidad en un modelo de economía y de consumo es hundir a todos los no privilegiados en la desesperación. Y así se ha situado el dinero por encima de todo. Por encima del propio cumplimiento si no es a su través; por encima de ideales y sentires, de la solidaridad, de la fraternidad, de los conceptos misericordiosos o compasivos, de las ideologías...»

Yo callaba. ¿Qué podía objetar?

«Cuánto me desahoga comunicarte mis temores, hacerte partícipe de ellos... Escúchame: la mía u otra civilización que os observe podrían suministraros antecedentes que mejoraran vuestro nivel de vida; pero serían utilizados en beneficio de unos cuantos, sin compartirlos con los otros. Podrían corregir la estimación de las variables económicas; pero ¿seríamos bien entendidos, o seguirían quemándose toneladas de café o de trigo, y vertiéndose ante el hambre ajena millones de litros de leche porque a un país o a un financiero les conviene? Podrían ofreceros la clave de la energía limpia; pero ¿no suscitaría eso conflagraciones con los poseedores de las otras fuentes de energía? Podrían ofreceros la síntesis, a costes reducidos, de proteínas y lípidos comestibles, contra la hambruna que siempre se avecina; pero ¿no suscitaría una reacción bélica en los países ricos, que viven de explotar a los otros? Mi civilización u otra cualquiera podrían acercaros la tecnología para erradicar la génesis de tejidos cancerosos; pero ¿quién asegura que no iba a dedicarse a desarrollar microorganismos patógenos autorresistentes, utilizables en nuevas y destructoras guerras, o para sintetizar nuevos seres semidescerebrados que os sirviesen de esclavos? Podrían ofreceros un equipo diseñado para curar cualquier cuadro leucémico; pero ¿cuánto tardaría en pasar a unas manos injustas y producir un impresionante y malvado volumen de información?»

«La humanidad entera está compuesta por unas clases dirigentes que manipulan el caudal de datos con que cuenta toda la especie, y por una masa de población incapaz de conocer esos datos, de comprenderlos, de reelaborarlos o de utilizarlos con inteligencia. Una masa intoxicada por supersticiones, ideas seudorreligiosas y mitos irracionales, desviaciones todas fomentadas desde los centros de poder... Se tendría que reconvertir esa humanidad entera antes de que nuestros adelantos fuesen bien empleados... Ay, cuánta responsabilidad y cuánta pena inspira el ser humano visto desde arriba, o visto a su nivel con ojos no corruptos. Por eso aquella noche te dije que me encontraba solo... Y hay que callar, para no hacer más daño, aunque se nos desgarre el espíritu. De ahí que tú me hayas compensado tanto; de ahí que agradezca tanto tu presencia y tu amor...»

Suspiró, y para mí la Tierra se detuvo un instante.

«Todo lo estropeáis. Todo lo corrompéis y lo inutilizáis: lo más benéfico igual que lo más peligroso; los avances médicos y felices más claros igual que la energía nuclear... Desde la enseñanzas de seres como Jesús, concretadas en desastrosas políticas, hasta los principios de Marx, concretados en gigantescas burocracias caedizas y en pretexto de millones de muertes. Desde los estados confinantes y próximos, como los de Israel y Palestina, hasta los más grandes que no toleran la independencia de los débiles...»

«Toda la Tierra es un amasijo de gobiernos, de idiomas, de ideales contrarios si es que existen, de colores diferentes y opuestos... Lo único que tenéis en común es el desprecio y la crueldad con que tratáis a vuestras mujeres, y la manera en que os dirigís, ciegos, cantando y danzando, como niños irresponsables, a vuestra propia destrucción.»

No me atrevía a levantar los ojos.

17

Las cosas y los días iban tomando un aspecto de despedida. Yo supe, como jamás antes, lo doloroso que era, más aún que la soledad, el presentimiento de la soledad y la gélida aproximación de la muerte.

Una tarde, quizá la más caliente del verano, Minaya me dio, en un papel doblado, el poema que transcribo. Es de un poeta alemán no demasiado famoso fuera de su patria, Fiedrichs Wilhelm Weber, y quizá no tenga un marcado valor literario. Desconozco, aunque la imagino, la intención de mi extraño amigo al dármelo.

—Para después.

El poema dice así:

> *Mucho pan crece en las noches heladas,*
> *porque bajo la nieve recién caída verdea la simiente;*
> *sólo cuando en la primavera ría el sol*
> *notarás la bondad que el invierno tramaba.*
>
> *Y, si el mundo te parece aburrido y vacío*
> *y los días te resultan duros y ásperos,*
> *manténte sereno y atiende a la mudanza:*
> *mucho pan crece en las noches heladas del invierno.*

La noche aquella, mientras escuchábamos a Mozart en su estudio, vi llorar a Minaya por única vez. Permaneció después mucho tiempo en silencio. Luego habló pausadamente sin mirarme.

—La más excelsa de vuestras artes es para mí la música. Si el ser humano no fuese capaz de percibirla ni de engrandecer su corazón con ella, sería irremediable y se hallaría incompleto. La vida humana habría sido un error profundo. Si un pueblo en la Tierra no hubiera encontrado su propia música, y no cantara y se regocijara a su través, estaríamos ante un pueblo sin alma...

»Sin embargo, razonar la música es para mí difícil, y razonar su sentido es imposible. Ella, como toda emoción estética, es inefable. Se la siente, no se la describe: es ella su propia descripción. Sus efectos varían según quien la atiende: lo he observado desde que llegué aquí. Como averigüé, a su través, que la realidad exterior no la persigue el arte, sino otra inducida, mediata y más sublime... De esa desoladora dificultad de inventarse una nueva realidad, de esa conciencia de riesgo y de limitación, de ese denuedo en perseguir lo bello es de donde surge cualquier creación humana, la música sobre todas... Surge cuanto yo admiro.

Se incorporó, fue hacia el balcón, le dio la espalda a la noche y, apoyado en la barandilla, prosiguió:

—Por tal razón te insinué un día que es tentador cambiar la eternidad por pasar la vida aquí y perderla. La eternidad siente un sobresalto, el atractivo de acabar, con tal de percibir la hermosura que puede crear el hombre. Siente la alucinación de la finitud y de un tiempo cuya precariedad transcurre y se mueve, oscila y se transforma igual que un arco iris de hermosura... La música tiene el poder de obligar a la muerte a retroceder y, con doradas frases, preguntarle dónde está su victoria... Como en las otras artes, pero más claro en la música, se significa y se representa vuestra dosis de inmortalidad. A ellas les es dado expresar lo que no cabe en el lenguaje humano, tan dividido y arduo...

«El hombre que no tiene música dentro es más dado a traiciones, saqueos y artimañas, y tiene un alma lúgubre como la noche: lo dijo vuestro Shakespeare, esa encumbrada cima...»

Se acercó para hacerme escuchar el disco de un barroco italiano. Con él entre los dedos, continuó:

—En esto está el resumen de la dignidad más subida del arte. Porque ¿qué materia hay en la música? Ella es a la vez sustancia y forma; ennoblece y eleva cuanto roza y cuanto manifiesta. Es el verdadero esperanto que no se logró nunca, el verdadero idioma universal. No en vano hablan vuestros poetas, mirando al pentagrama del cielo, de la música de las esferas... Un lenguaje que comienza donde no alcanzan los demás, tan parciales. Un lenguaje que abate la contradictoria Torre de Babel y nos revela la esencia íntima del cosmos, sin intermediario alguno, lo mismo que un aroma, hacia la secreta diana de cada corazón... Quizá las demás artes se dirigen sólo a la inteligencia, pero Orfeo amansa con su música la fiereza de los animales. Quien la escucha siente que su soledad se hace sonora y que se puebla de ternura... Y sobrecoge pensar que unas tripas de carnero bien rozadas hagan salir a los espíritus de su carnal envoltura... Es la música y la amistad quienes me han retenido aquí —volvió su hermoso rostro hacia la noche, se detuvo un instante— y aún me retienen.

Escuchamos a Vivaldi sin movernos. Luego Minaya reanudó su monólogo. O puede que yo escuchase lo que le sugería su fervor:

—La mayor riqueza de la música reside, más que en su realidad inconsútil, en la irrealidad que provoca, en la dádiva de ideales, de alegrías, de ilusiones que siembra en quienes la reciben.

Su mano derecha descansaba en mi hombro.

—El otro día tú te planteabas la cuestión de una realidad imaginaria. Ya deberías estar hecho a ella... La música... Escucharla no es un gesto pasivo, sino una entrega y una colaboración, un abandono participativo y total. Como la acequia pone el agua al servicio del riego y la cosecha...

Paseaba, con pasos desiguales, por la pequeña habitación:

—Vuestra historia, desde las cuevas donde se refugiaron vuestros antepasados, está enjoyada por la música. Ella sí que no es privilegio de una clase social ni monopolio de ningún poder. El mundo entero puede entrar en contacto a través de su comprensiva caricia... En medio de los aires y las épocas, como el tapiz volador de vuestros cuentos, enlaza geografías y siglos; es testigo de quien no vemos o de quien ya murió; familiariza, unas con otras, las almas más distintas; emociona a asesinos y a tiranos; produce efectos de enardecimiento y de sedación... De ahí la asombrosa universalidad de la música: la más directa, la más fiel, la más humana que conozco: por encima de ideas, de credos, de fes, de matices de piel, de hostilidades y de contradicciones...

«Óyela siempre. Óyela cuanto puedas. Porque su magia consiste en relacionar sin palabras los espíritus. En transmitir con facilidad la más honda verdad y la más honda esencia de la vida: su último sentido... Su sortilegio se funda en emplear, como la Naturaleza, sonidos comprensibles y bellos, en lugar de vocablos imprecisos. Aligera la poesía del lastre del ritmo y de la rima, para que vuele todavía más arriba. Va desde una nana hasta una marcha heroica; desde una balada a una danza guerrera; desde una pieza de baile a un himno devoto... Lo mismo que, en los caminos del amor, he observado que cuando las palabras no bastan, comienzan a actuar la caricia, las miradas, los besos, así sucede con la música... Su misterioso poderío surge de la auténtica raíz de la belleza. Y esa raíz no es otra que el anhelo que yace (lo creo, sí, estoy convencido) en lo recóndito del corazón de cada hombre y de cada mujer... Todo ser humano mira con nostalgia hacia arriba; aspira a colocar en la cima de lo eterno su efímera cuña de tosca madera; inventa mujeres que dan a luz dioses; se considera, envuelto en música, más ligero y glorioso, más redimido y más cumplido...»

Se había situado detrás de mí, en pie. Sentí sus dos manos sobre mis hombros y me pacificaron.

—Esta certidumbre de que la música está en vosotros y a la vez por encima de vosotros, debería obligaros a ejercitar la virtud de la docilidad ante la vida. De la vida sois utensilios y enseres: no es vuestra, sino vosotros de ella... Mantengo la esperanza, sí, lo repito, mantengo la esperanza de que, por el camino luminoso de la música y de las otras artes, un feliz día comprendáis los hombres que sois todos de verdad hermanos, que sois todos un eco de la inaudible voz del cosmos, un compás de la total melodía, un ritmo o una estrofa o quizá un silencio, porque sin silencio no existen los sonidos, de la armonía universal... Es esa fraternidad y esa generosidad y esa hermosura lo que, con todas mis fuerzas, deseo para vosotros.

Se inclinó sobre mí y me besó en los labios.

18

Cuánto desagrado me produjo la ocurrencia de Elvira de llevar a Minaya a la Feria de Málaga. Era imposible advertirle que ni yo ni él —sospecho— estábamos para ferias. Imposible e inútil. Ella se endosó un traje de flamenca con enormes mangas de farol. Era rosa chicle con lunares turquesa. Evidentemente no trataba de pasar inadvertida.

Recorrimos el centro tomando copas, sobre todo ella porque Minaya no bebía, y corriendo el riesgo de ser atropellados por caballos y coches. Luego montamos en un charrete que nos cedieron unos amigos, tirado por un tronco de dos tordos espléndidos. Es decir, vimos a mucha gente y nos vio todo el mundo.

Yo miraba de reojo a Minaya, cuya expresión no era de desagrado sino de un sorprendido interés. Eso calmaba algo mi ira contra mi mujer.

Cuando se hizo de noche, nos dirigimos en mi automóvil al ferial. Aún hoy no sé cómo Elvira tenía fuerzas bastantes, aunque edad sí, para soportar ese tole. De caseta en caseta, brindando con amigos, bailando sevillanas, aplaudiendo verdiales, resistiéndonos Minaya y yo, yo sobre todo, a sus propuestas de montarnos en los horrísonos carruseles de la Calle del Infierno... La mayor parte de aquellos aparatos trataban de reproducir una burda cosmonáutica y mostraban extraterrestres terroríficos que hacían sonreír a Minaya. A un Minaya abstemio pero no completamente fuera de lugar. Sobre él no era yo capaz de sacar conclusiones. Desconocía si aquel plan le gustaba, o estaba a punto de dar un estallido. Viéndolo bailar sevillanas con Elvira llegué al colmo de mi estupor. Y quizá Elvira al colmo de su alegría, sintiéndose envidiada.

Cuando, por fin, llenos de polvo hasta la campanilla, con los pies deshechos —hablo de mí— tuvimos la fortuna de que a Elvira se le rompiese el tacón de un zapato, mientras yo daba rendidas gracias al cielo, ella, con un ademán regio, se desprendió de ambos zapatos y los arrojó detrás de un seto.

El resto de la noche, que fue largo, anduvo descalza, lo que le dio motivos para apoyarse en Minaya cogida de su brazo.

—Ha sido una noche inolvidable —comentó Minaya cuando lo dejé junto a su moto.

No me atreví a indagar en qué sentido lo decía.

19

Los acontecimientos, lo mismo que las horas, se atropellaban y pasaban volando. Yo me aferré a ellos de una forma insensata. Y cuanta más morosidad les pedía, más deprisa volaban. Nunca he comprobado tan verazmente que el concepto del tiempo es personal, y el tiempo, la más elástica dimensión: se estira y se encoge como la distancia entre quien mira y el objeto mirado.

Mis silencios se multiplicaban y crecían, en cuanto no era preciso disimular, al lado de Minaya. Él, como un hermano mejor dotado que tiene una misión que cumplir lejos, depositaba con intención su mano sobre mi hombro o me golpeaba, para darme ánimos, la espalda.

Recuerdo muy poco de lo que sucedió ese mes de septiembre.

Pero hay una conversación que ni en mil años se me olvidaría. La sostuvimos en la playa de la Araña.

—Durante el tiempo en que estuve a tu lado siempre me volqué hacia un mañana semejante al hoy. Me ha mantenido la esperanza en un puro presente —le dije.

Minaya me miró sin un gesto. Yo hacía girar su anillo, que llevaba en el dedo meñique, el único que cabía dentro de él. Sus ojos centellearon como solía suceder en las ocasiones más trascendentales, o que a mí me lo parecían.

Sin transición, se apagaron sus ojos. Se levantó su pecho.

—Los míos van a venir a buscarme. Regreso al lugar del que vine.

Recuerdo que se notaba la llegada del otoño. Corría un airecillo fresco en la recogida playa donde estábamos. Nos alumbraba una luz soñolienta. Volvió a hablar Minaya:

—¿Quieres acompañarme?

—¿Adónde?

—Al lugar del que vine... En él podrás respirar como aquí, moverte como aquí, sentirte igual que aquí...

Dejé pasar un tiempo en el que intenté asimilar lo que, sin duda formalmente, me ofrecía. No habría vacilado en aceptar.

—Pero la vida no es sólo respirar o moverse —musité.

—Allí también existe la vida de que hablas... Hay esferas que tienen vuestra atmósfera. Y atmósferas que contienen vuestro mundo, aunque de otra manera: más fría que la vuestra, pero más ordenada... Una manera imposible de imaginar aquí.

Hice lo que no habría hecho nunca. Le di la espalda, me adelanté, miré la arena recién mojada, miré el mar, una roca que se alzaba en la costa un poco a la izquierda, una fea fábrica de cemento que levantaba más allá con orgullo sus chimeneas, los pelados y secos montes del interior, unos pocos residuos despreciables que había traído la marea... Se me llenaron de lágrimas los ojos sin poderlo evitar. Hice un enorme esfuerzo.

—No la eternidad, no, ni tu longevidad... El tiempo es mi patria, Minaya... No la asepsia ni la pureza, sino esta contaminación y esta sucia humildad. Y también mi mujer, que no sé si me quiere pero temo que no. Y mis hijos, en los que me prolongo. Y mi oficio de abogado menos brillante de lo que parece... Y esta ciudad gesticulante y vocinglera, donde se juntan el fasto y la cochambre, y donde he sido feliz los meses últimos... Y la muerte es mi patria también, por cortante y rápida que sea... —Me aproximé a él: casi se tocaban nuestras caras—. Tú me lo has enseñado. Somos insignificantes y diminutos; pero también somos preciosos e irrepetibles... —Me fallaba la voz—. No estamos solos ni podemos ser sustituidos. Nadie. Ninguno... Esa es quizá la verdad que buscamos, la única que nos hace libres... —Dejé pasar más de un minuto. Cuando pude, hablé con voz poco firme:— Tú, que eres el poderoso, ¿no podrías quedarte?

Sabía la respuesta. Noté que dos lágrimas resbalaban por mi cara. Una descendió por la nariz y se detuvo temblando al final de ella. Me la quité de un manotazo.

20

Se despedía Minaya. Hasta la luz del sol se volvió pensativa en el crepúsculo.

—No me pidas ya más. No tengo nada más que añadir... He dicho lo suficiente sobre este sol que se pone y sobre la luna que brota del agua. Escucha la voz de los pinos, Gaspar, cuando no corra ni el menor soplo de viento. Y escucha la música que escuchabas conmigo: oye su omnipresencia a tu alrededor...

»Cualquier parte de tu ser, de tu forma presente, considérala desmesuradamente espaciosa. Siente tu carne y tus huesos y tu sangre saturados de esencia cósmica. Y siente el cosmos como una presencia invisible y viva de continuo...

»Lo mismo que, a tu través, en tus lecturas, fluyen las letras para formar palabras, y las palabras, frases. Lo mismo que, fuera de ti, fluyen los círculos en mundos y los mundos en principios, descubre, ve descubriendo, que, al final, todo converge en tu ser, y tu ser se dispersa en todo. Así dejarás el apego a tu cuerpo y te dirás: «Estoy en todas partes». Porque quien está en todas partes siempre estará gozoso...

»No olvides que la libertad y la servidumbre son relativas: palabras sólo para usarlas aquellos a quienes les aterra el universo. Ese universo que no verás del todo nunca es un reflejo de tu mente: míralo bien. De la misma manera que puedes ver muchos soles en el mar a partir de un solo sol, ve también la libertad y la servidumbre. Así serás libre de veras...

»Porque si sólo crees que vienes y te vas, estás en un engaño. Has de encontrar el camino en el que no hay ni ida ni vuelta.

No sé por qué pregunté aquello en aquel preciso instante inolvidable:

—¿Existen un paraíso y un infierno?

Minaya me tocó la frente y luego el pecho.

—Aquí se abren las puertas del infierno... Aquí se abren las puertas del paraíso... —Dejó su dedo sobre mi pecho—. Aquí me quedaré. Consérvame con el amor de siempre. No te impacientes nunca.

Antes de irse aquella noche, Minaya me citó en la Plaza del Siglo, en pleno centro de la ciudad, a las seis de la tarde del día siguiente.

21

Acudí con el pequeño Edu. Juzgué que la presencia del niño me defendería de cualquier tentación.

No había pegado ojo en toda la noche.

En la esquina de la calle por cuyo otro extremo, al lado opuesto de la plaza, calculé que aparecería Minaya, lo esperamos.

Fue muy puntual. Agitando en el aire la mano, nos saludó desde su moto. Solía montar al niño en ella, cosa que lo enloquecía de gusto. Por eso lo aguardaba lleno de excitación.

Al verlo, se soltó de mi mano y corrió desalado, sin mirar otra cosa, hacia él.

Por la calle de la derecha, para atravesar la plaza, asomó de repente un camión.

Cerré los ojos para no ver cómo atropellaba a mi hijo. Oí un golpe brutal y luego un enorme silencio. Después, los gritos de la gente.

Abrí los ojos. Una mujer apretaba a Edu contra sus piernas. Él me miraba con ojos muy abiertos de terror y tendidos los brazos hacia mí.

Bajo las ruedas delanteras del camión, un montón de hierros manchados de sangre. Para salvar al niño, Minaya se había lanzado entre el camión y él.

Era el día 30 de septiembre de 1980 a las seis y dos minutos de la tarde.

Yo acababa de cumplir cuarenta y dos años.

De alguna forma inexplicable, en ese momento se detuvo mi vida.

PARTE TERCERA

—

Desde el 1 de octubre de 1980
al 5 de enero de 2000

1
—

—Minaya Guzmán —dije esforzándome en pronunciar muy claro.

—¿Y el nombre?

—Es Minaya.

—Pues vaya un nombrecito.

El empleado del Instituto Anatómico Forense revolvió entre sus fichas sin apresuramiento.

—Ingresó ayer a media tarde —informé, apoyándome sobre el mostrador.

El empleado, después de barajar sus papeles, con resultado nulo al parecer, se retiró por una puerta abierta a sus espaldas.

La tarde anterior, el médico forense, al que conocía de vista de algún acto oficial, sólo tuvo tiempo para echar una ojeada al cadáver. Se manifestaba una gran perplejidad en su cara, de facciones muy apiñadas en el centro y encuadradas por una gran frente arriba y una gran barbilla abajo.

—¿Es hijo suyo? —Negué con la cabeza—. Ya me parecía. —Tocó el pecho, moreno aún y musculado—. Da la impresión de que todavía late. —Oprimió con sus dedos la carne. Se hundía bajo la presión—. ¿Lo ha traído usted mismo?

—Vine con él en la ambulancia.

—¿Es familiar suyo?

—No... He sido testigo del atropello... O del choque, no sé.

El forense dudaba. Se mostraba en suspenso. Fijaba los ojos en la pared como buscando una explicación. Alargó la mano derecha. La pasó por los muslos, por las piernas... Flexionó con ellas las rodillas, los dedos de los pies. Hizo un gesto de profunda extrañeza, que procuró borrar en seguida de su rostro: no quería que un extraño, y abogado, lo notara.

—Lo dejaremos en el frío esta noche. La autopsia se la haré mañana. —Extendió los brazos en un gesto de abandono—. Mis auxiliares ya se han ido —añadió como excusa.

Yo observé la cabeza tronchada y abierta de Minaya. «Nada de llantos.» Respiré con dificultad. Salí detrás del forense.

Ahora, el empleado tardaba en volver. Cuando lo hizo, me preguntó desde la puerta:

—¿Está usted seguro de que no lo llevaron a otro lado? Al tanatorio, directamente, por ejemplo... O a que lo incinerasen.

—No, no. Lo trajeron aquí. Lo acompañaba yo... Se quedó aquí. Tuvo un accidente. Ayer.

—Yo ayer no estaba. Pero le juro que no hay nadie aquí con ese nombre. Ni con ese apellido. Y mis compañeros son gente muy minuciosa en su trabajo.

—¿Está tratando de decirme que no ingresó ayer aquí el cadáver de Minaya Guzmán? ¿O lo que quiere decirme es que ingresó pero que ha desaparecido?

—Lo que quiero decirle es lo que le estoy diciendo.

—En su voz vibraba ya cierta hartura—: Que, si ingresó, ha desaparecido llevándose su ficha.

—Soy Gaspar Barahona, un abogado muy conocido en Málaga. —Noté que mi tono se había endurecido.

—Encantado —dijo el funcionario o lo que fuese con cierta sorna, e inclinó la cabeza.

—Si me identifico es para que compruebe que soy persona seria.

—Hombre, venir aquí a gastar bromas sería pasarse mucho... Yo también soy una persona seria, y aquí no está ese señor difunto.

Di los buenos días por segunda vez. Pero antes de salir, me volví a medias:

—¿No habrá sacado alguien su cuerpo con alguna orden...?

—¿Era usted pariente suyo?

—No.

—¿Tenía familia?

—Supongo que no.

—Lo supone. Bueno, pues quizá sí tenía y un primo o un hermano lo ha sacado para incinerarlo o para llevárselo donde sea.

—¿Luego ha estado aquí?

—No consta, señor. —Levantaba ya la voz.

—Pero aquí se le había traído para hacerle la autopsia. ¿Se la han hecho?

—Tampoco consta, señor abogado... No tengo nada más que decirle... Hable usted con el jefe... Muy buenos días. —Lo recalcó en el límite de su paciencia.

Esta vez salí sin volverme. ¿Para qué? Minaya, después de muerto, seguía turbándome. «O quizá no después de muerto», musitó una voz dentro de mí.

2
—

Ha transcurrido el tiempo. Pero recuerdo, cada día que pasa más a menudo y con más insistencia, la invitación de Minaya a acompañarlo. Esa ofuscación envenena mi vida...

Soy como el que iba en busca de un tesoro, y conoce de pronto la existencia de un tesoro mayor. Pero se conforma con el primero que buscaba... Mis hijos, mi mujer, le dije para evadirme: mi profesión, mi vida... Hasta que llega un punto en que todo se le reduce a echar de menos, a echar de menos infinitamente, el segundo tesoro. Cuando ya tiene la evidencia de que es imposible de obtener... Y la boca le sabe a tierra desde el punto y hora en que aquel primer tesoro, el que por fin obtuvo, el más próximo, se le desmorona como tierra entre las manos.

—No lo olvides: nunca el verdadero amor, de cualquier clase que sea, va contra el cumplimiento de quien lo siente.

Me lo dijiste un día, Minaya. Me lo dijiste tú, que admirabas el amor de los seres humanos.

—El temor a sufrir es más dañino que el propio sufrimiento... El verdadero amor no cierra los ojos, nunca aconseja retroceder, no se conforma con el primer tesoro ni tiene bastante con una sola vida.

—No te entiendo —casi te grité—. No te estoy entendiendo.

—Quizá no sea aún la hora de entender, pero sí entiendes... Buscar es ya encontrar: es haber encontrado. Quien no busca, a sí mismo se pierde... He descubierto que los seres humanos no creen en los tesoros. Sólo creen cuando son niños, o cuando están débiles o muy enamorados. Si no, sólo cuando los consideran al alcance de su mano. Qué pena... Si ahora te hablase del segundo tesoro, no me harías caso y lo desdeñarías. En el momento en que te hable de él, lo dejarás pasar.

No te creí... ¿Y no fue así? Continuamente me repito que así fue.

El único sentido que tiene ya mi vida es aguardar la oportunidad —la segunda oportunidad— de alcanzar el segundo tesoro. Pero ya no espero que tú, Minaya, vuelvas a ofrecérmelo.

He soñado tantas veces que me convertía en el personaje con el que sueño que ya no me atrevo a dormir más, con tal de no despertarme y saber que sigo siendo el mismo... Gaspar Barahona, un pobre hombre... Yo rechacé la luz. Estoy, por tanto, del lado de la tiniebla. Vivo —y sé que vivo— en la noche cerrada de este mundo. Porque elegí seguir viviendo en ella. Ahí están mi desesperación y mi desesperanza.

Hace poco, en uno de los escasos ratos en los que me adormezco, o mejor, en un duermevela, me pareció que tenía dos espíritus: uno, enfermo y entristecido dentro de mi cuerpo; otro, en un lugar desconocido, lleno de sosiego y de luz. Y me preguntaba en el sueño, si es que estaba soñando, cuál era mi espíritu verdadero. Alguien impalpable, con paciencia, igual que se habla a un niño, me explicaba... «Cuando lo comprendas, sabrás que es posible salir de una envoltura y entrar en otra, como si se hubiese hecho una parada en un alojamiento transitorio... Si no lo comprendes, cuando llegue tu hora y tus elementos se separen, serás como un cangrejo sumergido en agua hirviendo, que agita sus numerosas patas porque está siendo cocido por la muerte. Entonces será tarde... Observa bien: la luna entre las nubes es la misma luna; la montaña y los ríos de abajo son, sin embargo, todos diferentes... Cada uno es feliz en su unidad o en su dualidad. Porque hay quien es uno, pero hay quien es dos.»

Me desperté con un gran malestar y una gran inquietud.

3

Ya lo he dicho, o acaso no: no estoy seguro. Lo volveré a decir... Sé que escribo estas páginas para que no se acabe mi aventura; pero también sé que mi aventura se ha acabado. En mis manos vacías no hay ahora ningún tesoro, ni siquiera el primero...

¿Quizá no entendí bien cuando él me ordenó que diera testimonio? ¿Me lo ordenó? ¿Habré inventado, por necesidad de no encontrarme definitivamente solo, que él me lo dijo? ¿No estoy desaforándolo todo, maquinando pretextos para sobrevivir?

A Jesús se le acercó una mañana un joven. Y le abordó: «Maestro bueno, ¿qué debo hacer para vivir según tus preceptos?» Era un joven muy rico. Jesús lo miró y lo amó. «Vende todo lo que tienes, repártelo entre los más pobres, y luego ven y sígueme.» Amplió así excepcionalmente el número de sus apóstoles, que estaba ya completo. Por amor... «Ven y sígueme»: a mí también me lo pidieron...

Pero quizá yo soy como el endemoniado de Gerasa. Tenía dentro tantos demonios que su nombre, el de todos ellos, era *Legión*. Jesús les mandó que salieran de aquel cuerpo. Y salieron. Y se posesionaron de una piara de cerdos que había cerca, al filo de un acantilado. Y los cerdos se precipitaron en él... El endemoniado, ya libre, se volvió a Jesús: «Déjame seguirte como el último de tus discípulos». Pero, en contra de lo sucedido con el joven rico, que ni vendió sus tierras ni les dio el dinero a los pobres ni volvió, el desendemoniado, tan resuelto con firmeza a seguirle, recibió una negativa. «No, tú quédate. Y cuéntale a los hombres lo que quien me envió hizo por ti».

Ese es, por tanto, el testimonio que yo tengo que dar. Desde aquí, desde el borde del acantilado en el que perecieron mis demonios y mi piara de cerdos...

4

Estoy hastiado de escribir estas páginas. No sirven para nada: sólo para recrear mi fracaso.

¿Quién me da esta certeza? Debo escribir dirigiéndome a mis semejantes, porque tengo algo que aportar a nuestra lucha común: una experiencia que puede transformarse en esperanza... Pero ¿creyeron los demás al desendemoniado de Gerasa? ¿Quién me creerá a mí?

¿Y no dije una vez —o al menos a mí sí me lo dije— que escribía sólo para mis hijos? ¿Dónde han ido a parar mis hijos? ¿Es que trato de engañarme a mí mismo? ¿Es que alguien va a aceptar como verdad lo inverosímil? ¿Qué complicidad, qué credibilidad me ata con esos otros? Lo que aquí cuento sólo le sería útil a un convencido, a uno que hubiese recibido la misma visita que yo y las mismas pruebas... ¿Útil? No; él ya se hallaría en posesión de su secreto; se hallaría en posesión del segundo tesoro, que yo he perdido para siempre...

Cuánto desorden hay en estos papeles. No sé qué iba contando...

Fuese lo que fuese, yo ya estoy del lado de la negación y del rechazo. Los asumí cuando me dispuse, hace años, a escribir esta historia, si es que esto es algo que merezca ser llamado así... Y quizá no lo hago para nadie, sólo para no olvidar cuanto he vivido. Como si eso pudiese ser jamás olvidado.

No pretendo que lo que escribo tenga belleza: eso lo dejo para los literatos. No pretendo que suscite curiosidad o que siembre inquietud, ni que ilumine. Sólo deseo que se apoye en la integridad y en el temblor. Que sea como la llama de una vela, que alumbra y titila a la vez, que permite ver un poquito más claro pero que se estremece... No como una estrella, tan movediza y sin embargo tan estática... Yo no busco otra cosa que decir llanamente lo que sé, lo que aprendí; lo que me costó llegar a saber. Y lo que no conseguí penetrar y lo que tampoco acepté recibir.

Mi nombre es lo que menos importa. Si algún día estas páginas se dieran a conocer, mejor sería sin mi nombre. Nunca soñé con ser escritor. Tampoco ahora. Ahora menos que nunca, porque lo único que quiero —insisto, insisto—, lo único que tengo que escribir es la verdad. Fingir otra distinta sería demasiado sencillo.

No debería continuar.

Hay semanas enteras, meses enteros en que no me enfrento a estas hojas. No obstante, luego sobrevienen momentos en que siento la apasionada necesidad de contar. Alguien me conmina a hacerlo.

No quería decir esto que he dicho. La gente, o quien leyera esto, podría entender que soy un urdidor de engaños o un elaborador de ausencias. Precisamente cuando toda mi vida está hecha de ausencias... Podría opinar que soy un atormentador de sí mismo, como aquel personaje de Terencio que se mencionaba en un texto de literatura en el bachillerato...

5

Vivo solo en una casa, bueno, en un pequeño estudio, en el que nadie, ni yo, se toma el trabajo de dar las luces. Cuando se va la del día, me quedo quieto para no tropezar con los muebles. Y, cuando me traspongo, manoteo en mi insomnio, para no darme cuenta de que no duermo, sin ganas de ver los mismos objetos de siempre con algo más de polvo día a día. La mujer del portero o su hija vienen un par de veces por semana, y siempre en mi presencia, a hacer lo que pueden o algo menos. En cuanto a la limpieza, me he ido volviendo muy poco exigente.

Prefiero cerrar los ojos y suponer que alguien, no sé quién, sí lo sé, me ilumina por dentro, o que una luz aparecerá refulgiendo en la ventana... O sencillamente que no es precisa luz ninguna para adivinar a quien tenía la luz dentro de sí.

No siempre estuve solo.

Cuánta desolación. Porque además ahora sé, cada minuto con más fuerza, que el inabarcable conjunto del cosmos, del que somos una infinitamente pequeña parte, es indescriptible con palabras: ni puede ser comprendido a través de ellas, ni tiene nada que ver con ellas y con sus inventarios... Ahora sé que no hay nada trascendente que se pueda expresar con las palabras, ni orales ni escritas. Sé muy bien a lo que me refiero... Ni una mirada, ni una caricia, ni un atardecer irrepetible, ni el canto de una chicharra, ni la insufrible tragedia de la muerte de un hijo... Nada de lo trascendental, ni siquiera de lo cotidiano, puede expresarse, nada, nada... El rotulador negro con el que escribo, la sombra que proyecta mi mano en el papel, el rumor que sube desde la calle, mi respiración que se agita tanto a veces, todo es indecible. Cuanto más lo que yo tendría que contar...

Al menos yo, que no soy un profesional de la escritura, no puedo describirlo.

Al que ha visto la luz le es imposible vivir entre las sombras.

Mi vida un día fue una habitación amplia, donde entraban los rayos del sol y se escuchaban ajenas voces de alegría. Ahora se ha reducido a un mínimo y oscuro cuartito, en el que apenas puedo extender los brazos sin rozar las paredes...

Y así y todo, tengo la certidumbre de que es necesario arder, arder entero antes de sucumbir. Justamente ahora, cuando todo lo que había dentro de mí se ha consumido sin saber cómo, sin saber cuándo —o sí—, y sigo en apariencia vivo pero vacío y sin sustancia.

Yo tuve mi ocasión. Podría recrearme pensando en ella mientras llega la muerte. Si es que la muerte llega, porque ya desconfío... Podría seguir yendo cada tarde al lugar en que la dicha se despidió de mí. Podría anegarme y ahogarme en la tristeza... O también podría dudar de que todo aquello haya existido, lo mismo que cualquiera dudaría. O reprocharme y castigarme por no haber alargado la mano hasta achicharrarme...

Estas últimas cuartillas las he puesto hoy delante de las otras, no sé por qué causa. Hay que seguir el relato de otra forma.

6

A los 112 años murió Tobit, el padre de Tobías, al que su hijo y el ángel Rafael disfrazado de Azarías, con la asadura del pez que habían pescado, le sanaron la ceguera y le devolvieron la vista. A los 127 años, una edad excesiva, murió Tobías. Nunca osó narrarle a nadie, ni a su mujer siquiera, la mujer conseguida por mediación del ángel, su increíble aventura. Era un asunto de hombres, o de hombres y algo más... Muchas tardes, al ponerse el sol, en Nínive y en Ecbátana, aguardó casi temblando de certeza el descenso del ángel. Lo confundía a veces con una palpitación del aire en el verano, y la ternura y la esperanza se le ponían en pie. Pero el ángel no volvió nunca más. Tobías llegó a pensar que todo había sido un sueño de su adolescencia: el sueño más emocionante de su vida y la realidad más real de ella... En sus últimos años deseaba morir para comprobar que el ángel existía.

Tarde tras tarde, al salir del bufete, como Tobías, he vuelto al lugar en el que desapareció Minaya. Nada allí, nadie allí lo recuerda... Van las gruesas mujeres a concluir las compras del día; van las delgadas con indebida rapidez; regresan los colegiales más retrasados en grupos alborotadores; cruzan parejas de novios que se niegan a reconocer que su amor, lo que creen su amor, durará menos que un quejido; jóvenes madres conducen en vacilantes cochecitos a sus caducas esperanzas; viejos cansados tratan de olvidar que, detrás de la primera o la segunda puerta que abran, los acecha la muerte; hombres y mujeres maduros intentan ponerse máscaras de serenidad mientras por debajo de ellas se adivina el descalabro... Es decir, todo sigue como antes, como entonces, igual que siempre.

Cada noche me propongo no volver más. Reconocer que mi turno ha pasado de una vez por todas... No escuchar más entre mis sienes el tumulto de cristales rotos, de hierros que colisionan, de los alaridos de la gente que vio abrirse en dos aquella tarde. No volver a ver más el rostro horrorizado de mi hijo que me tendía los brazos a través de la calle. Olvidar la cabeza quebrada de Minaya entre mis manos, su cuerpo dislocado, las piernas quebrantadas debajo de la moto deshecha. No mirar más el cielo, no mirarlo más, ni ver a las gentes asomadas a los balcones gesticulando sin sentido. No sentir más cómo el corazón se me iba igual que por un sumidero, y me quedaba boqueando, encanado como un niño que llora demasiado fuerte durante demasiado tiempo, o que quiere llorar más fuerte aún y no puede y pierde el resuello y permanece rígido, extraviados los ojos, a punto de morir y sin morirse...

Cada día me lo propongo, y vuelvo cada día. Las horas que paso en el bufete son sólo un trámite que he de cumplir antes de acudir a la Plaza del Siglo. Antes de procurar que nadie sepa a qué voy. Antes de ponerme las manos en la boca para no gritarle a quien sea que pasa, a la vida que pasa, adónde va, qué busca, a qué se dedica y para qué...

Mis hijos, desde aquel 30 de septiembre, no volvieron a nombrar a Minaya. Yo envidiaba su facultad de olvido.

Comprendo que el olvido y la esperanza son las dos únicas muletas, apoyado en las cuales puede avanzar el hombre. Pero yo no me siento ya apto para ninguna de las dos... Por cerciorarme de que los niños no simulaban, alguna vez dije en alto, casi sin motivo, el nombre de Minaya. Acechaba en sus ojos una reacción cualquiera. No la vi. No la había... Qué facilidad de recuperación, o ni siquiera acaso de recuperación: acaso la cura se había producido antes de que se consumase la herida. El corazón del niño debe de estar acorazado, como un crustáceo, frente a todo lo que pueda golpearlo.

Elvira, mi mujer, de cuando en cuando sí lo recordaba. Un día, sin venir a qué, comentó:

—Estaba predestinado a morir pronto. Eso se nota... —Y concluyó con un tono de marisabidilla—: Los amados de los dioses mueren jóvenes.

—Los amados de los dioses no es que mueran jóvenes, es que no mueren. O, al menos, no envejecen: si se calcula bien, Minaya tenía más o menos mi edad.

Ella dejó pasar mi rectificación sin insistir.

Con más frecuencia a medida que pasaba el tiempo, Elvira se mostraba ensimismada. Al principio se abandonó, descuidó su aspecto quiero decir. Lo noté hasta yo, que había dejado de observarla con detenimiento. Pasado un año, fui dándome cuenta, a pesar de mi desatención, de que había vuelto a ocuparse de ella misma: de su piel, de su peso, de su pelo, de su porte, de su atuendo... Se operó del cuello para quitarse los perigallos; se estiró las arrugas de la cara; se quitó las ojeras; se aclaró con mechas el pelo. Fue al masajista que le recomendó una amiga. Al acostarse, comenzó a ponerse cremas y pasaba más tiempo que antes en el cuarto de baño... Yo imaginé que se proponía reconquistarme. Ya sé que nunca he conocido lo suficiente a las mujeres.

A los dos años, me parece que no llegaban a tres, sin poner el menor énfasis, con el tono con el que me habría dicho que al día siguiente era viernes, me comunicó que quería separarse de mí.

Lo había tramado todo a la perfección. Yo tendría que buscarme otro sitio donde vivir. Los niños permanecerían, por descontado, con ella. Les pasaría una pensión de acuerdo con mis ganancias: el monto lo decidiría el juez si era mi voluntad recurrir a él. No exigió una gran cantidad, es cierto: por entonces ella ganaba, por lo menos, tanto como yo... Ahora, bastante más.

Recuerdo perfectamente que lo único que se me ocurrió entonces es que el corazón de las mujeres, como el de los niños, está asimismo muy bien acorazado.

Para entonces yo era, ahora lo veo más claro aunque lo sigo siendo, una criatura inerte. Incapaz de tomar una decisión, e incapaz de resistirme a una decisión que respecto a mí otro tomase. Me cuestioné, con relativa expectación, por qué querría separarse Elvira. Para mí, y creí que para ella, ya estaba la vida vivida y la canción cantada. Por lo visto no era así: me equivoqué otra vez en lo que se refería a ella.

Yo daba por supuesto que todo el mundo tenía que estarme agradecido —cuando digo todo el mundo me refiero a mi familia— por no haberme ido con Minaya cuando me lo ofreció. Porque, si me negué, fue por ellos: en esto, no creo que me engañe. Y me asaltaba un íntimo resquemor, como si tuviese derecho a echárselo en cara. Sin embargo, ellos no sabían, no habían sabido nunca, y nunca, durante mi vida, tenían que saber.

Me mudé al estudio que tuvo alquilado Minaya, y que ocupé desde el día siguiente al que lo abandonó. Juzgué que aquí estaría más cerca de su memoria, de su presencia desvanecida y, sobre todo, de su fuerza... Por desgracia, no fue del todo así. Entre aquellas paredes, entre estas paredes, sentí más vigorosa mi soledad y el abandono en que me había quedado.

Uso su tocadiscos; escucho su música y evoco lo que de ella me dijo; contemplo los pósteres de *National Geographic* en los muros; me siento en su sillón y recuesto mi cabeza en su respaldo; trato de dormir en su cama, apoyada la cabeza en la recosida almohada que él utilizó; leo los papeles y las publicaciones que aún se apilan sobre la sencilla estantería... Y, a pesar de eso, o quizá a causa de eso, percibo sin paliativos, y me duele hasta la médula, el desollamiento de mi alma.

Una y otra vez paso los ojos por los renglones que él leyó. Una y otra vez me empeño en significados que acaso no han tenido.

Entre estas lecturas deslavazadas hay, por ejemplo, un texto de Burnet, de 1692, que precede, en latín, los versos del *Anciano Marinero*, de Coleridge. Traducido, dice así: «Fácilmente creo que hay diversas naturalezas invisibles en el universo de los seres. Pero ¿quién nos informará sobre la familia de todos ellos, y sus grados y parentescos, y diferencias y peculiares dones? ¿Qué hacen? ¿En qué lugares habitan? El ingenio humano siempre ambicionó noticias de ellos, sin conseguirlo nunca. A pesar de todo, no desconfío de que, alguna vez, sea posible contemplar en el alma, igual que en una tabla, la imagen de un mundo mayor y mejor. Así la mente, entregada a las minucias de la presente vida, no se contraerá en exceso ni se dedicará por entero a mezquinas cavilaciones. Pero, entretanto, ha de ser vigilada la verdad y observado un método con el que distingamos lo cierto de lo incierto y el día de la noche.»

No estoy seguro de que yo me dedique a seguir tal consejo: vigilar la verdad y observar fielmente un método que la distinga de la mentira.

7

Durante meses, de improviso, a cualquier hora, me pregunté qué había fallado en mi matrimonio y por qué causas había decepcionado a Elvira. Debo confesar que buscaba más bien una excusa para mi comportamiento, ya que la respuesta la conocía sin necesidad de indagarla.

Di por indiscutibles demasiadas cosas. Nunca había creído en la rigurosa indisolubilidad del matrimonio, pero sí confiaba en que el paso de los años, la costumbre y hasta la comodidad podían llegar a convertirlo en indisoluble. Aún no me había planteado —y menos reconocido— el hecho de que la familia hubiese dado un cambio radical que la convertía en otro pacto y en otra sociedad muy distintos de la institución en que, con ligeras mudanzas, durante siglos consistiera.

La vida y la historia de los hombres, por lo que todavía yo aprendí en mi casa, se fundamentaban en la familia, firme e invariablemente. Una tácita norma de higiene social la había erigido en base de los grupos humanos, de la civilización, de las relaciones amorosas y de los vínculos entre generaciones. Los niños, los míos también, con sus nombres, Regina y Edu, antes de fundar sus propias familias dentro de la estirpe, de mi estirpe, tenían que aprender, en este eslabón, el descubrimiento del mundo y el de su mundo, las pulsiones eróticas a través de las de su madre y de las mías, incluso las desviaciones sicológicas que, transformadas luego, los fortalecerían... Me refiero a esos complejos de Edipo o de Electra, a esa muerte del padre, etcétera. Mis hijos no creo que aprendieran tanto. Aprendieron a sublevarse con moderación; a reaccionar frente a mí aumentando su musculatura como si yo fuese un frontón; a oponerse a un orden que aceptarían después y a su vez impondrían; a rebelarse un poco contra todo, a configurar su propia identidad, a confirmar unas reglas compartidas... Es decir, supongo que iban a aprender a comportarse como unas dóciles y resistentes vagonetas que circulan sobre raíles ya trazados... Yo lo había hecho así. Pero ellos no lo hicieron.

¿En qué me he equivocado? Es cierto que a la sociedad le es extraordinariamente cómodo que una pareja tenga, con estabilidad, crías comunes y las eduque y las alimente. Que siembre y cuide el amor conyugal, esa utopía, como en una escuela gratuita —gratuita para la comunidad, claro—, y también el amor paterno y el materno, a la manera de una enseñanza que las crías practicarán —o no— cuando llegue su hora, y el amor filial y el fraternal, y el amor a la continuidad y la perdurabilidad de unos cuantos valores convencionales que defienden el, no siempre justo, entramado social.

Eso, en efecto, es cierto. Pero yo no creo en la voz de la sangre. El cachorro humano nace tan desvalido y tan lento en su crecimiento que requiere un apoyo largo y prolijo que lo rodee y lo mime. Eso también es cierto. De ahí que con facilidad olvidara que la idea de esta familia, en la que había nacido yo y nacieron mis hijos, ni era innata en el ser humano, ni siempre ni en todas partes había imperado...

No quiero ni acordarme de cómo nació Edu. Hubiese muerto al cuarto de hora. Era un rebujo de carne desmirriada, violácea y llorona con muy pocas o ninguna expectativa. Sin muchos, muchísimos, y continuos cuidados, no habría sobrevivido. Regina, desde chiquita más bien dura, nos preguntó que por qué no lo tirábamos, y una primita suya quiso que lo devolviéramos y pidiésemos otro.

Quizá el quiebro que dio mi propia vida coincidió con el momento álgido en que el hiato familiar se producía a mi alrededor y alrededor de mi familia. Hasta yo noto que el hombre está cambiando, no sé si en todo caso para bien. Minaya me lo sugería con frecuencia... Un ser que muere, o un ser transeúnte, difícilmente puede ser obligado a la prolongación y a la permanencia, que la familia, tal como estaba organizada, presupuso... Pero esto no se pone de manifiesto hasta que ocurre. Que alguien siga opinando que la vida es nacer, casarse y morir nos da bastante risa. Pero yo lo he aprendido tarde. Hoy, por los datos que tengo y que no me he molestado en rebuscar, no ha de tardar en ser corriente el hecho de que un niño llegue a tener cuatro madres: la que lo engendra con su óvulo, la que lo alberga en su vientre, la que lo alimenta con su leche y la que lo adopta en su corazón. Eso facilitará la labor que se han propuesto los compañeros de Minaya.

A pesar de todo, seguía sorprendiéndome que Elvira hubiese descubierto ese gran seísmo antes que yo. Y, sobre todo, que lo hubiese descubierto ante mis narices sin que yo lo advirtiera. Un defensor de los hechos consumados, y de un tipo dado de familia, tenía, sin embargo, que aceptar los hechos consumados contrarios que aceptaba su esposa.

No soy tan tonto como para no haber advertido, eso sí, que el amor físico entre ella y yo había dejado de existir. Me refiero al deseo sexual y sus consecuencias.

Ahora se sabe, y aseguro que tampoco en esto he intentado convertirme en experto, que tal deseo está regulado por una sustancia cerebral, llamada feniletinalamina; ahora se sabe que se necesitan dosis crecientes de esa sustancia para contradecir el asimismo creciente aburrimiento que nos produce un cuerpo conocido. Pero eso es lo de menos. Basta tener un cerebro, con o sin esa sustancia, para constatar que el deseo precisa novedades e impulsos provocadores distintos cada cierto tiempo. Sospecho que muy poco.

Mis abuelos vivieron juntos toda la vida. Mi padre, tras su viudedad, no volvió a contraer matrimonio. Quizá la razón sea que tuvieron más energía sobrante que nosotros, o una mayor concentración en su propia vida, ajena a la dispersión que hoy nos deshilvana. Y también es verdad que, por doquiera, hoy nos asaltan estímulos carnales que ellos no padecían, y nos asalta además esa almohada acomodaticia, y a medias compartida, sólo a medias, de la televisión.

¿Estoy defendiéndome? No conscientemente al menos. La sexualidad se ha trivializado. Por donde miremos, la exhibición de inalcanzables pero tentadores modelos de belleza física nos agobia. La mujer ha encontrado su lado masculino y lo pregona y lo ejercita. Yo soy una viva prueba. Elvira, como cualquier mujer (quizá no cualquiera), sabe hoy lo que quiere; se considera a la altura del varón justificadamente; exige sus derechos, incluso el del placer; tiene sus propias apetencias eróticas, y se siente atraída por actores, modelos que hacen la propaganda de mil cosas, gimnastas o deportistas de siluetas perfectas y notablemente bien dotados... Mientras, el marido —por ejemplo, yo, en mi caso y en mi casa— comienza a avergonzarse de su estómago prominente, de sus músculos flojos, de sus rollos de grasa en la cintura y de su desánimo en el campo de batalla.

Seamos sinceros. El varón normal, a una cierta edad, por mucho que se esfuerce, no puede competir con los protagonistas de publicaciones, de anuncios o películas. Ni en su aspecto ni en su comportamiento. Las Elviras —y puede que los Gaspares también: de ahí tantas aventuras extramatrimoniales— no se resignan ya a unas relaciones mucho más afectuosas que sexuales; a la compenetración más que a la penetración; a las caricias tiernas más que arrebatadoras; en una palabra, a lo comprensivo más que a lo posesivo.

Reconozco que debí pronosticar que Elvira se sentiría frustrada. No era una débil planta que estuviese resguardada en un invernadero. No la protegía, en favor mío, ni un gineceo ni siquiera una casa. Salía, veía gente, la trataba, la orientaba, la engañaba incluso: era su profesión. Y, por otra parte, su vida sexual me temo que siempre haya sido más activa y más exigente que la mía. No la mía de ahora, que no existe, sino la mía de entonces...

Los besos de las películas son excesivamente largos y excesivamente profundos para mí. El apasionamiento en la literatura es demasiado irreal a mis ojos. La vida hedonista que, eso sí, yo veía multiplicarse en nuestro entorno, necesita cada vez un placer mayor y, a ser posible, diferente. El hastío de lo conocido y lo reconocido impulsa a mirar por la ventana...

En el fondo, para mí, el sexo se había transformado en un trámite monótono y, de estar en mi mano, evitable. Era un modo de manifestar una emoción cada vez más difusa o una intimidad cada vez más forzada... El episodio que viví, y sigo viviendo, con Minaya acabó por destruir hasta los días previsibles. Y su secreto nos impedía la unión... Quiero decir que yo habría convivido con Elvira hasta los mismos umbrales de la muerte; pero ella no se satisfacía con la comunicación privilegiada, aunque sosa, que eran nuestros coitos ni con la vinculación, sólo en teoría incomparable, que significa entrar en un cuerpo y, también en teoría, poseerlo. Sin duda mi cuerpo le sonaba a demasiado visto: no era ya joven ni hermoso ni apetecible, y, por si fuese poco, mis asaltos no eran lo bastante furiosos ni lo bastante enardecedores... Nunca conseguí, según deduzco, que conmigo Elvira se olvidase de ella. Y eso —no sé mucho de amor, pero hasta ahí sí—, en lo físico del amor, es esencial.

—Seguro que lo habías adivinado. —Me comentó en una de las últimas conversaciones. Yo callé—. No era un secreto para nadie que no nos entendemos. Y menos para ti, naturalmente... Es imposible que te haya cogido de sorpresa. —Soltó una risita que me cogió asimismo de sorpresa—. He estado a punto de insinuártelo *cienes y cienes* de veces —era una expresión compinche que utilizábamos para reírnos: me pareció de muy mal gusto usarla en aquel momento—, pero daba por supuesto que tú...

Quise odiarla. No obstante, no era capaz. Ni de eso ni de nada. Tenía sólo ganas de que dejase de hablar y que se fuese. O de irme yo... Me desvelaba de pronto que nada común había entre nosotros. Ni los dos niños... No, ni siquiera la odié. Luego, ya, sentí rencor por el trastorno que la separación significaba para mis normas, para mis horarios, para la organización de mis almuerzos y de mis amistades... Bueno, respecto a mis amistades, no: me quedé sin ellas porque todas pertenecían al grupo de Elvira, y tomaron su partido. Si es que había partido que tomar, que lo dudo.

En realidad el que había vuelto mi mundo boca abajo, lo volcó y lo vació de contenido había sido Minaya...

—Ni que decir tiene que puedes llamarme a casa, o al trabajo en las horas laborales. No te prives, por Dios... Tenemos que ser civilizados. Ya me dirás dónde te puedo llamar yo a ti. Son muchos años juntos, en el fondo... —Yo pensé sin dolor: juntos pero no revueltos, y el amor consiste precisamente en ese revoltijo—. Hemos de ser modernos, civilizados, ¿no te parece?

—Sí, sí, como quieras... —acerté a balbucir.

Lo primero que me vino a las mientes, antes de darme cuenta de que en realidad nada me importaba, es que me gustaría que todo le saliese mal a Elvira; que volviese a mí en demanda de perdón; y que con eso me diera la oportunidad de poder mandarla yo a freír espárragos. Comprobar que, por aquella mujer, gorda, distante y fría, malgasté la ocasión de aceptar el ofrecimiento de Minaya, me hizo sentir ganas de vomitar. No sé por qué no lo hice. Allí, en su propia falda. Por lo menos, debí echarle en cara que ella, para mí, tampoco había sido, desde muy poco después de casados, Cleopatra. O sea, el incentivo voluptuoso con el que había soñado de adolescente. Claro, que habría tenido que confesar, después, que a mí, en tal campo, siempre me han emborrachado más las palmas que el vino. Y que el cortejo y la conversación previa, ya empapados de sexo, me atraían y me atraen mucho más que la propia desnudez.

Si escribo esto es para que se vaya sabiendo a qué extremos de esa soledad, a la que nada más conduce el conocimiento de sí mismo, me fue llevando la ausencia de Minaya y su imposible olvido.

Elvira se había dado cuenta, según me dijo, como si fuese un gran descubrimiento, de que la vida es demasiado corta como para malgastarla andándose por las ramas. «La tuya no es tan corta, no exageres», debí haberle reprochado.

—Déjate de existencialismos y de trascendencias —agregó—, a los que cada vez eres más aficionado. Yo no quiero complicarme meditando en las cosas importantes, si es que las hay. Ya cada día trae su propia preocupación. No me da la gana pensar en el cielo ni en el infierno ni en nada que se sitúe fuera de aquí. Hay que estar alegre, y alegrar el ambiente de nuestro alrededor. Eso contigo es imposible... Y el amor, hablemos en plata, no es ya suficiente entre nosotros como para cegarnos.

«Nunca lo ha sido —me dije—, pero existen otros notables lazos». Pensaba en Edu y en Regina...

No obstante, Elvira había cambiado hasta los colores con los que se vestía: ya eran todos de unos tonos pastel joviles y vistosos. Su boca se combaba en una sonrisa permanente que yo, al principio, atribuí a sus estiramientos y a sus siliconas. Se esforzaba hasta el límite por manifestarse contenta sin pausa, cosa que no siempre conseguía. No iba a funerales, ni siquiera a bodas. Detestaba «el luto, lo negro, el llanto y el valle de lágrimas»: son palabras suyas.

—Con esa actitud no vas a conseguir que la gente deje de morirse, ni nosotros tampoco.

—Bueno, te diré... —me contestó irritada—. Recuerdo una frase en latín que viene al pelo. Y es de la propia Iglesia. *Vita mutatur non tollitur* o algo parecido: la vida se cambia pero no se acaba... Estoy dispuesta hasta a creer en la reencarnación, no te digo más.

—Eso es escapismo, Elvira, eso es cerrar los ojos.

—Eso es vivir a toda costa, no te engañes. Estoy hasta más arriba del moño de murrias y de horrores. Hasta de tu seriedad estoy cansada... Y desde lo de Minaya, estás mucho peor.

—Aunque te empeñes con todas tus fuerzas no vas a borrar el dolor.

—Ni lo intentaré, no soy tonta. Pero no lo sentaré a nuestra mesa, a mi mesa, donde tú lo invitabas a sentarse. La vida, para mí, es una celebración, querido. Lo leí hace poco: me pareció un acierto. Y por eso voy a desenmascarar, apenas pueda, a aquellos que predican que lo verdaderamente importante está en otro sitio, sea arriba o abajo, en la santidad, en el heroísmo o en el genio. —Me miraba con una intensidad insólita, y alzó la voz—. Más allá de esta, de esta —lo subrayaba golpeándose una mano con otra—, de esta vida... Mentira: no hay otro lugar que ella... Mira, el auténtico pecado, el único verdadero, es no ser feliz. O no intentarlo por encima de todo.

Quizá una vez más, la última, en esto tenía razón. Yo habría sido feliz yéndome con Minaya. Si ella hubiera imaginado...

8

A pesar de todo, mi vida en el estudio, hasta que me fui haciendo a la mirada fija de la soledad, hasta que la tomé por compañera, me llevó a echar de menos a Elvira, o a la vida confortable que llevé con Elvira, o a la compañía tranquila y monótona pero sosegante que me proporcionaba. Me llevó a echar de menos hasta la algarabía de los niños, que tanto me alteraba algunas veces.

Había canciones, escuchadas por radio, que me colmaban los oídos y el corazón de nostalgia. Quizá de un modo egoísta, porque añoraba aquél que yo había sido. Eran canciones que habíamos cantado, mal y entre risas, pero hombro con hombro, dentro de su coche, circundados por la noche exterior, robándonos el uno al otro algún beso extraordinario y más bien casto pero lleno, a nuestros ojos, todavía, de sal y de pimienta... Ahora, tras los años, la pimienta le sienta mal a mi estómago, y los médicos me han prohibido, sin que yo les haga mucho caso, hasta la sal.

También a pesar de todo, cuando, los fines de semana que me tocan, veo —veía— a los niños, evocaba a su madre. No a la madre estirada y operada, sino a la que se había ido ajando y rezagando, o a aquella otra que existió antes de que llegasen ellos... Y me niego a detenerme a especular con quién estará ahora, aunque sé que con alguien; porque las conversaciones cesan, entre amigos comunes, las pocas veces que aparezco yo, y noto miraditas de connivencia entre la gente cuando paso.

Es sencillo decir, al principio, cuando el dolor no es tan fuerte porque la herida ha acabado de producirse y está aún caliente, es sencillo decir entonces «qué más da, mejor»... Pero después la imaginación, a solas, es demasiado libre, demasiado sagaz, y reproduce en tu mente los gritos, los quejidos, que el cuerpo de la que fue tu mujer estará dando en brazos de otro; los gritos que contigo no se atrevió a lanzar, o no lo necesitó, o simplemente lo creyó ridículo... En brazos de otro, que será mucho mejor que tú en la cama, y acaso en otros campos: más simpático, más alto, más delgado, más guapo, más dicharachero y más humano: en fin, un dechado de hombre...

Y ni siquiera me consuela pensar que uno no puede ser bueno en todo, porque es a mí a quien aplico ese paño caliente, y me conozco a fondo.

Ahora, si me diera por flagelarme, aceptaría que nunca estuve locamente enamorado de Elvira. Me atrajeron de ella su intrepidez, su juventud, su descaro impropio de una niña de buena familia y poco más. Pero, entretanto, me decía a mí mismo que la atracción amorosa sin duda consistiría en un empellón, igual que el de una gran ola que te arrastra y te despelleja la cara con los granos de la arena, que en Málaga son bastante gruesos. Un empellón que te impide reflexionar y te obliga a lanzarte sobre el cuerpo que lo provoca. Un empellón rigurosamente incontrolable...

No fue así. Pero quizá yo sigo pensando que debe ser así. Y que debió de ser así para Elvira, que se largó harta de provocar ese empellón que no se consumaba, y harta de ver venir la ola más mansa y más domesticada cada día...

Verdaderamente el corazón humano es insondable. Hasta el mío, a pesar de que se trata del corazón de un hombre muy vulgar.

Poco después de un año de la separación me pidió Elvira el divorcio. Deseaba casarse con el recién elegido director de su agencia, un hombre algo más joven que ella. Yo le concedí lo que solicitaba. Para consolarme, pensé que se trataría de un matrimonio no por amor sino por conveniencia. No tardé mucho en enterarme de que de ningún modo la conveniencia era la causa. La única, por lo menos.

9

En el estudio de Minaya hallé restos de papeles quemados cubiertos de grafías o de signos que no entendí. Eran claves extrañas, un alfabeto incomprensible, o acaso ni un alfabeto, sino trazos de ese idioma común que es la geometría. Era evidente que la voluntad de Minaya fue no dejar vestigio de ellos.

Sin embargo, abandonó otros papeles con textos que anticipan hallazgos científicos, astrológicos o geográficos. He ido comprobando a lo largo de los años, en algunos casos, que mentes preclaras y asiduas realizan descubrimientos coincidentes con lo en ellos expuesto.

Sentí la tentación de dar a conocer los textos a alguna asociación médica o a algún director de observatorio; pero supuse que no gozarían, por la persona que los brindaba, de crédito ninguno. Un intento que hice fue, en efecto, fallido. Envié una comunicación al director de un periódico avanzado y de gran tirada; me la devolvió, y no fue poco, con una nota en que me comunicaba que se sentían sobrecargados por un exceso de material más publicable e interesante que el mío.

Transcribo el contenido de uno de los papeles:
«Los cosmólogos humanos están saludablemente abiertos a sugerencias científicas, lo cual provoca una fructífera

ebullición de ideas. Y un movimiento continuo: cada nueva teoría acaba por ser contradicha por alguna otra que nace casi a continuación.

»Cuando representan el universo con forma geométrica, emplean líneas curvas: un universo cerrado y esférico, en el que la gravedad detendrá por fin la expansión. O también un universo abierto, con forma de silla de montar, en el que la pequeña fuerza de gravedad no impedirá que la expansión continúe para siempre. O un universo plano, como solución intermedia, frenándose a perpetuidad pero sin llegar a detenerse nunca.

»Sin embargo, ¿cómo explicar la infinitud de unas partículas en crecimiento, que representan los inicios de un efecto de retardo gravitatorio, según el cual algunas regiones, por contener un exceso de masa, se retrasaron respecto a la expansión general? ¿Fue ese proceso el que produjo la arquitectura del universo actual: los cientos y cientos de millones de galaxias, congregadas en gigantescos cúmulos y muros, alrededor de profundos vacíos?

»Pero ¿es cierto eso? Todo es materia en el cosmos. Como el agua del mar del que surgió el relieve de la Tierra, así surgen del espacio aquellos cúmulos y aquellos muros en torno a vacíos sólo aparentes. Y los agujeros negros son semejantes a las pequeñas burbujas que alguien, al respirar, produce en el agua de ese mar. Los agujeros negros, donde el mismo espacio ha sido perforado por una pausa o colapso colosal, son los que proporcionan su energía a los quásares, que son, como por contraste, los objetos más luminosos del Universo.

»Se dice, y no es así, que todo lo conocido —tiempo, espacio, materia y energía— estuvo contenido en un punto de densidad infinita que creció, de modo incomprensible, hasta alcanzar un radio inmensurable para la inteligencia humana... Tras ese primer milisegundo, el Universo fue una bola treinta millones de veces más candente que el sol y cincuenta mil millones de veces más pesada que el plomo. Al segundo siguiente, su densidad disminuyó y su diámetro alcanzó unos veinte años luz. En ese instante, los ingredientes subatómicos de cada ser, de todo ser —gusano o estrella, dinosaurio o medusa, nube u hombre, todo ente vivo, actuales o pasados o potenciales o futuros—, estaban combinados con el espacio en una especie de ardiente consomé. Pero en aquella explosión no sólo volaban los objetos, sino también el propio espacio, a mayor velocidad que la luz. Incluso algunas partes se separaban de otras a una velocidad cincuenta veces superior... Por eso suelen equivocarse quienes, siguiendo el camino hacia atrás de la expansión, aspiran a definir la edad, la forma y la escala del Cosmos.

»Sé, Gaspar, que tú leerás antes o después estos papeles, y sé que acaso no sean inteligibles para ti. No importa: reflexiona un poco sobre ellos y sabrás una pizca más sobre tus dimensiones y las de tu mundo.

»Según la teoría de la inflación, en el primer fragmento de segundo el Universo experimentó un irrepetible eructo: una mota microscópica llegó a expandirse hasta tener más de mil millones de años luz de diámetro. ¿Explica esto que el Universo en desarrollo parezca plano, y, con tanta minuciosidad equilibrado, que pueda avanzar hacia el infinito sin volar en pedazos ni volver a detenerse?

»¿Y cuántos años hace de tal iniciación? Se dirá, dentro de no muchos, que diez o veinte mil millones; también se dirá que sólo de ocho a diez mil... En este caso, el conjunto sería más joven que las estrellas más antiguas. Si en el pasado se expandió con mayor lentitud, quiere decir que le llevó más tiempo alcanzar su estado actual y que podría ser más antiguo de lo que calculáis, o de lo que calculan vuestros sabios.

»¿Está, pues, hoy, en un proceso de aceleración? Para demostrarlo, vuestros estudiosos propusieron la llamada *constante cosmológica*, que representa una extraña energía repelente. Ella llena el espacio vacío en apariencia, separando objetos, al contrario que la fuerza de gravedad ordinaria. Muy pronto el hombre descubrirá que ese vacío hierve de actividad a nivel subatómico, con partículas que aparecen y desaparecen en la nada, presas de un perpetuo movimiento vital. De hecho son partículas virtuales; pero se demostrará que producen efectos reales y predecibles. Son ellas las que ejercen una influencia acumulada tal que acelera la expansión del Universo. Un Universo de baja densidad que, gracias a esa misteriosa energía del vacío, se ofrece como plano y eterno.

»No obstante, en tal caso, se preguntarán los más entendidos cómo localizar la mayor parte de la masa del cosmos, es decir, las fuentes de la gravedad. La evidencia de que existe esa masa perdida deriva de dos razones: de un lado, las galaxias, las masas gaseosas y las estrellas se alejarían unas de otras si no fuese por una influencia mucho más poderosa que la propia gravedad; y de otro lado, la exigencia de que la densidad del Universo sea sólo la necesaria para configurarlo como plano. Sin olvidar las lejanísimas galaxias, que constituyen una reserva masiva de gas frío, necesario para que los procesos de formación estelar sean suficientes como para dar origen a unos cien mil millones de estrellas como el sol... Así asistiríais, desde vuestra edad, a la formación de la primera generación de astros.

»No quisiera resultar confuso por anticipador. De ahí que sólo avanzo lo que, con la actual tecnología humana o de un inmediato futuro, pueda ser comprobado.

»¿No es posible imaginar que esa problemática masa perdida se halle en las fantasmales galaxias completamente oscuras que pueblan el universo, en errantes objetos interrumpidos, en extrañas fracciones de energía como el neutrino? Se comprobará que el neutrino, que se entendió como carente de masa, tiene en realidad una de aproximadamente una diezmillonésima de la del electrón. Y el cosmos contiene 113 neutrinos por centímetro cúbico. Ellos atraviesan, sin que lo percibamos, nuestros cuerpos y el resto de la materia. Y revolotean a través del supuesto vacío del espacio interestelar.

»A pesar de todo, la densidad global, en su integridad, representa de un 10 a un 30 por ciento de la densidad esperada. Y es insuficiente para aplanar, como se intuye, el Universo. Hay que contar con la ayuda de la *constante cosmológica* que colma los ilimitados huecos y multiplica su influencia repelente a lo largo de distancias no mensurables...

»En cualquier caso, la humanidad ya ha encontrado razones para afirmar que su papel carece de importancia. Eso es un motivo de congratulación y un buen principio. La Tierra es una mota de polvo que gira alrededor de una estrella ordinaria, en un lejano brazo espiral de la galaxia Vía Láctea. Y ésta, un conjunto de algunos cientos de miles de millones de estrellas en medio de otros cientos de miles de millones de galaxias.

»Hay muchos mundos planetarios ya detectados por vosotros fuera del sistema solar, orbitando estrellas parecidas al sol. Y detectados, pese a que las técnicas existentes aquí no pueden percibir sino los planetas gigantes.

»Habrá quien opine que esos mismos gigantes barrieron cualquier gemelo de la Tierra durante su desarrollo. Pero la mayoría de las estrellas de tipo solar no poseen tales enemigos de tan mortal tamaño. Hay planetas más pequeños, incluso familias de planetas, que se asemejan más a la Tierra. Que, por cierto, es más pequeña y menos pesada de lo que creéis.

»Sé que buscar esos planetas similares al vuestro, en torno a una brillante estrella a años luz, es como tratar de vislumbrar una luciérnaga en torno a un poderoso proyector y a kilómetros de distancia...

»Alguien, sin embargo, escuchando tal vez a Bach, va a descubrir una estrella llamada *Epsilon Andromedae*, y tres planetas que la orbitan. Y más tarde, unas canicas de niño azules, marcadas con el signo de la vida, que son planetas hermanos de aquel en que esto escribo. Y en el cual aconsejo que no sólo se busquen mundos paralelos, sino que se reflexione sobre el destino de la especie humana. En éste y en cualquier otro mundo en que esa especie se encuentre dentro de millones de años, si es que aún existe.

»Reflexiona al menos tú, mi querido Gaspar, en tu propio destino. Puede que, como el de la humanidad, esté ya escrito; pero es preciso copiarlo con la propia letra, mala o buena, inteligible o no, con excelente o regular o pésima ortografía.»

10

Anoche, en el estudio, alentado por Minaya, me dio por recapacitar sobre mi vida. Mi vida aquí, en la Tierra, con los pies más o menos apoyados en ella. Mi vida comparada con la de los demás...

Miré a mi alrededor, y vi unas paredes bastante desconchadas, y en mi interior un corazón desconchadísimo.

Y solo. ¿Dónde habían ido los que estaban en torno mío hasta hace poco? Se habían llevado sus jaleos, sus chismes, sus timitos, sus gracietas... Antes no me acompañaban mucho, pero impedían, con su bulla, que me sintiese solo. Ahora todo es como una película que se hubiese dejado de rodar antes del final. Queda un decorado pobre y un personaje al que el guionista ha castigado echándolo de la historia porque estaba descontento con él. E imaginé, sin lograr dormir, que el resto del elenco estaba aún junto, embarullando como cuando yo estaba con él, gozando con sus eternas boberías, sin echar en falta para nada al personaje desterrado, que comenzaba a desear el fin de la película... Pero ¿a quién le importará mi vida si a mí mismo ha dejado de importarme?

Esta misma mañana, después de dormitar un par de horas, mientras me afeitaba —ahora me afeito poco y mal—

ante el estrecho espejo sobre el lavabo, el mismo que reflejó el rostro de Minaya, me miré a los ojos de hito en hito.

—¿Quién eres? ¿O quién soy...? ¿Somos el mismo? ¿Lo hemos sido siempre?

No había nadie junto a mí; tampoco en el espejo, como aquella mañana... Eso me entristeció.

—¿De quién son esos ojos que me observan, con el iris bordeado de un turbio arco senil? ¿Qué tienen que ver conmigo las huellas de un cansancio tan largo? O quizá debiera haber más huellas todavía... ¿Qué camino he seguido para llegar aquí?

Me preocupaba si era el mío verdadero, o me había desviado en un instante impreciso. Pero ¿quién señala a cada uno su camino? ¿No era yo el mío? Cada uno es, o va terminando por ser, su camino.

—¿No he sido yo siempre este...? Y, si no, ¿quién fui? ¿Cómo es que soy ahora quien no he sido?

Qué pereza ordenar esa arca confusa. Cuántas muertes... Cuántas desapariciones colgadas de los hombros como un oscuro manto que ha de arrastrarse al andar, tan pesado.

—¿Y esto es irreparable?

Irreparable, sí... Pero escuché otra voz al trasluz de la mía: «Considera que no puedes enjuiciar con estos ojos de hoy, desapasionados, las acciones entusiastas de ayer, que hoy tachas de despilfarradoras o culpables». Pero mi imagen, ahí enfrente... «El derecho a la imagen —ahí está sólo tu reflejo— existía ya en Roma: alguien privilegiado se retrataba en piedra, y exhibía al rostro en público. Porque la imagen es cosa de los otros y no nuestra... Y tú estás ahora solo.»

—Sin embargo yo soy quien está detrás de ése. El niño, el adolescente, el joven... Fui el estremecido por la impaciencia, el perpetuo insatisfecho de sí y de los demás, el insaciable, ¿el insaciable?, el enamorado, el padre de mis hijos.

«Y éste, cuyo nombre acaso la muerte esté aprendiendo, ¿quién será? ¿No te haces cargo de él? Ahora que el fin se acerca, ahora que recibiste el gran mensaje, ¿lo vas a repudiar? Hay días, recuérdalo, en que escuchas pasos que no da nadie. No es todavía la muerte. Tú sabes bien quién es».

Suspiré. Me había quedado sin resuello... Y sea como quiera, no hay que hacer muecas delante de un espejo.

Juzgué que todo estaba como debiera estar. Me metí dentro de los ojos del espejo. Pasé bajo su grisáceo arco, y era un arco de triunfo. Yo, este de ahora; este de esta mañana, soy la pista y la carrera; los corredores eran quienes a mí me hicieron. No podía defraudarlos. A ellos, que se afanaron en cubrir jadeantes el tramo establecido para cada uno; que, codo con codo, me fueron acompañando hasta este espejo de hoy... No puedo abandonar a quienes se esforzaron porque yo fuera cada día más yo...

—Pero, al mismo tiempo que yo, ¿no fracasan todos ellos?

Volvió la voz: «La vida no es implacable; es comprensiva y misericordiosa. Sólo exige ser vivida con ciega confianza. Y con gozo creciente: ten cuidado. Si no, ese sería el reproche más grande que tendrían que hacerte... ¿Te creíste capaz de enriquecer la vida? Pues sonríe. Perdónate y sonríete. Si pierdes la alegría de estar vivo, es que la muerte anida ya dentro de ti... Si has terminado de afeitarte y cepillar tus dientes, muerde otra vez, con más fuerza que nunca, la ácida y brillante manzana del principio».

Me sonreí sin demasiadas ganas, y me dije que una noche de insomnio estropea a cualquiera.

Había comenzado a caer una lluvia racheada y violenta. Se enturbiaron los cristales que daban a la terraza. Sentí de nuevo una melancolía... Ya no oía la voz.

Bajo la angosta ducha me vi abatido y panzudo. Aquel cuerpo era imposible que arrebatara a ningún otro. Deseé, como cada día, que llegara pronto la noche para intentar dormir y olvidarme... Todo pasa, todo pasará: esta esponja, este gel, el polvo acumulado en el rincón de la azulejería, y la azulejería, y las cerillas usadas en el cenicero lleno de colillas junto al lavabo... Todo se lo lleva esta lluvia. Todo es como la sombra de una cara en el agua. Me acordé del Kempis del colegio: «*Sicut nubes, cuasi naves, velut umbra...*»

Tiré del tapón de la bañera, que comenzó a vaciarse con mucha lentitud. Como al final de una vida casi apacible. Cada vez menos agua. Se balanceaba como con cierta alegría por ser así asumida. Lo entendí. La entendí. Y vi de pronto que se apresuraba hacia el desagüe, y que formaba a su alrededor un remolino, urgente ya, acumulando prisa sobre prisa, para escapar de aquella bañera y de mis pies... La juventud, la madurez, ahora este remolino... Y eso es todo.

Todos los de antes, ¿ya muertos?, y yo éramos el mismo. Todos los estratos que me configuraron como una roca sin mucha elegancia, sin mucha resistencia. Fue la mano del tiempo la escultora... No caben retrocesos. Nadie —ni Dios— puede hacer el milagro de que afloren los sustratos subyacentes sin que me desbarate entero yo... El agua había desaparecido por completo. Dentro del albornoz, me sequé la que aún quedaba sobre mi piel. Unas gotas. Eran sólo unas gotas.

11

Con mi propia letra, como él me recomendó para una actividad más elevada, transcribo otro escrito de Minaya. Su letra es alta, estricta, idéntica y sin caprichos de tildes excesivas o alargadas. Supongo que sería un laberinto, por su misma nitidez, para cualquier grafólogo hecho a nuestras morrallas.

«Llevo en la Tierra varios años solares, distribuidos en dos épocas, y no acabo de comprender al ser humano. Es cruel, egoísta y agresivo. La razón, la sociabilidad y la libertad están en el fondo de su esencia. Pero la razón la usa con escasez suma; delega en otros sus libertades; y la sociedad, que creó como aliada y defensora, le juega las peores pasadas y le impone los más afilados valladares.

»Parecería que ha fracasado en todo. Su instinto de conservación quizá es el que más ejerce; el de reproducción con su pareja va de capa caída (un país como España, tradicionalmente fecundo va a ser el último de la Tierra en el índice de natalidad); y la tercera exigencia —su alimentación y su cubil— tampoco se ve muy bien cumplida. El hombre, tenga o no posibilidades de lo contrario, come mal. La tecnología le trae nuevas enfermedades... Cultivos transgénicos, conservantes, colorantes, mares y ríos conta-

minados que emponzoñan los peces, agua mal embotella-
da por ignorancia o por negocio, peste porcina o bovina
como el mal que llamarán de las vacas locas (enloquecidas
no sólo por transformarlas, para su engorde, en carnívoras
sino en caníbales), dioxinas, clembuteroles, pesticidas y
abonos envenenadores, la colza y otras mezclas adultera-
das, el colesterol de los dulces, la salmonella de los huevos,
la piel hormonada de los pollos, la degradación de todos
los alimentos... Y en cuanto a su vivienda, es cara y pésima
en general, siempre por causa del comercio.

»No extraña que el hombre se halle decepcionado, de
sí mismo el primero. Ya no se plantea, de dentro a fuera y
de abajo arriba, las grandes cuestiones sobre el sentido de
la vida, sobre el enigma de la muerte, y sobre el para qué se
le ha concedido el privilegio de la libertad, o lo conquistó
él mismo si se quiere. Una libertad sólo en teoría gozada;
en la práctica, el hombre ha sido desprovisto de ella, de la
auténtica, sustituida por muchas pequeñas libertades pálidas. De ahí que ese hombre decepcionado sea susceptible
de abandonarse a cualquier líder, a cualquier secta o religión, a cualquier moda o a cualquier droga. Que es lo que,
cada vez con más frecuencia, hace.

»Con todo, creo que sigue vigente un verso de Hölder-
lin, que ni siquiera en su momento debió de parecer real:
Poéticamente habita el humano la Tierra. Y no hablo de quienes versifican, sino de quienes adoptan, aunque sea de
cuando en cuando, actitudes poéticas... La joven a la que
emociona ver caer la luz sobre las copas de los árboles y se
extasía; el oficinista que mira el horóscopo cada mañana
con una credulidad que se resiste a desaparecer; quienes
participan en los juegos de azar por los que los Estados les
cobran un impuesto sobre sus ilusiones; las parejas de an-

cianos que se toman el trabajo de discutir aún o de cogerse las manos mutuamente; el minero que sube de su pozo y contempla el atardecer con ojos agotados y se apresura para besar a su familia; los durmientes que sueñan sueños musicales y en color en donde ellos son príncipes...

»Quizá sea esa torpeza, esa lentitud, esa equivocación de la poesía lo que más caracteriza a este ser retrasado, lento, atiborrado de drogas más o menos duras. Quizá sea la drogadicción a la poesía la que lo sostiene, lo vigoriza y lo define. Tal vez los míos y yo fuimos así hace un millón de años. Quizá los visitantes enviados, sea cualquiera el astro del que procedan, han encontrado en esa zona minoritaria de la mayoría su mejor aliado...

»Lao-Tse, que según la leyenda descendió de una estrella fugaz hace sólo dos mil seiscientos años, creó el Tao de la quietud y de la introspección, del ser en lugar del obrar. Simultáneamente en Irán, Zaratustra planteaba la vida como una guerra entre el bien y el mal, y encargaba al fuerte la defensa del débil, al rico la generosidad con el pobre, y a todos ser bondadosos con los animales. (Esto último, el hombre, que se considera rey absoluto de la creación y usuario del más alto peldaño de la escala zoológica, lo olvida de continuo.) También entonces descendió Gautama el Buda, para quien la felicidad en la vida y en la muerte se consigue practicando las virtudes de ver, pensar, hablar, actuar y meditar correctamente, no con el ansia del placer, del poder o de la inmortalidad. Su contemporáneo Confucio enseñó una ética centrada en el presente: la humanidad es una gran familia en la que la dicha sólo se alcanzará si a los demás se trata como cada cual quiere ser tratado...

»Sus lenguajes siempre fueron poéticos y parabólicos. Como los que emplearon algo más tarde Jesús y después Mahoma... Sin embargo, la zona en sombra del alma del hombre prostituyó todas sus enseñanzas; hizo de sus doctrinas cómodas ediciones de bolsillo para apropiárselas y beneficiarse; y ha conseguido que sus bellas anécdotas, sus bienaventuranzas y sus limpias metáforas resulten incomprensibles, o se interpreten al pie de la letra para aprovecharse mejor de ellas.

»Ahora, como siempre, es el hondo espíritu poético de los seres humanos lo único que podrá redimirlos. Por eso están más cerca de la redención los pueblos primitivos o no desarrollados y, dentro de los desarrollados, las clases populares, que configuran por sí mismas una amplia galaxia, y no las personalidades destelleantes que se apartan para brillar a solas.

»Parece imposible que el mismo ser que, para vincularse con los otros, inventó el lenguaje, sea el que aprendió a esconderse tras él... Un mono loco, con un cerebro de tamaño anormal, descubre que tiene la garganta predispuesta para emitir sonidos variados. Eso distingue al hombre: un ⁻animal que habla, que tiene conciencia de su propia vida y que la expresa. Quizá alguien diga que todos los animales se entienden unos a otros más aún que el hombre: no todo humano entiende el alemán ni el árabe ni el ruso, pero un pastor alemán y un galgo ruso sí se comprenden entre sí. Quizá alguien diga que existe civilización en la ciega tenacidad de las hormigas, en la simetría de las abejas o en el acoplamiento de los pájaros... No lo niego, pero ellos acatan las leyes naturales; ellos siguen sus instintos; no improvisan. Si se origina alguna mutación, es tan infinitamente morosa que ni siquiera la perciben. El hombre, comparado con ellos, —permíteme decírtelo, Gaspar, porque ahí está la base de mi esperanza y de mi desesperanza— es sobrenatural. Y en ningún punto lo veo tan claro como en el nacimiento y el desarrollo del lenguaje. Como si, al inventar la palabra inventase a la vez lo que quiere decir. O al contrario, como si la necesidad de sentir algo, de introducir un matiz nuevo en la vida, requiriese una modulación inconfundible y nunca oída antes, un recién estrenado esfuerzo de la laringe humana...

»Y hay algo más. Descontento el hombre de ser sólo sobrenatural, se hizo contranatural en cierto modo, en cierto modo bueno. Atentó contra la continua renovación de la naturaleza, contra su irrepetibilidad, contra su perduración hecha de efímeros. E inventó la escritura. Le dio un aspecto físico, un trazo y un dibujo a cada fonema, y se lanzó a escribir: sus leyes, su historia, sus hazañas, su amor, las gestas de sus dioses, su sabiduría, su oración, sus canciones, sus designios... No hay nada menos natural, nada más complicado... De ahí viene mi esperanza en el hombre. Y de ahí viene mi desesperanza. Porque la palabra, que es la primera semilla del razonamiento y del arte y de la ciencia, puede ser la causa inicial de todos los desastres que el hombre podría provocar. O que quizá haya, en otra ocasión, hace millones de años, provocado. Porque nadie puede asegurar que esta vuestra sea la primera historia de la humanidad. Y nadie puede asegurar tampoco que no sea la última: el hombre inventó también la palabra guerra y la palabra insensatez y la palabra destrucción.

»En vuestros idiomas el nombre es esencial: como la forma, da existencia a la cosa. Adán tomó posesión del Edén dando el nombre a los animales y a las plantas. El misterio de la palabra es ser lo que designa. Se trata de una representación, pero de una representación imprescindible; no contingente en cada idioma, sino necesaria. Porque cada uno está vinculado a un paisaje, a un clima, a una forma de ser y de mirar: eso me ha costado mucho esfuerzo comprenderlo.

»¿Qué es un objeto sin el vocablo que lo denomina? Algo huérfano, imposible de transmitir de una mente a otra salvo a través de una difusa descripción. El idioma es para vosotros un vehículo, sí; pero ¿sólo eso? También es un sistema circulatorio por donde se incorpora a cada ser humano el antiguo caudal de sangre que lo precedió... Una vía de comunicación, pero también una vía de conocimiento. Y una insustituible compañía: he podido comprobarlo en persona. Conocí, en las ciudades alemanas donde acompañaron a sus maridos emigrantes, a las voluminosas andaluzas. Ellos tenían su trabajo; ellas, un tiempo vano en el que no existían ni vecinas ni aceras ni sillas de anea ni conversaciones ni curiosidades: sólo otras gordas alemanas que no las miraban demasiado bien. Y las andaluzas se desmorecían de tristeza, cansadas de hablar solas en su lengua deslumbradora y soleada.

»De ahí que cada idioma exija, para poseerlo, ser por él poseído. Y esta posesión no es sólo usarlo, sino sentirse penetrado y penetrar en él como en un bosque. El que en él nace, por él se sabe envuelto, lo reconoce, lo ventea, lo intuye... De eso sí tengo la certeza. A él está habituado: a sus inagotables andurriales, a su regocijo, a su complicidad, a su esplendor sombrío, a sus sorpresas que a veces vaticina. He disfrutado hablándoos y oyéndoos hablar.

»El castigo simbólico de la confusión de lenguas en la Torre de Babel es justamente el peor que se le podía infligir a la humanidad. Porque el hombre es, además, preternatural; un náufrago ahogándose en el mar es más grande que el mar, porque el náufrago sabe que se muere y el mar no sabe que lo mata... Y el náufrago se dice a sí mismo que va a morir en un idioma, el suyo, que el mar desconoce también.

»Recientemente he asistido contigo en Málaga a una exposición de caligrafía árabe. Me costaba entender lo que aquellos signos representaban; lo que aquellos montones de ritmo y de belleza estaban sosteniendo. Pero me sorprendía su hermosura: una hermosura vicaria y al mismo tiempo tan recamada y tan esbelta. Era la forma de la forma... Está el olor de la rosa, está también la rosa, y está, por fin, el vaso que contiene la rosa. Llega un momento en que uno no sabe, ante el melodioso barroco de una caligrafía, en qué consiste el escribir...

»Yo, aquella tarde contigo, me sentí como si estuviese sentado ante una portentosa mezquita, dorada y plateada, el acceso a la cual no se me permitiera. Boquiabierto ante ella... Y mi ignorancia —es sólo la ignorancia lo que nos impide a todos entrar en cualquier parte— me vedaba su riqueza total, el último secreto que se entrega: la participación.

»Cuánto aprendería el hombre si supiese expresarse y participar en el mayor número de idiomas, y cuánto podría enseñar a los otros... Cuánto ganaría el hombre si se vertiese en una lengua única.

»De ahí que la música y las actitudes poéticas, básicas en toda la especie, me atraigan más aún que la letra concretada en el poema. Esta requiere ser traducida, o sea, traicionada. Requiere ser vertida a otro idioma con la indiferencia del que le enseña a una visita los cuadros, las alfombras, los recuerdos de una casa ajena, que fue edificada y decorada con la carne y la sangre de su dueño verdadero. Tú, que hoy habitas —estoy seguro— el apeadero donde yo habité, me sabrás entender.»

12

Me telefonearon ayer para decírmelo. Primero al bufete, por donde voy muy poco, y luego aquí. Llamaba Regina, pero tuvo que dejarle el teléfono a Edu porque se echó a llorar y yo no la entendía. Edu ya cogió llorando el aparato. No tardé en saber de qué se trataba. La última vez que lo vi fue aquí. Lo trajo el niño. Ya había cumplido once o doce años. Se le había encanecido el hociquillo, y las orejas, antes doradas, le colgaban con mucha plata encima. Seguía estando guapo. Hablo, claro, de Cairel.

Se volvió histérico al verme. Al principio, no: se quedó congelado unos segundos. Pensé que no me había reconocido; pero fue sólo el efecto de la sorpresa. Le resultaba increíble estar delante de mí. Parece que los perrillos carecieran de memoria. Un telón sube y desaparece un paisaje, un acto, como los teatrales, de su vida; baja otro telón, y se encuentran ante otro paisaje y otra gente distinta, ya conocida o no. Viven en el presente. Todo para ellos es presente... Cuando se vio delante de mí tuvo que esperar que bajase el telón del que yo formababa parte, un escenario que fue habitual para él y que ahora no acababa de perfeccionarse. Porque él no reconocía el estudio de Minaya. Por fin saltó, hasta rozarme con su hocico canoso la boca. Manoteaba, en pie, contra mi suéter y mis pantalones. Me incliné, y me lamió con su lengua suave mi cara áspera y sin afeitar.

Me emocionó el impertérrito cariño de Cairel. Ojalá poseyéramos todos el infalible instinto de los perros, que con total acierto saben quién los quiere y quién no...

Ahora está muerto.

Comenzó dejando de comer. Lo intentaba, pero no seguía. Iniciaba, lo que fue un placer y ahora una obligación, con buena voluntad, pero algo dentro de él le cerraba la boca. Hace dos días tuvo una hemorragia. Elvira, por lo visto, gritó como una energúmena porque le había manchado la alfombrilla de su baño. Lo echó de allí. Cuando llegaron los niños, no salió a recibirlos... Movió muy despacio su rabo cortado y los miró desde abajo con la carita triste. Sobre su cojín había una gran mancha oscura...

Elvira prohibió que se le moviese de la cocina, porque continuaba sangrando, no sé si por delante o por detrás.

Los niños le llevaron la comida que le gustaba con locura: piel de pollo bien frita. Los miró pidiéndoles perdón, y no la tocó. Giraba la cabeza cuando se la ofrecían con la mano. Se la dejaron delante con la esperanza de que se animara. No fue así.

La cocinera dijo que pasó quejándose, con un lamento pequeño y continuo, toda la noche. Elvira declaró que lo mejor, para que no sufriera, sería sacrificarlo. Los niños se opusieron. Lo acariciaban, le hablaban con expresiones dulces que él comprendía porque las escuchó durante toda su vida. Intentaban que se moviera empleando los resortes de siempre: *adiós, calle, vamos, toma...* Las palabras sagradas, las palabras portentosas... Sin resultado.

En un descuido, Cairel desapareció. Dejó su cojín empapado en sangre. La cocinera antes, y luego los niños, se alborotaron... ¿Dónde se habría ido? Los niños acababan de refugiarse, tristes, cada uno en su habitación: sufrían viendo sufrir al perrillo; la cocinera fue un momento a la calle, cerca, a un recado; Vicente limpiaba mi despacho que ahora era del marido de Elvira. Éste no había tomado todavía cartas en el asunto por considerarlo demasiado íntimo. Aunque su intención era llamar a un veterinario.

Pero ahora Cairel, ¿dónde estaba?

Un menudo goteo de sangre los guió. La puerta de la alcoba de huéspedes la encontraron, cosa rara, entreabierta. Acababa de pasarle una ligera bayeta Vicente que, sin duda, no la cerró bien... En un rincón, adujado, ocupando el menor sitio posible, vieron a Cairel. Muerto. Se había escondido para morir. Igual que el resto de los animales, buscó la soledad como camino para ir a la soledad definitiva... Ya Cairel no estaba en ningún sitio. Había pasado... De él quedaba una mantita a cuadros, un cojín lleno de sangre y un par de correas y collares. Uno de ellos, el de rafia verde brillante, que le trajeron de Chile, era su enemigo personal.

Sentí que me arrancaban otra porción de mi vida. Cada vez soy propietario —propietario, qué risa— de menos afectos y de menos personas. Cada vez mis manos están más desprovistas.

Nada más colgar el teléfono, después de haber tratado de animar a Regina y a Edu, me di cuenta de que envidio a Cairel.

13

«Lo primero que me llamó la atención en el planeta de los hombres fue la escasa duración de la vida humana. Las referencias bíblicas a los patriarcas, por ejemplo, pregonan unas edades bien distintas.

»Sé que la duración media de los seres y organismos vivos es muy variable. Desde los diecisiete días de una mosca a los seis mil años de la secuoya gigante, de la que he visto admirables ejemplares cerca de San Francisco... Cuanto más rápido sea el metabolismo, ¿será más corta la vida? Sin embargo, hay factores influyentes, desde la evolución y el medio ambiente hasta la simple mejora en las condiciones de vida.

»Me preocupó por qué los humanos no permanecían siempre vigorosos y jóvenes. Mi reencuentro contigo en Málaga fue una prueba muy dura. La respuesta reside en la separación entre el germen —conjunto de células sexuales que permanecen sanas y activas— y el soma —el cuerpo que alberga tales células—. Los organismos en los que no existe diferencia entre ambos, como las amebas, se reproducen por simple duplicación. Y, de hecho, son inmortales. En los demás, como en el hombre, una vez realizado el esfuerzo de la reproducción, que es el que más le importa a la Naturaleza, declina el cuerpo hasta la muerte... Para que el hombre viva cien años o más, es necesario que reúna un conjunto de aportaciones: biológicamente todo ha de funcionar a la perfección; pero tampoco puede excluirse, hacia el final de la existencia, una parte de azar. En todo caso, es curioso que, salvo una patología neurodegenerativa, sea el cerebro, de todos los órganos humanos, el que mejor resista el envejecimiento.

»Para las generaciones anteriores a ésta, que es la que he conocido, la principal cuestión era si llegarían a viejos. O sea, querían envejecer. En esta generación los científicos buscan el gen de la longevidad; pero hay quien se plantea si quiere llegar a viejo y entrar en una situación en que se añaden años a la vida, pero no vida a esos años. Una situación en que se pierden la mayoría de los dones naturales que hacen la vida gustosa y deseable.

»Los científicos, sin embargo, trabajan y trabajarán en sus laboratorios entre permanentes enigmas. Tardarán en comprender, verbigracia, por qué en ciertos casos la clonación desencadenó un proceso de envejecimiento, mientras en otros casos, con distintos animales, sucede lo contrario. ¿Qué mecanismos específicos son los capaces de acelerar o frenar ese proceso? ¿Y por qué, en él, va hasta ahora la longevidad acompañada por la derogación o el deterioro orgánico?

»Tengo noticia de una curiosidad que me hace sonreír. Un investigador americano ha descubierto el que llama *gen del reloj*, que corre dentro de prácticamente todas las células humanas vivas, y ayuda a que el cuerpo sepa en qué momento del día o de la noche se halla... Ahora trata de descubrir la posible existencia de una especie de reloj de relojes, que marque el momento del trayecto vital en que se encuentran los humanos, y decida a qué velocidad envejecen...

»Un estudioso descubrirá muy pronto una mosca de la fruta mutante que vive más de cien días, un tercio más que el resto. Y la diferencia residirá en un solo gen, al que podríamos llamar, con toda razón, Matusalén. También los genetistas moleculares progresarán con rapidez (quizá tienen contactos extraterrestres que los orientan) en los caminos de la longevidad. Un grupo de ellos dedicará sus trabajos, tan severos, a prolongar espectacularmente la vida de un pequeño gusano, conocido por los especialistas con el nombre de *Caenorhabditis elegans*, bien extraño nombre para un gusano.

»El ser humano caerá pronto en la cuenta de que es hermano de los gorilas y primo de las lombrices: su patrimonio genético coincide en más de un 98 por ciento con el de los primeros, y su número de genes es sólo el doble que el de los segundos. Y es que los humanos están emparentados inseparablemente, por un lado, con las especies vegetales y animales antediluvianos, y con otro, con las especies más avanzadas, que los continuarán en un futuro del todo desconocido para ellos y que, sólo mediatamente, de ellos dependerá. En el gusano *Elegans* en concreto, se descubrirá pronto el gen implicado en los ritmos biológicos y, mediante manipulación, podrán obtenerse gusanos mutantes algo menos efímeros que sus congéneres. Ahí intervendrá una molécula conocida como protectora contra el estrés oxidativo. Lo cual suscitará, en el campo humano, esperanzas de tratamientos contra las enfermedades inductoras o compañeras de la vejez.

»El mismo estudioso al que antes aludí se corregirá a sí mismo, puesto que avanza a tientas: más que un reloj, el proceso de envejecimiento se vería representado por un guión que es susceptible de ser corregido. Ya se intenta con la medicina preventiva —grasa abdominal, arterioesclerosis, presión sanguínea, nivel de azúcar en sangre, cataratas, etcétera— y contra la lucha frente al Parkinson y al Alzheimer. Contra el Parkinson, se utilizarán el trasplante de células del cuerpo carotídeo al cerebro, comenzando por los pacientes más jóvenes. Y pronto se prevendrá el ictus, y con él, gran parte de los casos de Alzheimer. De momento, se considera el paréntesis de la vida útil de unos 120 años. No obstante, el cerebro humano es desentrañable y hay muchos conocimientos por adquirir... Con todo, no se trata de un camino sin fin. Se aprenderá enseguida que el cerebro sigue creciendo, si no en neuronas sí en dendritas. Y que, aun después de una lesión cerebral, por lo menos en el hipocampo, se siguen dividiendo neuronas nuevas. Eso aumenta la esperanza de la posibilidad de implantar células en el cerebro, bien de fuera bien de dentro. El último sería un proceso natural, pero se tendrá que inquirir cómo animar a esas neuronas para que vayan al lugar al que conviene y entablen allí nuevas conexiones.

»Más adelante, los biólogos moleculares manipularán cada vez más la maquinaria genética humana. Comenzarán descubriendo las mutaciones que se acumulan en unas mitocondrias cada vez más desgastadas —son como las pilas de las células— y tratarán de descubrir cómo evitar el desgaste de esas pilas. Asimismo proyectan la reparación de los telómeros, esos pequeños lazos que existen en el extremo de cada cromosoma, que ayudan a mantener unido el manojo de los genes del hombre, pero que se deshilachan con el paso del tiempo... O acaso consigan por fin corazones o hígados nuevos a partir de las células madres, que no tardarán en obtener.

»A la altura presente nadie sabe aquí, ni los más optimistas, si la longevidad tropezará, como el sonido, con una barrera contundente, o si, como el sonido, se llegará a traspasar esa barrera. Lo que no veo aconsejable es que se comience a estudiar la vejez como una enfermedad a la que es preciso poner remedio. Ya el hombre toca con los dedos la farmacopea y la *panacea antienvejecimiento*, que le permitirán vivir algunos años más que sus padres. Cualquier remedio de la medicina se espera ansiosamente para apartar de los días humanos lo que se antoja el absurdo de morir. Hoy, piensa el hombre, cuando todo es entretenimiento, todo ligereza, todo intranscendencia, ¿cómo aceptar aún el anacronismo de la muerte?

»Ya se olfatea que, en el siglo XXI, una de las grandes empresas será el alargamiento del vigor y la postergación de la senectud. Cualquier biólogo evolucionista lo ve como cierto, y cualquier comerciante ve como cierto que una banda de grandes laboratorios codiciosos se beneficiará del trabajo de esos biólogos, administrando con habilidad económica sus resultados y vendiéndole al mundo de los hombres lo que siempre ha querido.

»Acaso empleen el nombre tradicional de *fuente de la eterna juventud*. Pero el hombre debe saber que lo que está en sus manos descubrir es sólo la prolongación de la vida útil. De ningún modo será abolir la muerte.»

14

Durante los días soleados del otoño y del invierno, las mañanas tibias de la primavera y los atardeceres del verano, me paso las horas muertas en la pequeña terraza, dejando vagar los ojos sobre los tejados inferiores, sobre las acortinadas buganvillas y los dos cipreses que crecen al pie de la casa... Y recuerdo los versos de Coleridge, que me gustaba repetir en la terraza del piso de mi padre:

Pálidas bajo el resplandor, pendían
transparentándose las hojas. Yo contemplaba
la brizna soleada de una de ellas
y amaba ver su sombra,
hasta donde alcanzaba el tallo,
perfilándose bajo la luz del sol.

Echo en falta tantas cosas, que el sufrimiento se afina transformándose casi en algo placentero, adormecido por mi propia desdicha. Igual que un niño que juega mientras llora, hasta quedarse dormido entre lágrimas... Y luego traigo los papeles escritos por la mano de Minaya, y los leo una y otra vez para saberlos de memoria. O transcribo las palabras que de él rememoro, mientras resbala la luz por los verdinegros fustes de los cipreses y lanza sus destellos últimos entre los bravíos colores de las buganvillas.

«He observado a los seres humanos y, antes de comprenderla, me sorprendió la importancia que le dan al sexo. No es que lo tengan, es que lo son. No me refiero al exterior, ni en el estricto ni en el amplio sentido: ese salta a la vista, o los rodea como un aire que no cesa, a veces cristalino, irrespirable a veces.

»Me refiero a esa llamada desde dentro que se abre como una oscura y delicada flor, como una oscura y delicada herida. No ya en respuesta a otra persona, sino a ellos mismos.

»Me refiero a la voz de su sexo personal que, sin que ellos sepan ni por qué ni para qué, despierta, se despereza, frota sus ojos y comienza a observar su alrededor. Igual que lo hacen ellos al nacer...

»Y ese sexo íntimo amanece tan pronto, y su entorno más inmediato son quienes lo tienen y a su vez son tenidos por él, y el propio cuerpo coge tan a mano, y queda, sin embargo, tanto tiempo para que pueda la nueva fuerza, secreta e invencible, ejercitarse y salir a la luz y escudriñar su fin...

»Me pregunto si aparece el sexo en un momento dado, o es anterior al nacimiento y se llama ojos, boca, madre, padre, genes, vientre. Y, en el caso de que esa fuerza sea ellos, ¿por qué no se lo manifiestan enseguida? ¿No les enseñan enseguida su nombre y su apellido de familia? ¿No es el sexo más personal aún, más decisivo, más glorioso, más útil, más alegre?

»Abandonan a sus niños como robinsones en una isla misteriosa. Nadie les dice nada. Nadie asiste, con ojos afectuosos, a su transformación, a su embrollo, a su intrincado desconsuelo... O, al menos, nadie se lo hace saber.

»Los seres humanos habéis ensuciado el sexo. No recordáis que, en vuestro libro sagrado, al principio del *Géne-*

273

sis, se dice que Adán y Eva, en el Edén, "estaban desnudos y no se avergonzaban". Como aquel inicial, el sexo es siempre equívoco, utilizable de múltiples maneras, ubicuo, inagotable y, sobre todo, inocente. En cualquier caso, inocente. Un sexo anterior a la estúpida manzana y a la comprensible transgresión; anterior al conocimiento del bien y del mal, que vino a teñir este asunto para siempre...

»Los hombres ofician el papel de Dios, de su Dios inventado: enturbian las aguas transparentes, plantan el pecado en un terreno no apto para él, recogen la siniestra cosecha, y, por fin, con conminatoria trompetería, arrojan a los cándidos del lugar pacífico, inofensivo y jubiloso del que ellos, por tradición, fueron a su vez arrojados. Los adultos civilizados han convertido el sexo en una asquerosidad.

»Ni Adán ni Eva en su paraíso, ni los niños en el suyo, tan conflictivo por otra parte, son ignorantes del sexo. Sencillamente porque son él y algunas cosas más alrededor, no muchas. Por eso ellos son los únicos verdaderamente puros y verdaderamente incontaminados... Pero los adultos, vengativos de lo que con ellos hicieron, o envidiosos de aquel irrecuperable Edén, impurifican el sexo, lo contaminan, lo hacen arma de crímenes y causa de dolor... ¿Llegará una generación que, en cuanto al sexo, se decida a ser inocente y previa para siempre? Ella sería la primera a la que nadie se atreverá a echar del verdadero, interior y exterior, Paraíso.

»Estas reflexiones me hacen dudar de que la Naturaleza estuviese en sus cabales cuando diferenció los sexos para reproducirse. Olvidando, si se puede, las desgracias que al sexo se atribuyen, se trata de un asunto muy costoso. Tanto, que, desde la perspectiva de la evolución, cabría preguntarse cómo tantas especies afrontan tan arriesgado lujo. Basta comparar la reproducción sexual con la alternativa de la asexual, que se reduce a producir clones del original.

»En primer lugar, esta parece una estrategia más sabia e inmediata para la propagación de una especie. Cada individuo, con mayor o menor rapidez, obtiene tantos clones de sí mismo como quiera; en las especies sexuales sólo las hembras tienen crías. Y en ellas, los machos son servidores, aunque más llamativos de aspecto para reclamar la atención de las hembras. Hembras, que hacen un trabajo muy duro y largo para sostener el número de miembros de su especie.

»Yo llegué a pensar que las especies asexuales terminarían con las sexuales. Pero no es así. Las segundas están por todas partes, y no se extinguen presionadas por las que reproductivamente son más eficaces. Acaso porque hay algo que compensa, o incluso supera el coste de mantener a los machos, que ejercen una función mínima. Quizá, digo, se trate de la variedad en la evolución de las especies. Porque los clones son idénticos entre sí; por contra, el sexo mezcla los genes de los progenitores, y mantiene las diferencias genéticas de las crías. Con ello, los individuos de cada especie conservan una flexibilidad muy útil para adaptarse a las mutaciones de una diversidad de circunstancias. Pero entiendo que, así como el coste de los machos es inmediato y continuo, las variaciones son una inversión que sólo proporciona sus ventajas tras muchas generaciones. Y mientras se llega a tal punto, las especies asexuadas han ganado un tiempo económicamente muy valioso: ya se sabe qué cicatera es, a este respecto, la Naturaleza.

»Si alguien, ignoro si un sabio, realizase un estudio de tal dilema, y observase cómo compiten las especies sexuales y asexuales en un mundo de recursos limitados, comprobaría que las segundas crían, en efecto, más que las primeras. Es decir, a primera vista, una perspectiva convencional aseguraría el triunfo de las asexuales, y la extinción a la larga de las otras. Sin embargo, no sucede así. ¿Por qué?

»Se me ocurre que a lo mejor por la monotonía de los clones, tan semejantes unos a otros, que tienden a competir entre sí por los recursos existentes con mucha mayor intensidad que los individuos de las especies sexuadas. Y asimismo los clones se caracterizan por sus preferencias equivalentes, mientras que los miembros que proceden de la reproducción sexual, al ser distintos, compiten menos entre sí, en primer lugar, y, en segundo, pueden explotar un campo mucho más amplio de recursos.

»Como siempre, la Naturaleza es más razonable que sus criaturas. De manera que, por la vía conocida, los dos grupos alcanzan una estabilización basada en que la mayor capacidad de reproducción de las especies asexuales viene a frenarse por la también mayor reiteración de sus individuos.

»Asimismo, como una posdata, se me ocurre reflexionar sobre los peligros de las enfermedades de origen o transmisión sexual. El último ejemplo ya ha llegado. Se denominará por unos sida y, por los fundamentalistas, *el azote de Dios*. Desde hace años está causando estragos en Africa y en algún otro lugar. Pero hasta que no afecte a ciudadanos no homosexuales de Estados Unidos de América no se considerará digno de gestos del Gobierno. Celos profesionales e intereses económicos retrasarán las investigaciones de sus causas y la aplicación de sus vacunas y sus remedios. Así y todo, la endemia continuará diezmando poblaciones subdesarrolladas que no podrán pagar sus altos precios, artificialmente encarecidos... Más que una enfermedad biológica será, pues, una enfermedad sociológica: es la propia sociedad la enferma. Se vencerá su virus, pero no otro peor: el de la ambición, la soberbia, la insolidaridad y la codicia. La tecnología genética y la farmacéutica, aunque parezca imposible, estarán sometidas, como siempre, como todo, a las conveniencias del dinero.

»Y acaso sobrevengan Gobiernos mucho más duros, que traten de elaborar embriones humanos genéticamente perfectos y sin la carga de la libido. Puede llegar un momento en que los poderes consideren la sexualidad como algo patológico, clínica o artificialmente, por determinadas conveniencias políticas o por el perfeccionamiento de una raza... No sería la primera vez, en la historia de la Humanidad, que semejante aberración sucediese.»

Estos textos que transcribo, y algún otro menos comprensible para mí, los leo y los releo, incluso en alto, procurando imitar las inflexiones y las modulaciones de voz de Minaya, hasta conseguir la ilusión de estar acompañado por él y ser yo el discípulo suyo que antes era.

15

Traté de distraerme. Traté de salir de mí. Traté de hacer un viaje. Me sofocaba dentro de mí mismo en aquel querido y diminuto estudio. Me faltaba la respiración, y padecía de taquicardias. ¿Estaría, también físicamente, mi corazón agotado?

Una tarde fui a la agencia de Elvira:

—Vengo como cliente. ¿Eres tan amable de ofrecerme un viaje sencillo, no muy lejano y suficientemente atractivo?

—Sí —me contestó con gesto adusto—, el viaje de tu piso a mi casa. Podrías distraerte con los niños, a los que prácticamente no ves desde que han dejado de serlo.

Me dio, al pie de la letra, un vuelco el corazón. Tuve que apoyar la cabeza en la mesa de Elvira.

—¿Te encuentras mal?

Hice un gesto de alejarla con la mano. No tardé mucho en recuperarme.

—Así no puedes ir tú solo a ningún viaje... Tienes que cuidarte, reponerte, estar en condiciones.

La miré, desde mi posición humillada, con rencor. Si hubiese sido posible, el hecho de que mi mujer me abandonara me habría sumido en un escepticismo aún mayor que el que tengo respecto al ser humano, y habría aumentado la profunda decepción que él me causa. Pero la verdad es que yo ya no era susceptible, de antemano, de hundirme todavía más.

Me levanté como pude.

—¿Quieres que te acompañen a un taxi?

—¿A un taxi? ¿Nada más que a un taxi? No, gracias.

Me fui balanceándome.

Era cierto que imperceptiblemente había dejado de ver con frecuencia a mis hijos. Nuestros encuentros fueron distanciándose.

Vivían con su madre y con el marido de ella. Se habían hecho mayores. Su vida y sus intereses crecieron y cambiaron. El alejamiento se produjo sin tensiones, de una forma llana y explicable. Sólo en determinadas fechas de cumpleaños, navidades, etcétera, solíamos comer o cenar juntos. El verano lo pasaban con sus amigos o viajando, para algo su madre y su padre postizo eran casi dueños de una agencia de viajes.

Regina empezó Periodismo. Luego lo dejó e hizo algo que recordaba a las Bellas Artes, para abandonar todo después y entregarse a un tipo de vida que yo desconocía, no tanto porque confiara en su madre cuanto porque una fuerza interior me hacía no insistir en su conocimiento.

Los trámites y pasos que había dado para desenvolverse y ser como era permanecían para mí en una zona oscura. Y los silencios con que respondía a mi interés, no muy profundo y que a veces hasta a mí me parecía simulado, me echaban para atrás como si ella me detuviese con sus dos manos extendidas.

Para su edad, no me parecía una joven coqueta ni obsesivamente preocupada, como tan a menudo sucede, de su apariencia ni de su arreglo. Tenía un aspecto muy espontáneo, bastante saludable, incluso desaseado: lo cual —calculaba yo— podía ser producto de una moda... El pelo, corto;

la boca, no pintada; las uñas, mordidas en unas manos de manifiesta aspereza, casi agrietadas en invierno como las de una obrera... Vestía, con desafiante soltura, una sencilla falda y una blusa amplia, con suéter o sin él según el tiempo. Y calzaba unos zapatos planos... Yo bromeaba con ella en ocasiones.

—Pareces un chicazo —le decía—. ¿Es que ya no os decoráis como hacíais antes, ni vais a la peluquería, ni os hacéis la manicura? Que conste, que me parece muy bien... Con tal de que hubieses estudiado Derecho... Me hacía tanta ilusión haberte dirigido más o menos... Más que si lo hubiese estudiado tu hermano. Pero en fin...

A Edu, durante los primeros años, lo vi más cercano. Hasta que se apartó de una manera que intuí definitiva. Porque no es que me rehuyera, es que no me miraba.

Lo sentía tan ajeno que telefoneé a su madre. Ella me confesó que tenía la misma impresión: no era así sólo conmigo, sino con todo el mundo... Edu, de un natural expresivo y cariñoso, se volvió reconcentrado, insondable, y pasaba enmudecido ratos larguísimos, mirando, con terquedad y ojos inmóviles, el suelo o una pared. Hasta que, de repente, se levantaba y se iba.

Al principio quise entender que era al proceso de independencia de los hijos, esa especie de segundo nacimiento, que se produce en la adolescencia, y corta para mucho tiempo el ya incorpóreo cordón umbilical que los une a los padres. Pero ese proceso duraba demasiado, y la lejanía de Edu era tanta que lo dejé de divisar, y no lograba que me escuchase, ni que me oyese por lo menos.

Entre nosotros comencé a percibir un mar de hielo. Y lo peor es que ignoraba si era yo mismo quien lo había extendido y enfriado.

Buena parte de esta separación de mis hijos la atribuía al lugar en el que vivo, poco grato quizá, e inexplicable para unos muchachos de una edad en la que gusta deslumbrar a los compañeros, presumir del éxito de los padres, y atribuirse, como continuación de ellos que son, sus virtudes y conquistas sociales.

Yo mismo, para entonces, había iniciado también mi camino de renuncias. Salía poco y al atardecer; veía a poca gente; me hacía cargo de muy pocos casos en el bufete; me exteriorizaba como hombre poco reidor y poco grato, incluso algo desaliñado, con el pretexto de que carecía de esposa que se ocupara de mis camisas y del planchado de mis trajes... En definitiva, no resultaba nada divertido. Y aunque, cuando encontraba a los chicos, les solía dar algún dinerillo para sus gastos, no era bastante, por lo que deduzco, para mantenerlos más próximos.

No considero justo pensar que se avergonzaban de mí. De cualquier forma, a esa edad, los chicos no exhiben a sus padres, salvo que los adoren, o que respondan al arquetipo que el grupo del que participan se forma de una paternidad modelo, o que ocupen en la escala social un elevado rellano reconocido o aplaudido... O quizá eso mismo, quién sabe cómo acertar, sea todavía peor. (No sé si esto último se me ocurre para justificarme.)

Cierta tarde, a la salida del bufete, me encaminaba, casi contra mi voluntad, hacia la Plaza del Siglo.

Vi acercarse una pandilla de chicos no muy numerosa. Enseguida distinguí a Edu, callado como de costumbre. Era en la calle Beatas, peatonal y desde luego no muy ancha. Teníamos que cruzarnos dándonos prácticamente con los codos. Edu marchaba con los ojos bajos, desentendido de la misma manera que lo estaba conmigo. Nos cruzamos. No levantó la vista... Quizá no se había dado cuenta de que era yo. Me detuve un segundo antes de reanudar mi paseo. Volví la cabeza por si acaso. Nada. No quise llamarlo. Desconfié de que él lo deseara...

Con un peso de tristeza, me dirigí a la Plaza. Ya en ella, me reproché no haber gritado el nombre de mi hijo. Del hijo que había sido tan protagonista aquella última tarde del desastre... Como si me avergonzara yo de él, o de mí mismo, o de que él se avergonzara de mí... Traté de consolarme diciéndome que todo era más sencillo de lo que yo lo hacía. Pero después pensé que no... Y me propuse hablar con Edu seriamente en cuanto la ocasión se presentase.

Tardó en presentarse.

Entretanto, me complacía recordar aquella tarde, años atrás, en que Edu me telefoneó, después de una gresca con su madre, y me preguntó, con una voz húmeda:

—¿Me puedo ir a vivir contigo, papá?

—¿Por qué, Edu?

—Entre hombres, todo funciona mucho mejor...

Tuve que convencerlo de que la custodia de los dos, Regina y él, había sido asignada a su madre. Le oculté que de tal asignación no era yo del todo irresponsable. Y le aseguré que, andando el tiempo —y ya vería él cómo caminaba el tiempo de deprisa—, podríamos los dos volver a vivir juntos.

Sin embargo, si ahora se lo propusiese, me dictaba el corazón lo que me respondería:

—Vamos, papá, si en el cuchitril donde vives cabes tú solo a duras penas... Estaríamos todo el día dándonos caramonazos uno con otro... Si algún día te mudas...

16

Me enteré una noche, por algún antiguo amigo, de esos que apenas ves y que recuerdas poco, de que en la ciudad yo había comenzado a adquirir fama de excéntrico. En una ciudad andaluza, eso es fatal.

Se achacaba al abandono —el seudoamigo dijo, por eufemismo, la separación— de Elvira, que ya había empezado a salir con Elio, su nuevo jefe. Le aclaré las cosas a mi modo. «No era por eso, era por la muerte de mi mejor amigo, casi un hermano, más que un hermano».

—¿Ese joven guapo con el que se te veía continuamente?

Por el tono, entendí que él sobrentendía —y los demás con él— que algo reprobable había habido entre nosotros, y que acaso ese fuese el detonante que explosionó la bomba de mi matrimonio.

—Lo siento, hombre. Te acompaño en el sentimiento. —En su tono se palpaba cierta ironía—. Quiero decir... Pero de eso hace ya años. Yo te aconsejaría que levantaras cabeza, que te ordenaras un poco, que te dedicases más a vivir... A vivir contigo mismo y con tus hijos... Y, por supuesto, no creo que debas contarle a nadie lo que acabas de contarme a mí. Tú ya sabes que, en Málaga, la gente saca conclusiones precipitadas.

—Si es eso lo que piensas, Marianito, te aclararé que no

estaba enamorado de él. Vamos, lo que vosotros llamáis enamorado...

Por el fruncimiento de la boca, por el gesto tolerante que hizo con las manos y por el encogimiento de hombros, entendí que ni lo creía ni le importaba un rábano.

Pero me sobrevino la duda de que también mis hijos lo creyeran... La rechacé enseguida. Ellos también habían querido con limpieza a Minaya.

17

Lo que ahora me propongo contar ha sido lo más duro que me ha sucedido nunca y la fase más penosa de mi despojamiento... Primero, llegar a ser uno mismo; segundo, dejar de ser uno mismo... Un despojamiento tal vez inconsciente, no premeditado, lento e implacable, que iba dejándome en cueros frente a todo.

Un sábado en que almorzaba con Regina, le pregunté de pasada por qué su hermano no había venido, y qué era lo que ella sabía de sus andanzas. Tardó bastante en responderme... Fingió que se atragantaba, bebió agua, se limpió con la servilleta, dejó con simétrico cuidado los cubiertos sobre el plato...

Era un restaurante caro, sobre la playa. Un mar aparatoso y primaveral fulguraba casi deslumbrándonos. Por primera vez se podía comer aquel año al aire libre. Regina llevaba sobre los hombros un ligero jersey de color pardo con una blusa crema. No era guapa pero tenía un singular atractivo: un aire rebelde, o más, montaraz, que le hacía palpitar las aletas de la nariz, y le levantaba con insolencia el labio superior, no muy bien dibujado.

—No sé nada, papá. Sé que si se lo preguntara, me mandaría a tomar viento fresco... Y tampoco quiero saber qué hace... —Se afirmó en sí misma—. Además, qué hace cuándo, qué hace dónde... No sé a qué te refieres.

La ocultación de su nerviosismo me indicó que sí sabía. Porque me contestaba tratando de levantar una niebla y de desviar mi curiosidad. Es decir, en un punto concreto Edu estaba obrando mal. ¿Qué punto era aquel?

Unos días después llamé a su madre.

—Edu tiene la edad del pavo, Gaspar... ¿Cómo quieres que yo intervenga? Estoy a su lado, lo que tú no haces, cuando me necesita: cosa inútil, porque parece no necesitarme nunca... Y, si quieres que te diga la verdad, lo encuentro huidizo, esquinadito... Pero nada que sea de preocupar. No olvidemos que es un adolescente.

Me pareció que tampoco Elvira contestaba, y que Edu tenía ya muy poco de adolescente.

Lo llamé a él por fin. Lo convidé al cine. Edu eligió la película. Yo no conseguí interesarme en ella. *Buscando a Mister Goodbard*. Miraba el perfil de mi hijo, sereno, guapo, quieto, con un leve tic que no le había advertido hasta entonces y que le aleteaba un poco en el párpado izquierdo. Lo vi tan indefenso y tan mío que le acaricié el brazo y le apreté la mano. La noté húmeda y caliente. Sin precipitación, la retiró de la mía. Continuaba atento a la pantalla. Al final, se inquietó un poco, cruzó las piernas en un acto reflejo y me golpeó con el zapato la rodilla.

Cenamos juntos. «Como dos compañeros», me dijo... Llevaba una camisa de manga larga con los puños plegados un par de veces hasta la mitad del antebrazo. Se mostraba más expresivo que otros días. El restaurante era el mismo en el que había almorzado la última vez con su hermana. Le interrogué sobre ella para abrir la conversación.

—Regina no cuenta nunca nada... Sale con dos o tres

amigas con las que tiene secretitos. En cuanto aparezco yo, se callan... Me miran, se miran entre ellas, y se callan.

Se sentaba a mi izquierda. Fui a servirme un poco de aceite para agregárselo a mi ensalada. Alargué la mano hacia el convoy. Se me adelantó él gentilmente. Al estirar el brazo, se le subió la manga de la camisa. Entonces fue cuando...

Necesité tranquilizarme. Escuchaba yo mismo mi respiración. Se me cerró el estómago como una bolsa de cuyas cintas alguien hubiese tirado... Me esforcé en pensar en una palabra: sangradura. No me costó recordar cómo la había aprendido. Aquel escritor gallego, después de una conferencia, mientras tomábamos una copa, me examinaba petulante de vocabulario.

—¿Cómo se llama la parte del brazo que equivale a la corva en la pierna?

Reconocí que no lo sabía, que jamás lo había sabido, y que ni siquiera sabía que existiese tal sustantivo.

—Sangradura —me aclaró por fin con una especie de ridícula majestad.

Fue entonces cuando le vi a mi hijo un hematoma allí. Las huellas de unos cuantos pinchazos. Con la mano izquierda detuve la suya, que se proponía bajar la camisa. Levanté los ojos en busca de los suyos. Tropezaron con los míos apenas un segundo. Después los bajó y, con alguna violencia, soltó el brazo rechazando mi mano e hizo que la manga de la camisa resbalara.

Pasaron unos interminables silenciosos segundos.

—Edu.

—¿Qué?

—¿Qué está pasando?

—Nada.

—¿Cómo nada? —Señalé con la mirada su brazo—. ¿Y eso?

—No te imagines lo que no es, papá.

—¿Qué es lo que no es?

No contestó. Me fue imposible continuar cenando.

Me eché todas las culpas. Hasta tal punto que necesité volcarme, liberarme sobre alguien. Hablé con Elvira.

—Tu hijo se pincha.

—¿Cómo que se pincha? ¿Quién? ¿Qué hijo?

—El único que tenemos.

—¿Edu? ¿Que se pincha? ¿Quieres decir...?

—Sí.

—Tú estás loco. Ya me temía yo que te volvieras loco.

—Hay que hacer algo... Hablar con un sicólogo... Hablar en el colegio... Hablar con su padre espiritual...

—Sí; cualquier cosa menos coger el toro por los cuernos. Tú eres su padre, Gaspar.

—Tú has vivido sola con él desde los once años...

—Desde los doce, si no te importa.

Vi que aquello no conducía a ninguna parte.

—No creo que debamos preocuparnos. Al menos, todavía... Vamos, es mi opinión; ya me darás la tuya...

Edu estaba sentado frente a mí. No adiviné si sabía o no por dónde iban los tiros. Miraba al extranjero. Quizá no se hallaba ya tan cerca de mí como me pareció al llegar.

—Te voy a hablar un poco. Un poco demasiado —añadí.

Había preparado mi charla como si se tratase de un informe jurídico: con precisión y claridad, no exentas de vaselina.

—Los Estados son todos iguales. Lo hacen tan mal que no se sabe qué dan más, si grima o lástima... Si te he de ser sincero, ganas de ayudarlos no dan... Con su actitud ponen a la sociedad entera en trance de drogarse: la droga como olvido de sí misma, de la podre que arrastra y de la insolidaridad y la carroña... Con el dinero que gastan en las campañas antidrogas, deberían atender a las exigencias de los drogadictos, aliviando a sus familias y a sus conciudadanos. O emprender una lucha contra las mafias narcotraficantes, que quizá son las que paguen las campañas antidroga. O eliminar las circunstancias que empujan a tantísima gente, a tantísimo joven, a drogarse... Yo comprendo más de lo que tú te crees, Edu. No lo digo precisamente por ti, pero ¿qué ilusión, qué futuro, qué afán de construir o de heredar os quedan a los jóvenes? ¿Quién no desea escaparse de algún modo de este asqueroso mundo? ¿Quién convencerá a nadie (con saltitos y vivas a la vida y partidos de fútbol de famosos) de que esta mugre merece ser vivida? ¿Quién se cree con derecho a sentenciar qué es justo y qué es injusto en un mundo que funciona por y para las guerras y las armas y el miedo y la miseria y la desigualdad?

—Bueno, papá, no te pongas así, no grites.

Apeé un poco mi brío. Lo que yo pretendía era conquistarlo. Quizá me había pasado...

—Exceptuados Peter Pan y algún otro monstruito, la máxima aspiración de un niño normal es ser mayor. Y mientras le llega el dia, ¿qué hace? Imitar como un mono a los mayores; ensayar, con el aplauso de ellos y con su más estrecha colaboración... Y los adultos entrenadores les restriegan por los ojos películas de violencia y de pornografía, los acostumbran a sus peores gestos, y luego se sorprenden: «Qué horror de niños. Nosotros no éramos tan atroces».

»Mira, Edu, mira. La humanidad siempre se ha drogado... O busca caminos de comunicación más penetrantes y más rápidos que los habituales, o busca caminos de evasión con los que huir de situaciones dolorosas... Pretende recuperar el Paraíso. Con los paraísos artificiales quizá, pero es lo que pretende... Lo que pasa es que el nombre de droga no siempre se le da a lo que se debe.

Droga es desde el trabajo hasta la religión: Lenin la llamó el opio del pueblo; desde el fútbol a las novelas rosas; desde el sexo a la música de Wagner... Me gustaría saber si hay algo que el ser humano beba, ingiera, sorba, piense, se inyecte, haga o deje de hacer, que no sea una droga... Pero, en general, llamamos droga a lo que coloca a los demás; a lo que nos coloca a nosotros lo llamamos deber o devoción o heroicidad o renuncia o amor, amor, amor.

»Los estudiantes se atiborran de drogas en los exámenes, tú lo sabes muy bien... Las amas de casa, al atardecer, lo mismo que las obesas al hacer su régimen, toman siempre alguna que otra pastilla, y ni siquiera saben que se drogan... Las farmacias tienen los anaqueles, a lo ancho y a lo alto, repletos de drogas... «La droga mata», sí, es verdad. Y las carreteras y el terrorismo y el paro y el hambre y los terremotos y las inundaciones y la policía y los aviones... Y las guerras.

Me levanté y anduve de un lado para otro, vuelta y vuelta, no más de cinco pasos cada vez: el estudio no daba para más.

—«Los drogadictos son antisociales», dicen. Toma, y yo también. A eso es a lo que se tiene miedo, no a que los drogadictos se maten o se mueran... Antisociales no los hizo la droga sino la sociedad. Ella, que les provoca la insatisfacción, les pone zancadillas, les echa en cara sus fracasos. Ella, que abandona a millones de niños en la calle, o los pone a trabajar, o los prostituye... Ella, que cierra el porvenir y anuncia marranadas con otras marranadas, que promueve la compraventa de las personas como objetos... Y luego vienen con el cuento de que la droga engendra antisociales. Si los Gobiernos encontrasen una droga para hacernos productivos, sumisos y buenos consumidores, ya verías cuánto tardaban en dárnosla a paladas... —Ahora venía lo malo:— Pero tú, Edu ¿de qué puedes tener queja?

O quizá sea que yo no te conozco bien. Quisiera hacerlo. Quisiera recuperar el tiempo que he perdido. Quisiera confiar en ti y que tú confiaras en mí... ¿Me vas a permitir intentarlo, hijo mío...? ¿Qué te parece? ¿Qué opinas? ¿Estás de acuerdo? Por lo menos, para empezar a hablar, ¿estás de acuerdo?

—Sí; creo que sí... Me he distraído un poco... Como te movías tanto a mi alrededor. Y, en cuanto a lo de empezar a hablar, tú te has puesto las botas.

Se echó a reír. Me había vuelto a sentar frente a él. Estábamos muy cerca. Le puse mi mano en el cuello.

—Es probable que tengas que cambiar de ambiente. De amigos, por ejemplo.

—Es lo único que tengo —dijo abatiendo la cabeza.

—Yo quiero ser tu mejor amigo... El próximo curso ya tendrás que estudiar fuera. De todas formas... Te lo ruego, Edu. Piénsalo. Mírame. —Le tomé la barbilla para levantarle la cara. Sacudió la cabeza—. Si algo me quieres todavía, hazlo por mí. Deja esa droga. —Como si le hubiese dado un calambre, al oír la palabra se levantó—. Es la peor, te lo juro. Hazme caso... Pídeme lo que quieras, lo que quieras, Edu... Pero déjala.

Me levanté también yo. Coloqué mis manos en sus hombros. Se enfrentaron nuestros ojos.

—Sí —murmuró.

Y bajó los suyos, se desprendió de mis manos y se fue.

A partir de ese día, telefoneaba a Edu casi todas las tardes. Alguna vez quedábamos en la Plaza del Siglo. Allí le hablaba de Minaya, sin decirle toda la verdad. Él lo veneraba como a un personaje de un cuento de su infancia. Se notaba que había intentado olvidar el accidente y aquel susto tremendo.

A veces nos íbamos de copas. Por bares y por tascas que yo había conocido en mis noches de soledad y aburrimiento. Conseguí que él, de cuando en cuando, se riera. Le enseñé lo que yo había aprendido de vinos, de sabores, de añadas... En los mostradores de madera mojada y brillante, tomábamos pequeños vasos de vinos andaluces. Organizamos apuestas para acertar, por el sabor, su origen. Le explicaba el porqué de los nombres, y la edad de las tabernas.

Nos alargábamos hasta barrios en donde él nunca estuvo. La Epidemia, Huelin, El Altozano, Capuchinos, el Humilladero... A mí me ilusionaba ver crecer su confianza conmigo, ver asomar una incipiente forma de camaradería.

Edu no hablaba mucho y, ante ciertos temas, como el de sus amigos, se cerraba, lo mismo que una ostra, apretando los labios. Sus labios prominentes, rosados, infantiles...

Nos besábamos antes de separarnos cada noche... Yo me iba al apartamento con una tonta y pueril satisfacción de un deber bien cumplido.

Era sábado. Había quedado para cenar con Regina y Edu. Regina y yo hacíamos tiempo, hasta que llegara el muchacho, tomando una cerveza y un plato de chanquetes.

Un camarero vino a decir que me llamaban por teléfono.

—¿Tú le has dicho a alguien dónde estábamos?

—Sí; a mamá.

Fui a la cabina. El corazón se me desmandó. Cerré la puerta muy cuidadosamente. Quería tardar más. Era Elvira.

—¿Qué pasó?

Estaba llorando, o empezó a llorar entonces:

—Han encontrado a Edu en el servicio de un bar.

Me puse a gritar sin darme cuenta.

—Háblame. Dime... Deja de llorar y dime... ¿En qué bar?

—¿Qué importa? —dijo sin ton ni son—. *El Rebalaje,* cerca de ahí, dos manzanas antes a la derecha... —No la entendía. No quería entenderla—. Ven ahora mismo.

Colgó. Mandé a Regina a casa. Quería venir, pero se lo impedí.

La policía. Las puertas entreabiertas. La del lavabo forzada.... Y en el suelo, mi hijo. Aún tenía clavada la jeringuilla, torcida levemente, en el brazo extendido.

18
—

¿Qué padre es consciente de que a su hijo no se lo han garantizado de por vida? La muerte de él rompe el sentido de la vida nuestra. Se aniquilan, de un manotazo, las perspectivas, las esperanzas, las luces del futuro. Es como una mano que revuelve un puzzle... La parte esencial de uno mismo se seca de repente. Se agota ante un hecho antinatural, ante una inversión de los ciclos normales...

No conseguí hacer la digestión de un plato tan amargo. Me envolvieron de arriba abajo el dolor, la rabia, los reproches, la impotencia... ¿Por qué precisamente a mí? Y una voz me señalaba los porqués... ¿Aún tenía que prescindir de más trozos de vida? Habría preferido morir yo. Lo juro.

En apariencia, la gente se vació con nosotros, con Elvira y conmigo. Pero en realidad fue sólo el día del entierro. La gente es cobarde y embustera. Tenían miedo de aquella muerte, de aquella forma de morir... Una sobredosis, una dosis adulterada... La gente huye de ti cuando no sabe qué decirte. No están preparados más que para darte unas palmaditas en la espalda... Hubo quien cambió de acera al verme por no saber cómo reaccionar.

No quise encontrarme con Elvira sino lo imprescindible. No quise que se apiadase en absoluto su marido de mí. Me reunía con Regina, que me tomaba una mano entre las suyas y luego se olvidaba de que la tenía.

Dejé de ir al bufete. Yo mismo me repetía que mi postura era transitoria y estúpida. Que necesitaba el trabajo, la preocupación de los pleitos, el riesgo de los dictámenes, algo que me distrajera. Así, sólo conseguía una desorganización y una desesperación irremediables; ver derrumbarse todas mis estructuras, todos mis esquemas.

Me rendía una tremenda falta de interés por las cosas y por las personas, de la que no lograba zafarme. Una sensación permanente de irrealidad. Un sentimiento de culpa obsesivo, enfermizo, lo sabía, recurrente, que no me dejaba incorporarme. Era como una giba, como una enorme giba más grande cada vez.

No intentaba siquiera adaptarme a la nueva situación. Me negaba a reflexionar sobre mi carencia, sobre mi manquedad... «Un hijo que pierde a su padre, lo que es natural, se llama huérfano. ¿Cómo se llama a un padre que pierde a su hijo? Es tan monstruoso que ni nombre tiene... Y hasta la sangradura tiene un nombre...»

Dormía menos que nunca. Se me fue el apetito; me daba náuseas tan sólo ver la comida; si intentaba comerla, vomitaba. Sentía mareos, arritmias, temblores... Si Elvira, a la que algo debía de contarle Regina, osaba telefonearme, yo no le contestaba, o sencillamente le decía adiós y colgaba el teléfono... Oír su voz era como reiterar aquella llamada, aquel fatídico anuncio: «Han encontrado a Edu en el servicio de un bar...»

Muerto, muerto... Para siempre. Yo era su guardián; se me había encomendado a mí. Yo había fracasado como padre y como hombre. No quería ser compadecido, quería ser comprendido por alguien, aunque fuese por mí; pero eso era imposible...

¿Y la voz de Minaya?

Una noche, sin estar dormido, tendido sólo encima de la colcha, soñé por fin con él. Lo escuché. Me decía:

«No tienes derecho a condenar a tu hijo convirtiéndolo en el verdugo de tu vida. Hay una lápida con su nombre que no te deja levantar la cabeza... Obra al revés, procura hacerlo tu maestro: que la equivocación de su vida sirva para darle una explicación y un sentido a la tuya... Es duro, lo sé, lo imagino, también me duele a mí; pero tienes que conseguirlo... Acuérdate de cómo se salvó en la Hacienda de la Concepción y en la Plaza del Siglo... Tu dolor es insoportable, de acuerdo, el mayor. Pues que, de puro intenso, te despierte y te convenza de que debes volver a vivir... La muerte de un hijo no es una enfermedad; no sirven médicos ni pastillas, ni copas ni inyecciones. Sólo para atontarte y cegarte; sólo para ayudarte a no ser tú... Abre bien los ojos. Ha sido tan terrible como si te hubieses muerto tú mismo; peor, porque has vivido esa muerte... Pero ahora vive, porque no estás muerto. No, Gaspar. Ya sé que lo querrías. Pero no te has muerto. Ponte en pie.»

Tan grande fue la autoridad de su orden que me incorporé de un salto, temblando. Luego me arrodillé y me puse a llorar, por fin, por fin, sobre la cama.

19
—

Primero fue el alcohol. Luego, la cocaína. Siempre, la soledad. Llovía sobre mojado en mi vida. Después de la desaparición de Minaya, la desaparición de Edu. Para llegar a la soledad impuesta, no la que uno busca para sentirse más a gusto sino la que taja y aísla, pocas trochas tan directas como el dolor.

¿Había algún recurso contra esto? La percepción y el daño del dolor dependen del grado de atención que le prestemos: eso dijeron los estoicos. No es verdad, porque instalado en la soledad que produce el dolor, no hay resquicios en el alma por donde la atención se diluya... Por eso yo pretendía tender al mundo puentes levadizos, por livianos que fuesen, por frágiles que fuesen. Para obedecer el mandato de Minaya, para no confinarme en la conmiseración de mí mismo... Y es que, en definitiva, cualquier dolor es una forma de destierro. Defenderse es intentar ir en busca de los otros, por difícil que resulte, aunque se ande por caminos imposibles.

El consuelo no existe —me decía—, el olvido no existe... Existe sólo la anestesia del resto de los días, de los días futuros, que nos distrae un poco y nos ocupa... Pero, aunque nos distraigamos, de improviso algo —un portazo, un mal sueño, una risa en la calle— nos aviva, y allí, a la cabecera, sigue el huésped inevitable del dolor: erguido, flamígero, dedicado a nosotros...

Mi dolor era como un libro del que yo tenía que leer los ejemplares de la edición completa. Y cuando terminara, habría más ediciones. Y, leídas ya todas, vendrían otras, en otro color, con otra letra y diferente formato y distinta encuadernación... Con el mismo texto ya aprendido de memoria: el texto de mi vida desdichada, hecha pedazos, el de los dos momentos cumbres que lo han teñido todo... Quizá no con aquella sangre del principio, no con aquel sollozo o aquel llanto que me liberó en parte, no con aquel urgente cornalón, sino con ese recordatorio o ese separador que se desliza de pronto de las páginas de un libro, o de las nubes, o de una bonita tarde de verano, o de unas uñas mordidas, o del crujir de unos dedos, o de una forma de andar o de separar los labios al reírse o de mirarte de soslayo...

Yo sentía el dolor como un león viejo que se lleva a su guarida muchas presas y puede alimentarse, sin salir, cien inviernos... Y cuando ya, aparentemente, me había olvidado de él, aún rugía, se desperezaba, se afilaba las uñas y los dientes, sacudía su melena... El león ruge y parte en dos una conversación, el trabajo de una apelación en el bufete, una risa que de improviso había soltado... El león ruge y me pone un vacío en el estómago, y vuelvo los ojos a la herida cerrada de la que mana de repente un reguero de sangre.

No, no. Del dolor sabemos cuándo empieza pero no cuándo acaba. Porque no acaba nunca. Se esconde, se camufla como un camaleón entre las ramas; pero está ahí, acechando, dispuesto a descolgarse sobre nosotros con la misma fuerza insidiosa de la primera vez... Ya lo he aprendido: una dicha nunca basta para toda la vida, pero sí basta un único dolor.

«Todo dolor» —me repetía como si por mi boca hablase Minaya—, todo dolor que no sea vivificante a la corta o a la larga, debe ser evitado». Miraba en torno mío y comprendía que esta sociedad que hemos hecho es alérgica al sufrimiento. No lo resiste, lo rehúye y pretende ignorarlo. Por eso me habían dejado solo... Vivimos en un mundo lleno de analgésicos de todas clases: desde las unidades hospitalarias contra el dolor hasta la eutanasia... Para todos hay remedios: desde un recién nacido a un enfermo terminal. Quizá en tiempos de nuestros abuelos el dolor era constructivo: tenía un valor de símbolo; formaba o fortalecía o borraba los pecados. Ahora, no. Ahora el dolor no sirve para nada. Es sólo la señal del fracaso, de una escasa productividad, de la falta de éxito, de una sociabilidad rechazable... Si me miraba al espejo, y qué poco lo hacía, me veía más oscuro, disminuido, contagiosamente bajo de forma. Porque incumplía el deber de todo el mundo hoy: encontrarse joven y ser joven, fuerte, optimista... La depresión, esa manera actual de no haber acertado, me rodeaba, agrandaba las bolsas de mis ojos, sombreaba mis ojeras, estrechaba mis hombros, hacía temblar mis manos...

Comenzó entonces mi declive moral. Más lenta, más insensiblemente de lo que ahora lo veo. Comenzó mi decadencia de afectos y costumbres. Buscaba relacionarme con quienes no me hubiesen conocido antes. Me di a experiencias nuevas: nocturnas, carnales, de cualquier clase insólita, nunca probadas... Como si me poseyera un demonio: aquel Asmodeo de la lujuria que desterró de Egipto el ángel de Tobías...

De regreso a casa, chamuscado y consumido, escuchaba la voz de Minaya, o quizá era mi voz, reprochándome. Y ese reproche era lo único que me ataba a la realidad. Con tal de oírlo, habría cometido cualquier crimen.

Qué solos se van quedando los hombres en el transcurso de su propia vida. Quise cerrar los ojos apretando los párpados, no verme más en el pasado... Ansié ser otro. Me incliné hacia el lado siniestro, hacia el lado sombrío, ni donde yo a nadie ni nadie a mí pudiésemos reprocharnos nada. Y me instalé allí. Se me ocurrió, igual que antes, viajar; pero no habría sido una solución, sino una huida que subrayaría mis pérdidas...

Bebí, bebí... Me dediqué a una interminable pereza. No asistía al bufete: en él había desgastado ya demasiados años. El triunfo de la vida no está en el trabajo ni en la sabiduría ni en el lado poético de las cosas, pensaba. Eso son engañifas que a ningún individuo le convienen. El triunfo está en la habilidad de que la vida pase sin notarla. No en satisfacer los deseos, sino en no tenerlos. Por eso yo los amortiguaba en una continua holganza, más bien una somnolencia, de la que salía, como un ave nocturna, en cuanto anochecía. Y cada día más tarde.

Amigos —no amigos, seamos justos, compañeros de barra— me informaron de dónde podría obtener la coca que me habían dado a probar y que me permitía estar de pie más tiempo. Y beber más sin que me venciera la bebida. Y que me producía un estado de leve excitación que suplantaba el éxtasis de la vida verdadera, si es que hay alguna que lo sea. Esnifada la coca, me invadía una taquicardia soportable, una flojedad en los brazos y una dejadez en las manos que me impedía escribir bien estos papeles: otro efecto beneficioso.

Traté con mujeres venales, que reían fuerte y me incitaban a seguir bebiendo o a esnifar coca, para multiplicar por los suyos mis deseos... Sólo escuchar la palabra amor me causaba una risa que despuntaba en ira. Ninguna clase de amor me iba a rozar en adelante: todas eran invenciones, novelerías, historias amañadas, turbias ilusiones, errores pasajeros... Yo había amado —eso creía—, de distinta manera, a una mujer, a un hijo, a un hombre extraño que luego resultó no ser un hombre... Con él tuve la ocasión de haberme ido antes de que me devastase tanto tormento y tanta extirpación. No quise, y ahora lo pagaba con creces... Lo que intentaré en adelante es no sentir ya nada...

Dichoso el árbol que es apenas sensitivo
y más la piedra dura, porque esa ya no siente...

Lo escribió así Rubén.

20

En medio de este pantano lodoso en que había comenzado a sumergirme, una mañana hacia las doce fui al bufete. Por curiosidad, por ver a mis colegas que seguían, los infelices, batiendo el cobre como si nada hubiese sucedido.

Para matar la encrespada resaca de la noche anterior, bebí por el camino, aunque no me era ya necesario beber para estar embriagado.

Entré al despacho de uno de los antiguos amigos que estaban conmigo en aquel bar donde reapareció, hace ya tantos años, Minaya. Percibí su incomodidad al verme tan desaseado, llenas las solapas de manchas y cenizas, descosido el abrigo. Era una mañana gris y bastante fría, llena de un aire cauto y reflexivo...

El amigo me habló como se le habla a un niño que se ha extraviado en una verbena y no da con sus padres ni con su domicilio. Comprendía mi dolor; pero era preciso reaccionar, rehacerme, edificar desde esos cimientos, justamente porque eran tan profundos. Mi vida era otra que la de mi hijo. Etcétera... Lo de siempre. Expresó todos los convencionales e inanes consuelos con que la gente cree cumplir. Yo miraba el enmaderado del parqué y la alfombra debajo de su mesa. Era una bujara imperial, con sus dibujos característicos en marrones y rojos... «Este despacho es rico», me dije: «Progresan.»

Cuando concluyó, levanté la cabeza y, sin saber por qué, con los ojos derramando lágrimas de borracho, ajenas a mi corazón, le conté a grandes rasgos la auténtica y jamás contada historia de Minaya, hasta el momento en que salvó a mi hijo en el centro de la Plaza del Siglo.

Nunca he visto un rostro más desconcertado que el de aquel amigo llamado Francisco José Bocanegra. Miró con suspicacia alrededor y se llevó a los labios el dedo índice. Luego cerró con llave las puertas del pasillo y de la secretaria.

—Cállate, por favor. Cállate, Barahona, no le cuentes a nadie, a nadie... No repitas esa historia. Te tomarán por loco... Tienes que descansar. No estás recuperado. —Me golpeaba la espalda, me llevaba sin prisa hacia la salida, abría la puerta con tiento, me empujaba por el pasillo—. Es mejor que no vuelvas por aquí hasta que te recuperes del todo. Verás, tengo un cuñado que es un buen siquiatra. Te daré su teléfono. Le hablaré de ti... Pronto, otro día... Ahora vete, descansa, no te martirices... Cuídate.

Creí que me iba a empujar escaleras abajo. Solté una carcajada. Con la risa tropecé en un peldaño y entonces sí que bajé casi rodando un tramo completo. Menos mal que me agarré con fuerza al pasamanos.

He ahí lo que podía esperar de los normales, de los trabajadores con éxito, de aquellos a quienes la ciudad exaltaba, de la gente de orden bienmandada.

Aquella misma noche me telefoneó Elvira no mucho antes de salir de parranda por los suburbios.

—Me he enterado de lo del bufete de esta mañana. Por Dios, Gaspar, te has puesto en evidencia. Aunque no sea por otra cosa, ten consideración con tu hija. No vayas por ahí borracho y haciendo el ridículo. No inventes más cuentos chinos... Quien no sabe digerir las desgracias no merece la pena, Gaspar... Y no te exhibas, porque acabarás encerrado si lo haces... Aquí todo se sabe. Por Dios, por Dios, el alcohol ya ha empezado a atacarte el cerebro.

Así las cosas, ¿cómo iba a entender nadie lo que me atormentaba?

Lo único que unos padres quieren saber de sus hijos —y por propio conocimiento estaba al tanto— es que se encuentran bien y que en torno de ellos todo es normal. No les interesa conocer sus problemas, y en consecuencia se hacen a la confortable idea de que no existen.

¿Le había dicho yo a mi hijo que la vida tiene un sentido y que por algo estamos aquí? ¿Lo creía yo de veras? ¿Yo lo había descubierto? ¿Lo convencí, como mínimo, de que no era el único que estaba en una situación de búsqueda y de desconcierto; de que hay más gente sola y gente más sola; de que existen unos períodos más tenebrosos y sin aparente salida, y que la trama de ellos constituye la durísima trama de la vida, que consiste en atreverse a mirar lo incomprensible a los ojos, y en trabajar con uñas y con dientes para librarse de su condena tenebrosa?

Habría sido importante, incluso salvador, que Edu hubiese comprendido que algo se puede hacer, y no sólo sentarse drogado a contemplar un mundo impenetrable. Que se puede participar en todo. Que hay semejantes a nosotros que se esfuerzan en construir un mundo mejor, más benévolo, más coloreado, más sensible...

¿Por qué había desatendido mi hijo la alegría de estar vivo, el entusiasmo, el deseo de la a veces tan intrincada comunicación, el enfrentamiento a los problemas que a cada hombre se plantean y que ocupan en cada vida un lugar predominante?

¿Y por qué no me servía a mí lo que le hubiera servido a mi hijo? ¿Era yo de distinta madera?

«Repítetelo», me decía a voces... No; yo ya era un ser perdido, no un joven con todo el recorrido por delante. Mi paisaje me quedaba a las espaldas. Para mí no tenían ningún significado las recomendaciones que deben hacérsele a los jóvenes: ellos inauguran el mundo, ellos lo tienen todo intacto...

Entonces, ¿qué es lo que había sucedido con Edu? ¿Qué falló? Los niños y los muchachos tenían antes un porqué, que ellos, a lo mejor ellos solos, entendían. Eran necesarios en la supervivencia de la familia: trabajando tal vez un poco, o estando simplemente allí sin aportar dinero, aportándose a sí mismos con sus estudios y su propia alegría... Puede que fuese duro y difícil pero también era importante y les hacía importantes.

Ahora, el niño y el muchacho no cumplen una función imprescindible: la familia se hunde o se salva con independencia de ellos, ¿o no era acaso cierto? La nuestra se había hundido. Edu no supo demostrarse el sentido o la razón de su existencia. Fue hacia la droga porque, en el fondo, ya no quería vivir.

¿Y por qué fui yo? Quizá por la misma razón. El hombre, para dar valor a su vida, necesita ser amado por alguien o amar a alguien o a algo; saber hacerse cargo, es decir, cargar con sus responsabilidades, chicas o grandes; llevar a cabo tareas y trabajos que considere útiles y que le satisfagan o le compensen de algún modo; saber encararse con temas nuevos, con aspectos desconocidos de la vida...

A mí no me avalaba nada de eso. Sólo quería adentrarme en lo más áspero y recusable de la noche. La noche era mi amiga porque me tapaba con su capa. Sólo me quedaba un sentimiento que lo teñía todo: el de la culpa, que era el mismo que el de la pérdida. Había sido derrotado, y lo había sido por mi mismo descuido... Se me habían propuesto un tesoro y una oportunidad. Y los desperdicié, y a nadie debía reprochárselo.

En ocasiones excepcionales (lo he dicho ya pero tengo que reiterarlo porque es trascendental) oía, en lo más profundo de mí mismo, una voz que gustaba de atribuir a Minaya, y que probablemente era esa voz que un hombre es incapaz de acallar en su conciencia. Me arrojaba a la cara mi ocio, mi mala conducta, mi comportamiento lleno de vacuidad y de desidia... Pero yo echaba tanto de menos la presencia, aun imperceptible y lejana, de Minaya, que me hundí más y más en aquella negrura. La negrura que me ilusionaba pensar que a él le disgustaba y le hacía dirigirse a mí, en esa nebulosa vigilia de la borrachera o del estado vacilante que precede al sueño frenado por la coca... Me invadía una contradicción interior. La parte más pequeña de ella escuchaba una llamada externa, la advertencia de un ser que me quiso y al que seguía queriendo. Sólo me quedaba como compañía y asidero esa voz, ese remordimiento provocado... Y transgredía precisamente para provocarlo yo a mi vez y para sentirlo. Difícil de explicar y de entender, pero así era.

Porque, en medio de mi desesperanza, que alguien se tomara la pena de vigilarme, y me observase y me aconsejase lo contrario de cuanto hacía, era mi única esperanza. Que alguien estuviese pendiente de mí, lo bastante para recriminarme, era mi única y débil esperanza.

21

—¿Qué haces aquí solito, guapo? —Volví la cabeza y vi a una mujer aún joven, ella sí guapa y sonriente, el pelo no muy bien teñido de rubio y la boca cuajada y roja—. Te vengo observando desde hace días. Siempre solo, siempre callado... ¿A qué te dedicas?

—No lo sé —contesté. Entendí que se trataba de una pregunta retórica para empezar una conversación—. De veras, no lo sé... Si lo preguntaras en serio, te contestaría que a destruirme.

Me había cogido del brazo con cariño bien imitado. Colocó su antebrazo sobre el mío y sentí su peso. Me atusó con la otra mano el pelo.

—No te voy a consentir estar tan solo... Una copita más, para brindar, y nos vamos de aquí.

¿Era una prostituta? Su actitud y el lugar lo sugerían. Su forma limpia de sonreír y su conversación, no.

Estuvimos en un par de bares más. Preguntaba sin exceso. Mostraba una curiosidad simpática. Trabajaba, con comodidad de horario, en una peluquería «unisex», dijo. «A pesar de que no me cuido mucho mi propio pelo»: se reía. Se reía a menudo. Y enseñaba unas encías sanas y unos dientes grandes y blancos al reír.

Mientras la oía hablar en un andaluz ceceante, recapacité en que quizá era más trascendental para el ser humano la revolución sexual que la tecnológica. Y así se lo dije en cuanto pude, animado ya por la bebida.

—¿Por qué?

Se dispuso a escucharme con un codo apoyado en el mostrador y los ojos brillantes de una cortés solicitud.

—Porque la mujer ha dejado de ser un objeto... El descubrimiento que habéis hecho de vuestro verdadero interior, os ha rehabilitado, ¿entiendes? La posibilidad de evitar embarazos no queridos os ha traído la liberación. Y vuestra actitud de hoy ante el posible compañero de cama os hace más felices que antes.

—¿Me estás pidiendo que me acueste contigo? —Se le reía la luz en los dientes.

—Yo soy un viejo, Vicky.

Me había dicho que se llamaba así, María Victoria: «Un nombre muy malagueño... Me parezco a la cerveza de mi nombre: "Malagueña y exquisita"». Soltó una carcajada.

—¿Un viejo tú? No hay nadie que lo sea si no quiere... Y a mí no me camelan los muchachitos lindos. No saben hacer nada más que perforar. Son como desatascadores... No me gustan. —Seguía sembrando el aire de carcajadas claras. Entretanto, con sus manos contaba los dedos de la mía—. Cuando se pierden facultades físicas, se ganan otras que son más importantes... Tú estas separado, ¿verdad? Se nota que echas de menos la vida que llevaste. Yo no echo de menos la mía; tuve muy mala suerte. Pasé muchos años, los mejores o no, eso no se sabe hasta después, con un tío cerdo que me la jugó... —De un manotazo alejó las evocaciones y volvió a mí—. Qué razón tienes en lo de la revolución sexual. Eres muy listo tú... Pero yo creo que es por ella por lo que nos zurran tanto a las mujeres. Los compañeros sentimentales, digo. Menudos compañeros...

Aquella noche sólo hablamos, pero se estableció una relación muy singular entre nosotros. Una amistad proclive y al acecho de algo más. Como un juego muy serio. Me distraía. Nos entendíamos. Ella gozaba de la particular cordura de la experiencia... En cambio, yo no poseía nada. Me agradaba que me piropease, que me alentase, que me acariciara, que se apoyara en mí... Me proporcionaba la oportunidad súbita de una compartición inédita ya imprevisible, el don de un entendimiento intuitivo y feraz.

—Esta la pago yo —exclamaba, y sacaba el dinero de una bolsita que llevaba prendida en el tirante del sujetador.

Se tomaba el pelo a sí misma: «Para eso soy una buena peluquera.» La comunicación con ella era fácil y su trato, sedoso. De cuando en cuando la deseaba, y ella, al notarlo en mis ojos, se burlaba de mí. Me rozaba los labios con un dedo.

—Todavía no.

La primera noche que fuimos a mi estudio:

—Vives como un hurón —diagnosticó nada más abrirle la puerta—. Hay que pintar de blanco estas paredes. Y arreglar la pata de esta silla. Y limpiar tantísimo polvo, Dios mío... Pero no sólo éste —se miró el dedo después de haberlo pasado sobre unos libros—, sino el de aquí. —Y me tocó con el mismo dedo la frente, que me dejó manchada y que me limpió luego con un pañuelito mojado en su saliva—. Como no haya aquí más polvos que estos...

Cada edad supongo que tiene que hacer el aprendizaje del proceder sexual que le corresponde. Yo, que nunca he sido un donjuán, es evidente que no estoy en época de conquistas ni de proezas... Necesitaba instruirme en el deleite que suministra un lento y bien saboreado contacto corporal. No la entrada a sangre y fuego, casi a caballo, sino las gustosas y demoradas caricias, expertas y ya desaprendidas. Instruirme en el reconocimiento del protagonismo de la sola compañía: su reciprocidad y su entrega un tanto fraternal. Instruirme en los valores simplemente humanos e inmediatos, no fatigantes, que actúan a través de un templado y generoso gozo.

Vicky me enseñó que es una obligación llevar la vida hasta su término, con adiciones y sustracciones, con sus donativos y sus decomisos.

Sentado un lívido atardecer frente al mar, algo picado y estremecido por olas minúsculas, en la terracita del estudio, con mi pobre cuerpo menoscabado, al escuchar los pasos de la noche que se aproximaba encendiendo las estrellas, argumentaba y me convencía de que la vida descansa sobre la razón. Al mediodía siguiente, junto a Vicky, que había pasado las últimas horas de la noche conmigo y desayunado al lado mío, entre los primeros perfumes que ascendían del jardín y el enloquecimiento de los pájaros, razoné y me convencí de que la vida habita en la pasión. Y se lo dije. Y le dije que en el equilibrio entre la pasión y la razón es probable que resida el acierto... Y nos miramos como dos amigos que desean estar aún más juntos. Y repetimos, en pleno día, los gestos fastuosos y prolongados del amor a mi edad. Sin correr siquiera las cortinas... Y no me avergoncé de no estar en condiciones de ofrecer, a un cuerpo todavía joven, otro cuerpo por lo menos algo más joven que el mío.

No sé si los meses que pasé con Vicky fueron los más jugosos de mi vida. De mi vida amorosa, desde luego. No los pagué con nada, aparte de que eran impagables. No me exigieron sino estar y ser sin la menor violencia. No contaron la edad, ni las ausencias, ni los recuerdos de los años pasados. Ni el empalago de una luna de miel, ni las ficciones que suelen emplear para seducir los amantes.

La rememoro con gratitud, como deben rememorarse las mieses y los calores del verano ante el pan y la fruta que cubren la mesa de noviembre. Allí estaba también el olor de Minaya: *«Mucho pan crece en las noches del invierno»*.

Un día no encontré a Vicky en el bar acostumbrado. La esperé hasta que lo cerraron.

Al día siguiente me presenté en la peluquería. Me dijeron, con cierta irritación, que semanas atrás se había despedido.

Fui a una pensión, «de estables», no lejos de Larios, donde sé que vivía. «Se llevó sus cosas hace apenas cuarenta y ocho horas.»

Leí los sucesos en los periódicos, por si me tropezaba con su nombre. Nada.

Esperé una noticia, una carta, un encuentro, una llamada. Nunca se produjeron...

No fue un dolor desaforado el que me produjo su sigilosa desaparición o su huida o su eclipse... Fue como un desengaño, un pesar sordo, semejante al que debe de sentir aquel a quien le arrebatan algo que nunca había esperado tener; aquel a quien le reclaman algo que se habían confundido al entregarle.

Me quedé, por un tiempo, vacío; con las horas que compartía con Vicky desocupadas y agrias. Y supe que, aunque no quisiera reparar en ello, la iba a echar mucho de menos siempre. A pesar de que, cuando más arreciaba la añoranza, me decía a mí mismo: «Quizá haya sido mejor de esta manera. No se desinfló el globo de la ilusión, y se ha quedado sin saciar, con las dudas, la sed». Esto da una idea, más que de otra cosa, de mi crudo egoísmo.

22

No tardé en comprobarlo.

Llegó la fecha de mi cumpleaños. Desde hacía bastante procuraba olvidarla porque me caía mal. Lo celebraba, cuando me felicitaban los demás, un poco a pesar mío. Cayó además en domingo. Ni una sola vez sonó el teléfono. Sentado, con las manos en las rodillas, haciendo girar en mi dedo el anillo de Minaya, aguardé en vano la llamada de Regina, de Elvira quizá, de algún amigo suelto, o de la misma Vicky recuperada, que por una razón oculta... Del portero de la casa, que el año precedente me felicitó al tomar el ascensor. No; ni una carta ni una tarjeta ni un timbrazo.

Llovía. No sentí ganas de salir a tomar nada, ni la menor urgencia de tomarlo. Se me ocurrió meterme en un cine y dejar pasar las horas. Pero supuse que no me divertiría... Me disuadió la lluvia. Permanecí allí, respirando apenas, más bien suspirando de rato en rato... Me hice un café. Sin la menor exaltación, me acerqué al tocadiscos. Recordé una frase de Minaya: «La música hace retroceder la muerte, y con aladas frases le pregunta dónde está su victoria».

Dicen que los astros mueven, pero no arrastran. Desde aquellos días del Albayzín, la música ha sido para mí no una posibilidad sino una redención. Y Minaya, durante los últimos meses que compartimos, me selló para siempre con ella, igual que si me la dejara como herencia. Por eso me acostumbré, desde el primer momento, a no escucharla en público. Mis hijos y mi mujer siempre opinaron que la música no me apasiona, porque me retraigo de acudir a conciertos en los que mi alma es llevada y traída por quien eligió las piezas y su orden. Es difícil entender el pudor del que, envuelto en la música que le estremece, se siente desnudo y desvalido como un niño. Difícil entender que me continúen trastornando sinfonías y conciertos que me emocionaron desde hace mucho tiempo, y pretenda esconder ese trastorno. Difícil entender que, para alguien como yo, la música haya de recibirse en la más estricta intimidad, a la que el privilegio de entrar no se otorga más que a un irrebatible alter ego... La música compartida en secreto es una manifestación tan personal que a mis ojos produce la misma vinculación que el boca a boca de un salvamento. Escuché *Las cuatro estaciones,* de Vivaldi.

Nuestra música, la de Minaya y mía, fue la única felicitación de mi cumpleaños.

El otoño, sin alzar la voz, veía detrás de los cristales alejarse el verano. Nada había cambiado en apariencia: ni la temperatura ni el color de las cosas ni apenas la luz. Sin embargo, ya nada sería igual. Así en mi vida... Tuve un amago en el pecho, como si alguien me empujase, y sentí, con un crescendo de la orquesta, que me subían a los ojos las lágrimas... Pronto, muy pronto, otro otoño haría sonar su música, y sería un solo de cuerda, una balada sin retorno...

Me levanté y, de puntillas, cerré las contraventanas y corrí las cortinas. Lo de fuera ya no me atraía...

Floreció y se mustió la flor. Pasó el rapto violento que no podía durar, la plenitud vehemente hecha para un día sólo. Todo era ya descenso. Todo, camino de vuelta... Me hundí en unas cuantas rayas ávidas de coca.

Todos los castillos inexpugnables —ahora la música era un purísimo piano— han sido ya expugnados. Todos los acompañantes insustituibles, sin los que no era comprensible la vida, se han esfumado. Todos los amores inolvidables, olvidados...

¿Olvidados? Me vinieron a las mientes tres nombres. No olvidados, sino que fuimos embotando los filos que nos ensangrentaban. ¿Y soy ahora más fuerte? No; estoy más solo que nunca... Solo entre estas cortinas de las que al correrlas ha salido polvo. Y aun así empiezo a ser cada vez menos, y vuelvo hacia dentro la mirada en este memento del cumpleaños. Solo. La sangre se me ha hecho perezosa también. Y el llanto...

Para desmentirlo, me acometió un sollozo y me cubrí la cara con las manos... La luz está cansada, como yo. El verano fue demasiado largo, demasiado caliente. Yo, a su manera, me abandono en los brazos de la noche anticipada.

¿Qué pueden esperar los solitarios? Hay muchas cosas que pasaron para siempre. La canción de este otoño no poseerá estribillo... No es que mueran las cosas, es que yo me he ido con ellas igual que se va un río. No pasan ellas, he pasado yo.

Hay una edad en que siempre es verano, y otra, en que el invierno se asienta definitivamente. Y no nos echarán de menos las callejuelas rampantes de un barrio de Granada en que la luna todo lo embellecía, ni el abigarrado salón del trono que un día fue el mundo, ni una playa indecible e imborrable, ni las yemas de los dedos de un hijo...

En una reunión en la que quienes conversaban fueron bajando el tono y se hacían espacios muy vacíos, alguien se levantó y entró en la casa sin despedirse, y no volvió a salir. El calor se fue una tarde y tampoco volvió...

315

La primavera estuvo llena de dudas y de avidez y de fragancias: el verano fue arrasador y lúbrico; el otoño es la estación del cumplimiento, pero no para mí. Y el invierno ya no es.

Me levanté. Me acerqué, arrastrado aún por la melodía, a estos papeles que en vano pretendo olvidar y que, de cuando en cuando, arrincono. La soledad, sentada a mi lado, señala la última página con su dedo invisible y el renglón que aparece iniciado. ¿Me invita a recomenzar? A recomenzar, ¿qué? A recomenzar, ¿para quién? Escucho con mis oídos la voz de Minaya. Siento con todo mi cuerpo su mano sobre mi hombro. Una sutil presencia me mueve hacia los papeles y se va de puntillas. La oscuridad, como una gruesa araña, se descuelga desde las vigas, se obstina en los rincones, tras ella misma se oculta...

La música ha cesado. Doy la luz y estoy solo. Escribo estos renglones. He cumplido sesenta años.

23

Hay una mesa en este estudio cuyo cajón no abro. Más que un cajón es un ataúd donde yacen —donde yacemos— desordenados testimonios. Recuerdos de Minaya, recuerdos de Edu, los escasos de Vicky... Fotografías de un rostro, el más bello que iluminó mi vida. Fotografías de un niño que creció entre mis brazos, y una corriente adversa lo separó de mí y lo arrastró la muerte. Fotografías de una cara graciosa de mujer que se enfrenta a todo, acostumbrada a sonreírle a todo... Sonrisas. Gestos. Gestos y sonrisas delante de una geografía, minúscula o enorme pero participada.

Yo sé lo que hay en el cajón que no abro y que temo. Miradas cómplices y extinguidas. La crueldad de unas cartulinas, tan frágiles, que se hunden con la fría y dura precisión de una daga. Las suaves pruebas. Un par de cartas. Una nota breve, sobres, estuches. Todo... Los regalos que, huida ya la mano del donante, nada sino pena significan...

Las dulces prendas por mi mal halladas,
dulces y alegres cuando Dios quería...

También a Garcilaso le pasaba.

¿Por qué dura el más hermoso sentimiento menos que una cerámica, que una cartera de notas, que un bolígrafo o que un mechero? Menos que su memoria, menos que sus

317

lesiones... ¿Dónde están Edu, Minaya, Vicky? En el cajón de la mesa dormita lo que yo no quiero despertar: mi debilidad, la inseguridad de mi ser, lo que daría al traste con mi permanente convalecencia de valetudinario. Abierto, podría sobrevenir un cataclismo, como el del cuarto prohibido de Barbazul, chorreado, tapizado, alfombrado de sangre. En ese exiguo pudridero están clausurados, sin fecha de regreso, mis peligros...

Un día, sin saber por qué, sin motivo ni tarea ninguna, me levanté temprano. Supe lo que iba a hacer. Me serví una vaso de whisky seco y lo bebí de un largo trago... Igual que si alguien, el que me había despertado, guiara mis gestos, tomé de una repisa la llave del cajón. Me senté muy despacio ante la mesa. Sin la menor vacilación, lo abrí.

Saqué los sobres, los papeles, los estuches. Se desparramaron las fotografías. Con morosa delicadeza fui mirándolas, rememorándolas, ordenándolas... Al reverso, ni un día ni un lugar... Da lo mismo: cada uno sabe lo que debe saber, y hasta lo que debería haber sido olvidado...

¿Qué perdura del resplandor y el estremecimiento que iban a ser lo único perdurable? Minaya entre hojas, entre ramas, interponiéndose ante cualquier paisaje... Edu, tan ajeno a su muerte, observa cómo yo lo retrato... Yo también estoy muerto... ¿Acaso el amor de la pareja que en esta foto me acompaña no está muerto también? Sonríe Elvira... Y Vicky, ¿dónde está? Un paseante nos sacó en el Parque de los Monos, a petición nuestra, esta fotografía...

Todo fue producto de un instante: de una cerveza fresca, del sonido del mar, del deslumbramiento de una tarde, de una correría juvenil, de una hora irrepetible, de la alegría, de la alegría sobre todo... Y el instante pasó. Alguien lo quiso conservar igual que se diseca un pájaro; pero ¿dónde se fue a anidar el pájaro? El abejaruco de la dicha, ¿dónde voló?

Alguien quiso conservar un segundo en la fotografía. Falso, falso. Tenía razón Minaya: la esencia del instante es su precariedad... Podré volver a esta playa, a la luminosa sala de estar de mi antigua casa, a la barra de aquel bar de la Epidemia, a los lugares en que me engañé creyéndome feliz, a aquel restaurante, si no fuese porque a él también lo han cerrado; pero no a los momentos en que fui feliz. Ni siquiera a ser el que yo fui.

Esta mano que se tiende hacia la cámara estrechó la mía por última vez. Estos dientes que descubre la risa me mordisquearon en juego aquella noche. Estos ojos aún infantiles me miraron con piedad muchas veces... ¿Por qué duran ellos, si no dura el calor de la amistad, ni la huella de los dientes en mi cuello, ni el amor taciturno de mi hijo?

Allí estaba, sentado junto al cajón recién abierto. Hojas secas de eucalipto, tréboles de cuatro hojas que no trajeron suerte, mecheros sin gas, figurillas de roscones de Reyes, bromas de alguna feria... El ejército que yo creí enemigo. Ahí estaba, desplegado, el ejército que fue mi enemigo latente tanto tiempo. He pasado revista a sus columnas y las he desarmado acto seguido. Nada me hirió... Tengo la certeza de haber sido abrazado, de haber recuperado la paz perdida y una reconciliación conmigo mismo, el agradecimiento a lo más hermoso de la vida que fue.

No tengo amor ni odio esta mañana. Sé que algo forma parte de mí, y que yo formo parte de algo. Sé que debo pagar por lo que recibí. «El amor no se paga con el olvido, pero tampoco sólo con el amor. Se paga reflejándolo, devolviendo la riqueza con que nos inundó y sus brillantes réditos»: me lo ha asegurado la voz. Aún tengo que pagar una deuda atrasada. Quizá escribiendo estas líneas comience a estar en paz... Que unas manos ajenas las hojeen. Que unos ojos ajenos las miren y las crean.

He vuelto a guardar en el cajón los testigos que se habían levantado a mi favor. He dejado la llave puesta en él. No sé bien el motivo.

—Por si viene Minaya —me digo en alto.

—No seas idiota, tío. —Era la voz casi infantil de Edu.

24

Me dispuse a ver, una vez más, la película *Rebelde sin causa*, y a que me conmoviera, una vez más, la soledad de los muchachos, esa enfermedad grave de la adolescencia de la que unos se curan, y otros, no.

Busqué el vídeo en el estante que está pegando al techo, y, al tirar de él, cayó un libro pequeño que se hallaba debajo, y que creí no haber leído nunca. Eran los *Cantos de viaje*, de Stevenson. Un papel doblado, entre sus páginas, me condujo a un poema, *A cuantos aman la azul lejanía*.

Comenzaba:

> *Los que, desde el alba a la noche, buscando*
> *fugitivos rincones camináis*
> *sin desalentaros en la baldía búsqueda...*

Sus últimos versos estaban marcados con azul en el margen:

> *Aunque larga la ruta y duros sean*
> *el sol y la lluvia, el rocío y el polvo;*
> *aunque en la desesperación y el ansia del camino*
> *enterrados queden los mayores y se extravíen los hijos*
> *al final, amigos, estad seguros*
> *de que, suceda lo que suceda, allá en el horizonte,*
> *en el confín de los confines,*
> *veréis aparecer la ciudad dorada.*

Aquella canción, aquel contenido me sonaban. Sentado, releí las palabras que me daban confianza. Volvió a caer a mis pies el papel que las separaba de las otras. En él reconocí la letra estricta y alta de Minaya.

«¿En qué rincón de tu alma brota la poesía? No sé, pero mientras continúe brotando, es decir, mientras te inquiete, nada habrá que temer. Si tienes este libro entre las manos, Gaspar, estáte tranquilo.

»Porque la poesía no es etérea, ni distante ni ajena a la vida diaria. Es buena como la sonrisa, humana como la sonrisa, humana como la esperanza y la libertad... Escúchala:

Ahora que mi libertad está colmada, y yo
de mi sedentaria vida
despertaré para morir,
enterradme y dejad que descanse
bajo el vasto y estrellado cielo.
Gozoso viví y muero gozoso.
Enterradme y dejad que descanse.

Enterradme en verdes valles
donde la apacible brisa
cubra con su frescura las fugitivas aguas
y cante a través de los bosques.
Enterradme y dejad que descanse
bajo el vasto y estrellado cielo.

Me animaron, me sosegaron aquellas palabras, como si una limpia y tibia corriente me inundara y después me arrastrase con suavidad, por no sé qué atanores, a parajes desconocidos donde la luz, la paz y el alimento estuviesen seguros.

Poco después eché de menos el anillo de Minaya. Lo busqué por todos los rincones, debajo de todos los muebles, encima de las estanterías. Con una palmatoria y una vela, lo busqué centímetro a centímetro. Ni noté que se me hubiese caído, ni sospechaba dónde, ni lo logré encontrar

25

Antes de la hora de rutina, fui una noche a tomar una copa a una tabernita de El Palo. Todavía resultaba ruidosa, pero los gritones pronto se irían a cenar, y el local se quedaría acogedor y grato. Cuando daba el primer sorbo de mi whisky, al alzar la cabeza, vi a mi hija Regina que, en el rincón más apartado, compartía una mesa con otra mujer, algo mayor que ella. Regina tenía ya sin duda cerca de treinta años. No sé si por abajo o por arriba.

Dudé si presentarme y saludarlas o volverme por donde había venido. Aparentaban sostener una conversación bastante íntima. Pero me dije que, pese a que las dejara enseguida, no podía dejar de darles las buenas noches. Además estaban en el paso hacia el servicio, donde yo tendría que esnifar la coca.

Regina se sorprendió un poco exageradamente, aunque creo que mi presencia no le resultó desagradable. Me invitó a sentarme. Decliné la invitación. Insistió. Cuando me disponía a hacerlo, me presentó a Déborah Bertini, su compañera, que hablaba con un marcadísimo acento argentino.

—Es pintora, y también ceramista.

—¿Se trata, por casualidad, de aquella amiga del colegio de la que hablaste un día? ¿Te acuerdas? En un almuerzo en el que estaba mi amigo Minaya...

Regina se echó a reír encantada.

—No, no. Qué memoria tienes... Esa era una amiguilla de la clase. Éramos muy pequeñas. —Se volvió hacia Déborah—. Once años o doce.

—Pero ya te atraía la cerámica: lo dijiste.

—Claro que lo dije. Qué bien que lo recuerdes.

Con una admirable espontaneidad tomó de la mano de Déborah un cigarrillo, le dio un par de chupadas y se lo devolvió. Yo ignoraba de qué estaban hablando antes de llegar yo, y más aún ignoraba de qué hablarles. Comencé a hacerlo por pura educación. Me dirigí a Déborah.

—Adoro a las mujeres. A las que son artistas, sobre todo. —Déborah sonrió halagada, inclinando la cabeza—. Las artistas creo que sois doblemente mujeres... —Tuve la sensación de que me pasaba—. No como las feministas de los años veinte, que aspiraban a sustituir a los hombres dándole la vuelta a la tortilla. —Mi hija sonrió al oír la palabra tortilla. Me mordí los labios, pero continué—: A lo que aspiran las más importantes mujeres de hoy es a hacer la tortilla mejor, pero entre todos... —Respiraba su atención y su agradecimiento. Y también la admiración de Regina, con la que había hablado en serio muy poco en treinta años—. Si a tanta hostilidad y tanto pisoteo durante tantos siglos ha sobrevivido vuestra capacidad de amor; si a tanto abandono y tanta contradicción ha sobrevivido vuestra inteligencia, es porque sois más necesarias que el hombre para la vida. La vida no ha dejado de cantar y danzar dentro de vosotras...

Lo que decía me sonaba a discurso de abogado barato en trance de informar.

—Pero papá, eres magnífico.

Regina alargó la cabeza y me besó.

—Es cierto, oíme. Ojalá todo el mundo pensase como vos.

—La humanidad —continué más animado— de una forma casi filial, instintiva y muy justificada, confía hoy en día más en la mujer, descansa más en ella. Hablo de nuestra área de cultura. Y parece, en la actualidad, que los sentimientos que caracterizan al ser humano consiguen, en el alma femenina, floraciones y cosechas especialmente beneficiosas y brillantes. —Advertí que me estaba embalando en un verdadero alegato. Procuré no gesticular—. El patriarcado, en el próximo milenio, decaerá, y recogeréis el liderazgo en vuestras manos... A lo que habéis de aspirar (y esa sí que es una hermosa empresa histórica) es a convertir el mundo de hoy en otro, donde la solidaridad, la ciencia, el arte, la fusión con la naturaleza, la humanización de todo en definitiva, sean los valores más consagrados... Estoy seguro de que una mujer siempre es más comprensiva que una junta de sabios. Quizá porque todo lo que quiere de verdad (sea un hombre o un perro, Dios, o cualquier otra cosa) lo quiere como a un hijo.

Mi hija estaba extasiada. Mi hija estaba decidida a que conociese a su amiga.

—Déborah siempre dice que el verdadero enemigo de la mujer no ha sido el hombre. Déborah, dilo tú, que te expresas mejor.

La amiga de mi hija, cuya voz era grave y sus gestos casi inexistentes, salvo uno que repetía: un trazo de la mano derecha, con el que semejaba tachar algo en el aire.

—Los enemigos de la mujer, para mí, son dos. Primero, y más ahora, la sociedad desindividualizante y asexuada, que quiere garantizarse la victoria descafeinando el júbilo total y la alegría del amor y sus encarnizadas luchas... Y segundo, la mujer misma equivocada. La que concurre a los vacunos concursos de belleza; la que actúa de *majorette*, esa infrahumana estupidez andante; la que muda su sexo en profesión: me refiero a las prostitutas bendecidas, no a las oficiales; o la que considera su problema más trascendente llegar a adelgazar sin comer menos. —Regina la miraba con devoción, y me miraba luego para ver el efecto que me causaban sus palabras. Yo aprobaba con la cabeza—. Si la mujer no siempre fue un objeto, ¿por qué va a serlo ahora? Justo cuando el hombre es más susceptible de ser pagado y tomado por ella lo mismo que un café —ahora golpeaba la mesa con el puño—; de ser usado por ella como un instrumento de *sex shop*, o puesto en marcha por ella lo mismo que un coche utilitario.

Nos reímos los tres. Pedí unas nuevas copas. Me decidí a invitarlas a picar cualquier cosa a manera de cena. Después de que Déborah alzó las cejas en una forma tácita de decir por qué no, aceptó Regina.

Mientras yo hablaba con el camarero, Regina encendió un cigarrillo y se lo pasó a su compañera.

—Déborah tiene un piso grande, el último de la casa. Con una mufla para cocer el barro en la azotea. Me ha ofrecido vivir con ella. Pero mamá no me deja.

—¿Por qué? Ya eres mayor de edad.

—Bastante mayor —rió Regina.— Pero es que el piso lo tiene Déborah en La Palmilla, y mamá dice que cómo voy a irme yo a vivir a semejante barrio. Y tampoco quiero pelearme con ella. Como llevo un par de años trabajando en su agencia...

—De todas formas —intervine sin saber qué decir—, la convivencia es algo muy difícil.

Después de una pausa algo tensa, Regina rompió a hablar con explicable y retador orgullo.

—Somos pareja, ¿sabes?

—Me lo figuro. —No estaba convencido de habérmelo figurado ni de que me importara—. Por eso lo decía: convivir no es sencillo.

Se volvió a hacer un silencio, surcado por la confidencia recién hecha y por mi aceptación. Regina me apretó una mano. Déborah esperó unos segundos de rigor:

—Yo se lo repito continuamente. Hay que estar juntas siendo libres. Lamentable, en un apartamento compartido, desear estar solos, desear escaparse como sea para recuperar la independencia... Es lindo vivir bajo el mismo techo, parece incluso que sea la lógica consecuencia de una relación, regio, ¿no?, pero...

—Tu piso es lo suficientemente grande como para no estar siempre la una sobre la otra.

Déborah se dirigió a mí, como más sabio y como mejor aliado:

—Regina no comprende que es más complicado estar juntas que ser independientes. Conozco parejas que hacían más cosas juntas cuando vivían separadas que cuando convivieron. Comer y ver la televisión, eso era todo...

—Tú es que no quieres de verdad que me vaya contigo.

De repente Regina me pareció otra vez una niña pequeña.

—Sos fantástica, qué macana... Lo que quiero es que sepas que se plantea entonces un equilibrio triple: entre tú y yo, primero; pero también entre tú y la pareja, que es como un ente aparte, y entre tú y tú misma, que cambiás en cuanto no estás sola... Es como llevar una triple vida en un espacio único... Dificultoso y hasta teratológico, como el dogma de la Santísima Trinidad.

Nos reímos mientras nos servían platitos con las tapas que yo había pedido. Déborah continuó, ya embalada:

—Gaspar, tú estarás conmigo. Para el hombre, por lo común, el solo hecho de estar en casa es la demostración de que está con su mujer, aunque no la vea. Pero para nosotras no es así. Entre las mujeres hay un tipo de atención, de afectividad, de compañía que el hombre ignora... Recién comienza a imitarlo, como comienza a imitar, respecto a los hijos, una cierta manera de comportamiento femenino, un comportamiento casi maternal... ¿Lo habés observado vos?

Después de un instante en que recordé las relaciones de Edu con su madre, dije:

—¿Crees que el hombre, en el mejor de los sentidos, se está afeminando?

—Por supuestísimo que sí. Está descubriendo, poco a poco, su lado femenino. Hasta que no lo halle, no será completo. Las mujeres, en ese terreno, le llevamos ventaja: ya hemos descubierto, hace tiempo y tiempo, nuestra parte masculina.

—No me cabe duda —dije y me arrepentí casi antes de decirlo.

Regina volvió a la carga con lo que le interesaba:

—Pero conviviendo, si la convivencia va bien, nos hacemos menos egoístas.

—Si la convivencia va bien —dijimos a la vez Déborah y yo. Los tres nos echamos a reír. Regina saltó:

—Deberíais cogeros los dedos meñiques, como cuando éramos niños, y decir «una, dos y tres, rosa, pensamiento o clavel», y luego, si coincidíais en la flor, pedir un deseo fantástico. Se os concedería.

Se hizo un pequeño silencio.

—Mi convivencia con tu madre no es un buen ejemplo —dije.

Cuando estuve solo en casa, me puse a reflexionar sobre lo sucedido. Mi hija Regina era lesbiana, y yo había cenado, o lo que fuera, con ella y con su amante, o lo que fuera.

Intentaba con todas mis fuerzas encontrarlo atroz, inaudito y descarado. Pero por más que lo intentaba, no lo conseguía... Más, tuve, incluso, que prometer a Regina que hablaría con su madre en su favor. Su madre, estoy convencido de que ignoraba qué tipo de relación, aparte de la cerámica, la unía con Déborah. Y además dudaba que le permitiera instalarse con nadie en un piso de un barrio tan modesto. Mi hija tendría que actuar por las bravas.

Lo cierto, además, es que no me encontraba con fuerza bastante para tratar el tema con Elvira...

De repente, en mi corazón, se levantó una voz inconfundible: «Todo amor es amor. El amor todo lo limpia, todo lo blanquea, todo lo aromatiza...»

26

Aquel compañero de bufete al que confié la historia de Minaya y que me recomendó a su cuñado, pelirrojo y siquiatra, ha fallecido. Por supuesto, de un infarto. No de miocardio, sino cerebral. Estuvo unos días en coma, y después, por fortuna quizá, falleció.

Fui al sanatorio, más que por acompañar a su futura viuda, que es tonta, para sentarme un rato junto a mi colega en los bordes del más allá. Su ominoso silencio y la renuncia de su cuerpo, apenas vivo, me sugerían consideraciones que yo pronunciaba en mi interior sin mover los labios, con la convicción de que Francisco José, de forma indescifrable, me comprendía. O quizá quien las sugería era él...

—Hemos venido al mundo a pasar un fin de semana más o menos largo... Luego la tierra reclama su préstamo de tierra y retornamos a ella bajo el césped, bajo los pascueros, las buganvillas púrpuras o moradas, los pinos... Todo seguirá igual. Igual y sin nosotros.

Evoqué el itinerario de mi vida ante la suya que expiraba. Los avatares de mi puñado de tierra... Al principio, la muerte fue sólo un nombre, algo que el niño que fui oía referido a su madre; pero tan ajeno a él como el misterio de las antípodas que andan cabeza abajo. Luego ya vi su cara de repente... Sin embargo, se alejó o me alejé yo de ella. Por fin, como el Verbo divino, se hizo carne y habitó entre nosotros... Carne de amigos, de próximos, de mi hijo. Y yo, aunque he procurado mirar hacia otra parte, no he logrado evitar que se instalara en mi vida, de una manera cada vez más evidente, más secreta... Es un huésped obstinado que ha concluido por hacerse amo de casa. Come, se lava, se acuesta a mi lado. Tiene ya un sitio fijo en mi mesa... No obstante, aún la vida me distrae, de cuando en cuando, con sus cabriolas. Me distraen sobre todo, la música y la luz...

Pero es de mi sangre, de mi propia familia. Lo mismo que un pariente que viviese fuera y que ha anunciado, una y otra vez, su vuelta... Más que su llegada, me sorprende que no haya ya llegado. Por temporadas me olvido de él; otras, lo echo más bien en falta, con el remordimiento que provoca el olvido... Quizá un día, de pronto, me decida a ir en busca del lejano pariente y a tocar en su puerta... Tú ya has tocado, Paco, amigo. Me gustaría que me contaras algo. Porque esto que te sucede ahora, o que va a sucederte, es lo único común, tan natural y absoluto como la vida y sus verdes mandatos... Vida y muerte comienzan a un acorde, hermanas siamesas. Vivimos muriendo y hemos de procurar morir viviendo... Tú no lo has conseguido. Son caminos paralelos contrarios, que se debaten en nuestro interior mucho más aún que fuera...

¿Por qué nos parece la muerte entonces tan terrible? ¿Por el ansia ancestral de no extinguirnos, por la arrogante manía de permanecer, por las dudas que siembran unas cuantas fes inverosímiles no confirmadas nunca?

Antes de ir al funeral, menos de una semana después, seguí yo razonando. En esta ocasión ya en nombre propio. Porque cada vez presagiaba, con una certeza activa, más cercana mi muerte...

Trato de imaginar otras vidas, Minaya, Minaya, amigo mío. Retornos, reencarnaciones, metempsícosis, resurrecciones al final de los tiempos... Trato de diluir la rotundidad de la muerte y su silencio. En el fondo, de aliviar con músicas celestiales la enigmática oquedad de la muerte. Enigmática, si es que la muerte tiene algún enigma, cosa que dudo mucho. Porque, ¿qué es ella, o qué es la vida? Nada, nada... Formas del ser que eternamente vive, aunque se postergue o se adormezca: las dos formas del sueño que soñamos...

Un sueño personal. Tan personal como el amor. Ninguno de los dos se elige... La masificación de la muerte es una insensatez y una mentira. Morimos de uno en uno, solos, como nacemos. Puede que junto a alguien o muy bien rodeados, pero solos. Morir acompañado quiere decir morir al mismo tiempo, nada más. La diferencia es que los gestos del amor se hacen para otro; los de la muerte, no. La muerte no se hace con otro, y el amor, sí. Esa es su diferencia más notable.

Escribo en estos papeles, muy poco ya, lo que se me ocurre. O acaso lo que me ocurre. Vuelvo del funeral de Paco Bocanegra.

El hombre de hoy teme más a la muerte que el de ayer. Acabo de verlo. Por eso la ha tachado y procura tacharla. Y quizá lo que le aterra no sea ella en sí, como un estado o un no-estado, sino el acto de su presencia, su tránsito, el paso en falso, el empujón que lanza al paracaidista desde los vaivenes del avión al horror del vacío... La sociedad, que enmarañó la mente humana con promesas o amenazas ulteriores, se lava ahora las manos. *Vita mutatur non tollitur*, me dijo Elvira, a la que he visto, de lejos, en la iglesia... ¿Quién lo asegura? ¿La muerte es entrar en la vida, no en la nuestra personal, de la que salimos, sino en la vida común a la que pertenecemos? ¿Quizá no sobreviven el cuerpo y el alma que nos individualizan, pero sí el espíritu que los anima a ambos? ¿Es la muerte un regreso? ¿Y qué sería la vida sin la muerte? Porque es la consciencia de la mortalidad, es el tener la muerte como patria, como le eché en cara aquel día a Minaya, lo que diferencia la madurez de la puerilidad.

27

He notado que empezaba a perder la cabeza. Supongo que la cocaína no es ajena a esta sensación.

He visitado a un médico, al que había oído ponderar como muy preparado. Me ha advertido de que los consumidores adictos vemos aumentar el riesgo del ataque cardíaco.

—Uno de cada cuatro ataques no mortales de personas menores de cuarenta y cinco años se atribuyen al consumo habitual de esa sustancia.

—Yo he pasado tal cuello de botella con mucha holgura.

—No se haga el gracioso, amigo Barahona. El escáner y la resonancia magnética han sido muy explícitos. La coca aumenta los niveles de los neurotransmisores norepinfina y dopamina en las terminales nerviosas...

—No entiendo nada. —Me eché a reír—. Si quiere asustarme, hábleme con llaneza. Y aun así, no creo que lo consiga.

El joven médico se encogió de hombros.

—Lo que acabo de decirle es que, como consecuencia de la coca, se aumenta el ritmo cardíaco, la contracción ventricular y la demanda de oxígeno por parte del corazón... Una posibilidad grave es que la coca constriña los vasos sanguíneos. Cuando se tienen sus paredes endurecidas

por la edad... Mi deber es advertirle de que los suyos no están ya como para tirar cohetes...

—Por fin algo he entendido.

Al abrir la puerta del estudio, ya de vuelta, lo primero
que he visto, solo, en mitad de la mesa, ha sido el anillo de
Minaya.